Hearts-on Alternative Science Activities

초등과학영재 판별도구의 개발과 이해

손정우 · 이봉우 · 이인호 · 최원호
신영준 · 한재영 · 최정훈 지음

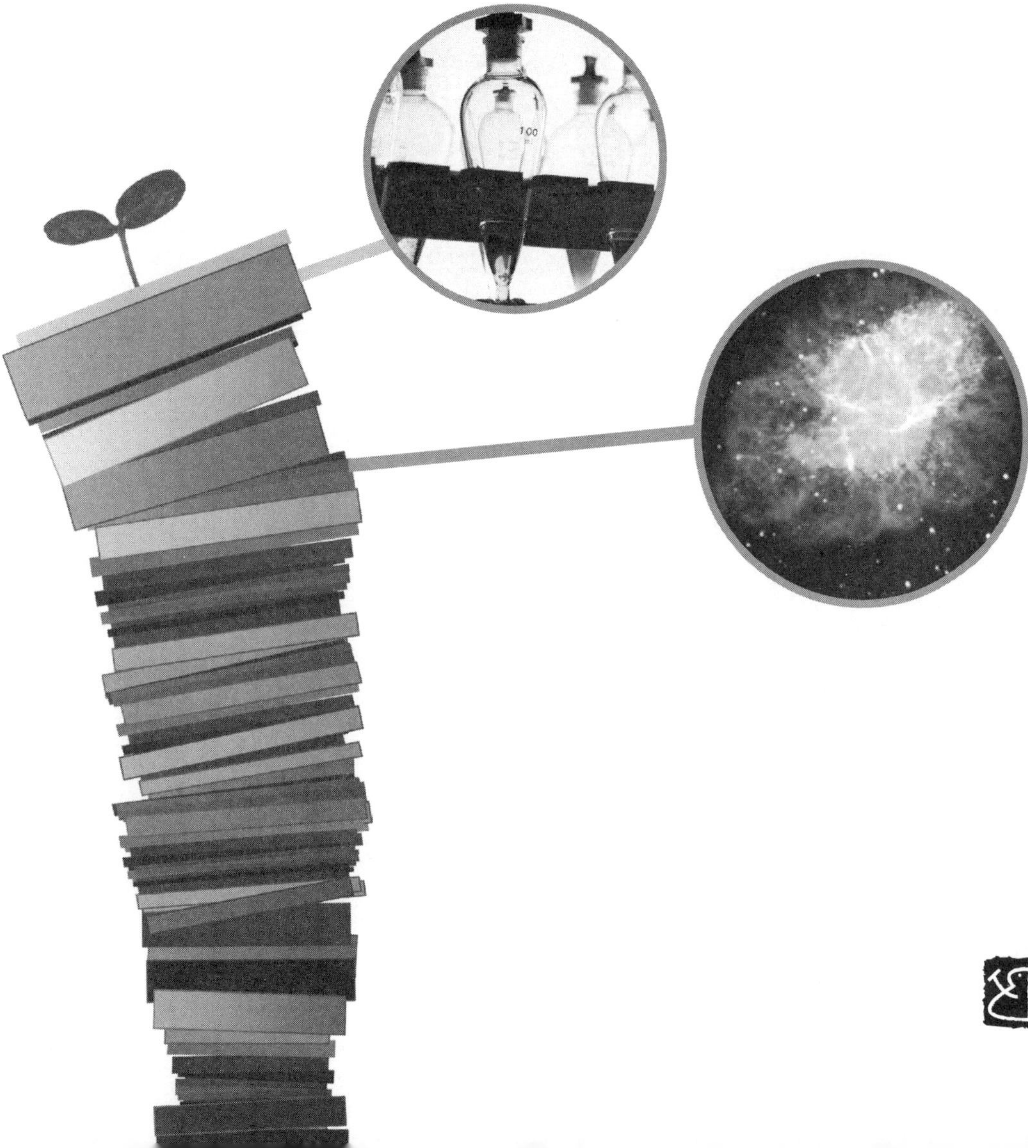

북스힐

머리말

본 도서는 '한양대학교 과학교육연구센터'의 제3세부과제인 '과학영재의 발굴 및 육성 사업'의 연구 결과물을 바탕으로 만들어졌다.

이 사업은 HASA(Hearts-on Alternative Science Activities) 교육철학을 기본으로 하고 있으며, 이에 기반한 활동 중심의 과학영재 판별 프로그램과 교육 프로그램을 개발하는 것을 목표로 하고 있다. HASA 교육철학은 활동을 통해 과학에 대한 관심을 유발하고, 이를 지속적으로 즐기고, 열정으로 과학을 탐구하는 태도를 가지는 것을 목표로 한다. 이러한 HASA 교육철학을 과학영재교육에 접목하는 것이 제3세부과제의 목표이다. 특히 판별 프로그램은 기초적인 지식 검사와 탐구 검사, 창의성 검사로 이뤄진 표준화 검사와 과학캠프 판별도구로 구성되어 있다.

2003년 12월부터 시작된 이 사업은 2008년 6월 30일까지 5년 동안 진행되었으며, 연구가 완료되는 시점에 연구결과를 일목요연하게 볼 수 있게 이 책을 집필하게 되었다.

본 연구의 결과물들은 그동안 8명의 연구원들과 자료 개발을 위해 20여 명 가까운 교사들이 참여하여 만든 산출물로 그분들의 노력과 정성이 담겨 있다. 이러한 연구결과물들을 과학영재교육 담당교사들이 활용하기 편하게 새롭게 글을 쓰고, 구성하였다. 특히 다양한 이론적 배경은 연구진이 여러 교육기관에서 실시한 영재교육 담당교사 연수와 강연에서 강의한 내용으로 연구의 결과를 소개하고, 이를 활용하는 과정에서 사용된 원고들이다. 현장 적용성이 강한 이론을 바탕으로 실제 개발된 자료들을 영재교육 현장에 적극적으로 활용하기를 희망한다.

2009년 4월

한양대학교 과학교육연구센터

3세부과제 책임자 손정우

차 례

Part I 과학영재 판별도구 개발

Part II 과학영재 표준화 검사

Part III 과학영재 과학캠프 검사

Part I

과학영재 판별도구 개발

과제 책임자 : 손 정 우
공동연구원 : 이 봉 우·이 인 호·최 원 호

1 과학영재 판별의 과정

본 연구의 목적은 HASA 과학교육 프로그램을 경험한 학생들을 대상으로 영재성을 발견하여 판별하고자 하는 것이다. 이는 현재 대부분의 영재교육기관에서 이뤄지고 있는 교육 대상자 선발에서 벗어나 학생의 특성 파악에 기반한 판별을 위한 것이다. 매년 되풀이되고 있는 소모적인 선발문항 개발을 지양하고, 보다 객관적으로 학생의 특성을 파악할 수 있는 판별도구를 개발함으로써 판별에 관한 어려움과 문제점을 해소할 수 있으리라 본다. 판별도구의 표준화는 학교교육 내의 성취에서부터 출발하여 학생들의 영재 특성을 밝혀내는 과정으로 진행되어야 한다. 아울러 이에 대한 체계적인 연구와 구체적인 도구를 개발할 필요가 있다.

1.1 과학영재의 정의

1. 영재성, 영재와 과학영재

'영재교육'이라는 말은 1968년에 중학교 평준화 제도의 시행과 1974년 고등학교 평준화 제도의 도입으로 용어가 도입되기 시작하였다. 그러나 이러한 영재교육은 1970년대까지는 학력이 뛰어난 학생의 월반, 조기입학 정도이기 때문에 진정한 영재교육이라고 말하기는 어려웠고, 1980년대부터 영재교육이 시작되었다고 보는 것이 정설이다.

1980년 7월 30일 교육개혁 조치가 이루어지면서 영재교육이 다시 부각되었고 이에 따른 후속 조치로 1983년 3월 경기과학고등학교가 우리나라 최초의 영재교육기관으로 설립

되었다. 이후 여러 영재교육기관이 설립되어 운영되고 있었지만 그 효과에 대해서는 많은 지적을 받고 있었다. 이에 대한 반성으로, 2000년 1월 영재교육진흥법, 2002년 4월 영재교육진흥법시행령으로 공교육 차원에서 영재교육의 활성화가 가능하게 되었다.

영재성과 영재에 대한 정의는 매우 다양하게 제시되어 있으며 현재까지도 합의된 하나의 정의가 없어 연구자마다 다양하게 수정하여 제시하고 있다. 영재성에 대한 정의는 영재성을 높이기 위한 프로그램의 개발을 위해서는 필수적이기 때문에 이에 대하여 이전까지의 개념들을 살펴보는 것은 큰 의미가 있다.

미국 교육부는 영재를 "능력이 뛰어나 탁월한 성취를 보일 가능성이 있는 자로서, 그들의 잠재력을 개발하기 위하여 특수한 교육 프로그램을 필요로 하는 자"로 정의하였고, 미국 교육부 감독이 의회에 보고한 Marland 보고서(1972)에서는 "뛰어난 능력으로 높은 성취를 보이는 것으로 확인된 아이들로서, 정상적으로 제공되는 프로그램의 수준을 넘어서는 차별화된 교육 프로그램을 필요로 하는 아이들"로 정의하였다. 이런 정의는 높은 성취능력이라는 6개의 항목 속에 창의적 또는 생산적 사고를 요구하는 부분이 있기는 하지만, 영재를 높은 지적 능력을 가진 자와 다르게 보지 않는 한계점을 나타내고 있다.

영재성에 대한 정의 가운데 가장 많이 인용되고 있는 것이 Renzulli(1978, 2002b)의 세 고리 개념 정의인데, 그는 미국 교육부의 정의에 대해서 첫째, 과제 집착력과 같은 동기 유발적 요소가 결여되어 있고, 둘째로 영재성을 6개의 적성 또는 능력으로 한정시키고 있으며, 셋째로 실제로 영재 판별은 이런 이론적 논의에서 비롯되지 못하고 있다고 비판하였다. 그는 영재성은 인간이 지니는 특질 중 세 가지 기본적인 특질의 상호 작용으로 이루어진다고 하면서, 평균 이상의 지적 능력, 과제 집착력, 창의성이라는 세 가지 요인의 상호 작용의 결과로 나타난다고 정의하였다. 그가 말하는 과제 집착력이란 일정 시간 동안 문제에 몰두하는 능력으로, 인내, 지속성, 집중력, 자신의 능력에 대한 믿음, 자기-신뢰감 등과 관련을 맺고 있는 것이며, 창의성은 사고의 유창성, 융통성, 독창성, 경험에 대한 개방성, 호기심, 모험심, 적극적 사고, 민감성, 아이디어와 사물에 대한 미적 감각 등을 포함한다(신지은, 2002).

이밖에도 많은 연구자들에 의해서 영재성에 대한 정의가 이루어졌는데 이현욱(2000)은 이전 연구를 바탕으로 영재의 개념 변천 과정에서 일반적으로 나타나는 공통점은 첫째, 영재의 개념이 우리가 관심을 갖고 요구하는 인간의 여러 구체적인 측면으로 세분화되어 간다는 점이고, 둘째, 영재를 능력만이 아닌 태도(즉, 과제 집착력)의 측면까지 파악해 능력을 이끌어 성공으로 이르게 하는 결과적 측면에서 보려 한다는 점이라고 밝혔다.

영재성은 다양한 분야에 고루 나타낼 수도 있지만 특히 과학 영역에 영재성을 나타내는 경우도 있다. 과학에서 말하는 영재, 즉 과학영재에 대하여서도 많은 연구가 진행되었다. Blurton(1983, 이현욱, 2000에서 재인용)은 일반적인 영재성과 분리될 수 있는 특성으로서의 과학적 영재성이 존재한다고 하였다. 그는 과학적 영재성을 과학에 대한 흥미, 고도의 수학적 능력과 고도의 언어 능력으로 규정하였다. 조석희 등(1997)은 과학영재를 "과학 영역에서 뛰어난 업적을 이루었거나 이룰 것으로 판정된 사람으로서, 그 잠재력을 최대한 개발하기 위해서는 정규 학교 프로그램 이상의 특별한 교육 프로그램과 서비스를 필요한 사람"으로 정의하였으며, 김주훈 등(1996)은 "영재의 개념에서 평균 이상의 능력을 지닌 자 중에서 과학 분야에 특별한 과제 집착력을 보이고 과학 분야에서 창의력이 뛰어난 사람"으로 "일반 능력 및 특수 능력이 평균 이상인 자로, 장래 과학 분야에서 뛰어난 업적을 이룰 것으로 예상되는 자로 이들의 능력을 개발하기 위하여 특별한 과학 프로그램을 필요로 하는 자"로 정의하고 있다.

신지은(2002)은 앞에서 제시한 과학영재의 정의를 다음과 같이 4가지로 요약하였다. 첫째로 과학영재는 평균 이상의 능력을 가지고 있어야 한다. 둘째, 과학영재는 과학 분야에서 과제 집착력, 흥미, 동기, 자신감 등의 비지적 요인들이 뛰어나야 한다. 셋째, 창의성은 과학 분야에서도 영재성을 규정하는 중요한 요인이므로 과학 분야의 영재는 과학 분야에서 창의력이 뛰어나야 한다. 넷째, 과학영재성이 개발되는 데에는 의도된 교육과 훈련이 반드시 요구되며, 잠재적 능력을 확인하고 또 그 능력을 계발하기 위한 과학 특별 프로그램이 필요한 사람을 의미한다.

2. 영재교육, 영재교육 프로그램의 필요성

왜 영재교육을 해야 하는가에 대한 논의는 영재교육의 방향을 정하는 데에 중요한 역할을 하고 있지만, 이에 대해서는 묵시적으로 당연시하고 있을 뿐 정확하게 언급한 자료는 찾기 힘들고, 다만 간접적으로 천명하고 있다(박성익, 2002). 영재교육에 대한 필요성에 대하여 박성익(2002)은 이전의 문헌들을 바탕으로 하여 개인적 측면, 교육적·사회적 측면, 국가적 측면으로 구분하여 제시하였고, 김홍원과 정현철(2002)은 교육적 차원, 개인적 차원, 국가적 차원의 세 측면에서 이야기하고 있다.

(1) 교육적 차원

우리나라 헌법 제31조에는 "모든 국민은 능력에 따라서 균등하게 교육받을 권리가 있다."라고 명시되어 있다. 즉, 잠재적인 능력을 가진 학생들에게는 그들에게 맞는 교육을 제공할 의무를 국가가 지니고 있다는 것이다. 교육적 차원에서의 필요성은 능력에 따른 교육을 받아야 한다는 상대적 평등주의나 교육기회균등주의 교육관과 그 맥을 같이한다.

(2) 개인적 차원

개인은 자신이 지닌 잠재 능력을 최대한 계발하여 이를 통해 자아를 실현할 수 있을 때 행복한 생활을 하게 된다. 뛰어난 능력을 지녔지만 이에 적합한 교육을 받지 못하였을 때 학생들은 고통을 받을 수 있다. 따라서 어린 영재들에게 탁월한 잠재 능력을 나타내는 분야를 계발시켜줌으로써 자아실현을 이룰 수 있는 학습 기회를 제공할 필요가 있다. 즉, 개인적 동기를 유발하고 가장 적합한 교육 내용과 방법을 활용하여 학생의 잠재 능력과 자질을 신장시킨다는 교육의 수월성과 그 맥을 같이한다.

(3) 국가적 차원

우리나라와 같이 자연자원이 부족한 나라는 우수한 창의적 두뇌를 가진 인재의 양성이 국가의 가장 큰 목표이자 재산이다. 여러 나라에서 영재교육을 실시하는 가장 현실적인 이유도 바로 이것 때문인데, 우수한 고급 인재를 발굴해서 여러 분야에서 국가의 미래를 이끌어갈 지도자를 양성하여 고급의 창의적 아이디어로 고부가가치를 산출하고, 이를 통해 국력을 신장시킬 수 있는 것이다.

1.2 과학영재 판별의 원칙

과학영재 판별도구 개발을 위해서는 먼저 원칙을 세워야 한다. 각 영재교육기관마다 나름의 원칙을 가지고 있겠지만, 기존의 여러 학자들이 주장해 온 영재 판별에 관한 일반적인 원칙은 과학영재의 판별에 많은 시사점을 줄 수 있다.

(1) 과학영재성에 대한 정의로부터 판별의 방법을 결정한다

과학영재를 어떻게 정의하는가에 따라 어떤 학생들을 영재로 판별할 것인지가 결정되며, 판별된 학생을 대상으로 어떤 교육 프로그램을 제공할 것인지가 결정되기 때문이다.

(2) 다양한 방법으로 다단계 판별 방법을 적용한다

학생들의 과학영재성은 다양한 활동을 통해 나타나므로 한 가지 방법이나 검사만으로 과학영재를 판별하기보다는 여러 단계에 걸쳐 학생에 대한 자료를 수집하고 이를 토대로 학생의 과학영재성을 판단하는 절차를 거쳐야 한다.

(3) 과학영재교육 프로그램이 제공할 학습 내용과 목표를 반영해야 한다

교육 프로그램의 학습 내용이 과학 창의성의 향상을 목표로 한다면, 판별 단계에서도 창의적인 문제 해결력을 측정할 수 있어야 한다.

(4) 과학영재교육 프로그램을 제공하면서 지속적인 과학영재 판별이 수행되어야 한다

과학영재교육 프로그램에서 요구되는 능력과 길러질 능력에 관한 측정이 이뤄져야 한다. 이는 선발 이후 교육에 유용한 정보로 활용될 수 있다.

1.3 다단계 판별 과정

국내와 국외의 유명 과학영재학교와 영재교육원의 판별 과정을 보면 대부분 다단계 전형을 하고 있다.

국내의 경우 한국과학영재학교는 1단계로 서류 전형, 2단계로 창의적 문제 해결력 검사, 3단계로 캠프/면접을 선발 과정으로 하고 있다. 그리고 서울특별시교육청 산하 과학고등학교 중학생 영재교육원 선발 과정을 보면, 1단계로 서류 추천, 2단계로 창의적 문제 해결력 검사, 3단계로 과제수행능력평가, 4단계로 심층면접 및 구술고사로 진행되고 있다.

미국의 경우 여러 수학과학고등학교에서는 조금은 차이가 있지만, 대체로 1단계로 서류 전형, 2단계로 실기시험(대체로 생략), 3단계로 인터뷰를 실시하고 있다.

이스라엘의 예술과학고등학교는 1단계로 지능검사 등 각종 검사, 2단계로 인터뷰 및 과제물 제출, 3단계로 워크숍으로 선발 과정을 거치고 있다.

국내외의 각종 선발 단계를 보면 매우 유사해 보이지만, 구체적 내용을 보면 차이가 많다. 특히 서류전형의 경우 국내는 거의 형식적인 자격 여부를 결정하는 것이고, 국외는 그 서류전형 속에 영재성 보유 여부에 대한 구체적인 정보를 담고 있다. 한국과학영재학교의 1단계 서류 전형에는 학교 성적, 자기소개서, 추천서, 수상실적 등이 포함되어 있고, 미국의 경우에는 각종 표준화 검사(IQ, 수학적・과학적 논리적 사고력 등), 학교 성적, 공인된 자격시험(SAT, ACT), 교사 추천서, 자기소개서 등이 포함되어 있어, 별 차이가 없어 보인다. 하지만 교사 추천서의 경우 미국의 과학고등학교에서는 교과교사 또는 상담교사의 영재행동 특성 평가서 등의 형태로 제시되고, 학부모의 소견을 포함하기도 한다. 결국 차이점은 우리의 경우 수치상으로 나타나는 객관적인 수상실적과 학교 성적을 중요시하지만, 미국의 경우는 영재아의 특성을 나타내는지에 대한 정보가 판별의 자료로 사용된다는 점이다.

1. 대학부설 영재교육원

다음 표는 2007년 기준 25개 대학부설 과학영재교육원의 다단계 전형을 요약한 것이다.

|표 I-1| 대학부설 과학영재교육원의 다단계 전형 과정

서울대학교	서류, 창의적 문제 해결, 면접
인천대학교	서류, 과학적 탐구능력검사, 전공 창의적 문제 해결력 검사, 심층면접
아주대학교	서류, 시험, 과학 창의성 검사, 심층면접
경남대학교	서류, 창의적 문제 해결, 면접, 수행평가(탐구 문제 중심 학생 발표)
전남대학교	서류, 창의적 문제 해결력, 실험실습평가
전북대학교	서류, 문제 해결력과 과학적 사고력(과학, 수학, 창의력), 논술, 면접
청주교대	서류, 기본 탐구 능력과 논리적 사고력(단답, 단문주관식), 주관식 서술형 지필, 실기평가
강원대학교	서류, 지필고사, 심층면접
부산대학교	서류, 문제 해결형 필기, 과학적 사고력 평가, 면접(창의력, 논리력)
연세대학교	서류, 지필고사, 면접
제주대학교	서류, 영재성 검사, 창의적 문제 해결력 검사(서술), 과학적 탐구 능력 검사(단답/선다)
강릉대학교	서류, 지필, 면접
공주대학교	서류, 지필고사(탐구/창의/과학 탐구 능력 검사), 지필2(문제 해결형/창의력), 면접, 실험평가
서울교대	서류, 선다형 지필(지식, 문제 해결력), 수행평가방식의 논술형 지필, 면접(인성 등 평가)
순천대학교	지필(수학, 과학), 지필2(과학적 사고력, 창의성), 면접
안동대학교	서류, 지필[문제 해결력 평가, 영재성 평가(논리력, 과학적 사고력 및 창의성 평가)], 심층면접

울산대학교	서류, 지필(전공, 영재성), 면접
경원대학교	서류, 지필(객관/단답), 지필(창의적 문제 해결력), 수행평가, 면접
대진대학교	서류, 지필(단답), 지필(창의적 문제 해결력), 면접
경상대학교	서류, 지필(창의 문제 해결), 심층면접 및 수행평가
목포대학교	서류, 지필(수학/과학 개념, 논리사고력), 심층면접(과학적 사고력, 창의성 등)
군산대학교	서류, 지필(창의력 및 문제 해결력), 심층면접
창원대학교	서류, 지필(창의력 문제 해결 능력), 심층면접

표에 나타난 바와 같이 2단계 전형을 하는 곳이 1곳, 3단계 전형을 하는 곳이 17곳, 4단계 전형을 하는 곳이 5곳이다. 또한 3가지의 평가방식을 적용한 곳이 11곳, 4가지는 9곳, 5가지는 3곳이다. 각 대학부설 영재교육원의 입시요강을 분석한 결과, 서류전형은 추천이 15곳, 자율지원이 7곳으로 형식적인 절차에 그친 경우가 많았다. 판별 과정에서 가장 많은 학생들을 탈락시키는 지필고사는 단답형, 서술형 등의 2단계 평가가 다수를 이루고 있었고, 탐구 능력 검사를 실시하는 곳도 3군데나 있었다. 서술형 평가인 창의적 문제해결은 14곳에서 실시하고 있으며, 실기능력을 알아보는 실험실습-수행평가는 4곳에서 실시하고 있었다. 판별 과정의 마지막 단계인 심층면접은 19곳이 실시하고 있었다.

이렇듯 통일되지 못한 각 영재교육원의 판별 과정은 차이점보다는 공통점이 많아, 이를 적극 반영하면 표준화된 판별 과정을 만들어낼 수 있다.

2. HASA 과학영재 판별 과정

한국교육개발원이 제안한 판별 과정은 4단계로 서류, 표준화 검사, 수행평가, 교육 후 평가로 요약할 수 있다.

(1) 1단계 – 학업성취도 누가 기록 및 관찰에 의한 추천

학생의 특성을 나타낼 수 있는 기록과 교사의 관찰을 통해 영재성이 있는 학생을 추천하는 단계이다. 오랜 기간 동안의 관찰 결과는 한 번에 이루어지는 검사결과보다 정확할 수 있다. 현재 과학고등학교 입학 전형이나 영재학급 교육대상자 선정에 적용되고 있는 방식이다. 학업성취도에 대한 누가 기록, 교사의 관찰 내용, 경시대회 입상 결과 등이 이 단계에서 참조된다.

(2) 2단계 – 표준화된 검사를 통한 판별

1단계를 통해 추천된 학생들을 대상으로 표준화된 검사를 실시한다. 표준화된 검사는 주로 지능이나 적성, 흥미, 창의성 및 학력을 측정하기 위해 많이 사용된다. 표준화된 검사는 최고점 수준이 낮아서 매우 우수한 학생과 우수한 학생을 구별하기 어렵다는 문제가 있으며 보통 학생과 다른 깊은 통찰에서 나온 영재학생의 답변이 엉뚱하게 처리되어 잘못된 검사결과가 나올 수도 있다.

(3) 3단계 – 문제 해결 과정의 관찰과 평가

표준화된 검사를 통해 판별된 학생들을 문제 해결 과정에 투입하여 학생들이 문제를 해결하는 과정을 전문가들이 직접 관찰하고 평가하는 단계이다. 이러한 관찰 평가의 장점은 실제 문제 해결 과정을 평가할 수 있고 검사를 통해 발견할 수 없는 성격이나 학습 태도 등을 평가할 수 있다는 점이다. 이 단계에서는 각 분야의 전문가가 학생들이 만들어낸 작품이나 실험 과정 등을 관찰하고 창의적 문제 해결력을 측정할 수 있다.

(4) 4단계 – 교육 프로그램 적용 후 관찰

3단계에서 판별된 학생에게 영재교육 프로그램을 제공하고 프로그램 과정에서 영재성이 나타나는 정도나 앞으로의 성취 가능성을 관찰하는 단계이다.

이를 바탕으로 HASA 과학영재 판별 과정은 다음과 같이 정리할 수 있다.

- **1단계 – 과학영재 자원집단 구성**
  과학 성취(과학재능장부)와 다양한 추천서를 바탕으로 과학영재 자원집단 구성
- **2단계 – 과학 지식 수준과 적성 판별**
  지식 축적 정도를 확인하는 지식 검사, 탐구 능력 검사, 창의력 검사 형태의 표준화 검사와 과학재능장부를 이용한 적성 판별
- **3단계 – 과학활동 및 탐구 능력의 영재성 판별**
  과학캠프를 통해 산출물 및 탐구 능력 판별

이와 같은 3단계를 제시한 주된 이유는 정규 교육과정 내에서 모든 학생들을 대상으로 개개인의 흥미와 적성에 따라 주제를 선정하고 개인별 학습양식을 고려하여 프로젝트를 수행할 수 없기 때문이다. 따라서 1단계에서는 영재 선발이라기보다는 영재의 가능성을 가진 영재자원집단을 구성한다는 의미에서 성취 수준이나 교사의 추천서, 학부모나 자기

추천에 의한 선발이 바람직하다. 이 단계의 교육은 단위학교 영재학급에서 담당하며, 과학 관련 심화활동을 수행하면서 과학 관련 흥미와 재능을 신장시키고 과학에서 뛰어난 성취를 할 잠재성이 있는지 확인하게 된다.

서혜애(2004)에 의하면 과학영재의 선발 과정 및 선발도구는 과학 분야의 지적능력과 과학적 창의성, 과제 집착력, 흥미 등의 개인적 성향을 모두 반영하는 것이 바람직하다. 이러한 과학영재 선발 요소들은 각각을 나누어 측정하는 것보다는 과학 탐구를 수행하면서 학생이 탐구를 진행하는 과정과 탐구결과로 얻은 산출물로 평가하는 것이 바람직하다. 부분적인 검사도구를 통해 나타난 학생의 능력이 과학 탐구의 전체 진행 과정에서 나타나지 않는다면 유의미하게 볼 수 없기 때문이다. 따라서 2단계에서는 학생들의 과학 지식, 탐구 능력, 창의력을 측정함과 동시에 그동안 수행했던 과학재능장부에 대한 평가를 병행하여야 한다. 즉 과학적 산출의 기반이 되는 과학 지식, 탐구 능력, 창의력과 산출물에 관한 과학재능장부에 대한 평가를 바탕으로 2단계 판별을 실시하고, 이들을 대상으로 교육청의 영재교육원과 대학 영재교육센터에서 본격적인 교육을 실시한다.

마지막으로 과학을 실제 수행하는 과학캠프를 통해 과학에 대한 학생의 흥미와 적성을 판단하고, 실제 문제 상황에서 지식과 기능을 활용하는지, 창의적 해결 방안을 제시할 수 있는지, 정교한 과학적 탐구를 수행하는지 등을 종합적으로 평가한다.

1.4 판별 과정과 과학영재교육기관의 연계

수월성 교육 방안을 실현하기 위해서는 영재교육의 대상자 확대뿐만 아니라, 교육의 지속성과 상급 기관과의 연계가 잘 이루어져야 한다. 또한 일선 학교에서 이러한 체제를 뒷받침할 수 있어야 하며, 나아가 영재교육의 운영 방향이 일반 공교육을 정상화하고 수준을 높일 수 있는 체제가 마련되어야 한다.

앞서 제시한 HASA 과학영재 판별 과정을 단기간에 적용할 수도 있지만, 근본적으로 학년 진급에 따른 위계적 연관성과 더불어 적용할 수 있다.

현재 국내의 영재교육은 교육청 산하 지정 학교에서 운영하는 영재학급과 교육청에서 운영하는 영재교육원, 대학부설 영재교육원, 영재학교로 구성된다. 그러나 현재는 지역교육청과 시도교육청 영재교육원의 차별화나, 교육청과 대학부설 영재교육원의 역할 분담은 이뤄지지 않고 있다. 즉 동일한 학년과 수준의 학생을 대상으로 지역 교육청과 시도교육청이, 교육청과 대학이 각각 영재교육을 하고 있지만 각 기관의 장점을 살리고 효율적인 영재교육을 실시할 수 있는 역할 분담은 이뤄지지 않고 있다. 이에 연구결과로 학생의 학년 진급에 따른 교육기관의 위계적 연관성을 제시하였다.

초등 5~중 1 학생들을 대상으로 1단계 성취 검사와 다양한 추천서를 통해 영재자원 집단(talent pool)을 구성하고, 단위 학교 영재학급에서 다양한 주제와 영역에 대해 심화학습을 받는다. 영재학급에서 과학 관련 지식과 기능을 학습하고 이를 활용하는 프로젝트를 수행하여 과학재능장부에 반영한다. 중 2가 되면 영재학급에서의 과학재능장부와 표준화된 지식 검사를 통해 교육청 영재교육원과 대학부설 영재교육원의 교육대상자를 선발하게 된다. 이 단계에서의 교육대상자는 이미 영재학급에서 과학에 흥미와 적성이 있고, 기본적인 탐구 수행 능력을 갖춘 학생들이므로 실제 문제 해결 활동을 중심으로 하게 된다. 중 3이 되면서 다시 과학캠프 활동을 통해 사사 교육과 수준 높은 과학 관련 프로그램의 대상이 되는 학생들을 선발하게 된다.

| 표 I-2 | 과학영재교육기관의 위계

<table>
<tr><th>학교</th><th>초 5-6 중 1</th><th>중 2</th><th>중 3</th><th>고등학교</th></tr>
<tr><td rowspan="2">과정</td><td rowspan="2">영재학급</td><td>지역교육청 영재교육원</td><td>시・도교육청 영재교육원</td><td rowspan="2">영재학교
과학고</td></tr>
<tr><td colspan="2">대학 부설 영재교육원</td></tr>
<tr><td>지원활동</td><td>• 기능 중심의 소집단 심화활동
• 특별활동
• 주말 프로그램</td><td colspan="2">• 문제 해결 중심의 심화 프로그램
• 과학전람회, 경시대회
• 인성 및 봉사활동
• 창의성 계발 훈련 프로그램
• 사사 프로그램, 과학캠프</td><td>• 전문 지식 및 기능 습득
• 과제연구 프로그램</td></tr>
</table>

2 서류 검사

영재의 판별은 1회성이나 단기간에 이뤄질 경우, 아동이 자신의 재능을 충분히 발휘할 기회를 얻지 못하여 판별의 오류나 재능을 가진 아동들이 누락될 가능성이 있으며, 다방면에 재능을 가진 학생들이 자신의 재능을 충분히 발휘할 수 있는 영역을 잘못 찾게 될 수 있다. 특히 영재를 바라보는 기존의 지적 능력 중심의 관점에서 벗어나, 학습에 대한 흥미나 끈기, 과제집착력 등은 쉽게 측정하기 어렵기 때문에, 교사가 아동을 지도하고 관찰하면서 재능을 파악하고 이를 개발시키기 위한 제언을 기록하는 종합재능장부가 필요하다. 이러한 종합재능장부는 영재 판별을 위한 도구로서뿐만 아니라 아동의 재능 신장을 위한 정보와 제언을 담고 있기 때문에 학년이 바뀌더라도 다음 교사가 아동을 위한 교육활동을 준비하는 데 중요 자료로 활용될 수 있다. 본 연구에서는 현장에서 교사들의 부담을 줄이면서도 영재 판별에 필요한 아동의 특성을 나타낼 수 있는 종합재능장부의 양식을 개발하기 위하여, 먼저 Renzulli의 종합재능 포트폴리오에 관해 검토한 후, 국내 실정에 맞는 종합재능장부 제안을 모색하였다.

2.1 종합재능장부(TTP)에 대한 검토

Renzulli의 종합재능 포트폴리오(TTP)는 '학교 전체 심화학습 모형(SEM)'을 바탕으로 심화학습을 경험하는 학생들을 대상으로 작성하게 된다(Renzulli et al., 1997, 김홍원 역, 2003). 즉 성취 검사, 교사 추천, 창의성 평가, 자기 지명이나 학부모 평가 등을 통해 전체의 10～15 %에 이르는 영재자원집단(talent pool)이 구성되고, 여기에 속하는 학생들을 대상으로 심화학습을 제공하고 종합재능 포트폴리오를 작성하면서 학생들의 다양한 재능을 개발하는 한편 영재로서의 특성을 관찰하게 된다.

TTP는 심화활동을 하기 이전에 학생의 상태에 관한 정보와 심화활동을 통해 나타나는 행동 정보로 구성된다. 상태 정보는 학생의 능력과 흥미, 학습 관련 선호도의 세 범주로 구성되어 있다. 능력은 정규 시험과 같이 표준화된 검사결과뿐만 아니라 비정규적인 수행평가, 비교적 덜 구조화된 상황에서의 성취를 보여주는 수행평가, 그리고 행동 특성에 대한 평정 등으로 구성된다. 흥미는 다양한 영역 중에서 학생이 어떤 영역에 재능을 갖고 있는지 확인하기 위한 것으로 검사도구를 이용하거나 면담, 평소의 관찰을 반영하여 기록한다. 이때 학생의 흥미는 여러 가지 영역에서 나타날 수 있으며 시간에 따라 변할 수 있기 때문에 정기적인 조사와 기록이 필요하다. 학습 관련 선호도는 수업 양식, 학습 환경, 사고 양식, 표현 양식에 대한 선호도 등 네 가지 하위 범주로 나누어진다. 수업 양식 선호도는 강의나 시범 실험과 같이 교사 주도적인 활동에서부터 프로젝트 학습이나 독립연구와 같이 학생 주도적인 활동에 이르기까지 다양한 형태의 수업 양식 가운데 학생이 선호하는 수업 양식을 기록하는 것이다. 학습 환경 선호도는 학생이 혼자 학습하기를 좋아하는지 소집단 혹은 대집단 학습을 선호하는지를 나타낸다. 사고 양식 선호도는 새로운 것을 계획하고 만들어 내는 것을 좋아하는지, 기존의 것을 정교화하고 명료화하기를 좋아하는지, 아니면 평가와 가치 판단하기를 좋아하는지 나타내는 것으로, 스턴버그는 각각 입법적 사고, 행정적 사고, 사법적 사고라 명명하였다. 표현 양식 선호도는 산출물을 표현할 때 선호하는 방식으로, 쓰기와 말하기뿐만 아니라 연극과 같이 수행을 통해 표현하거나 다양한 멀티미디어의 사용 등을 포함한다.

행동 정보는 학습 과정에서 드러나는 학생의 특성과 학생의 재능 개발을 위한 고차적인 학습 경험, 학생들이 수행한 심화활동의 산출물을 기록한다. 산출물을 기록할 때에는 학생 스스로 자신의 산출물 가운데 다양성을 고려하여 포함시킬 것을 선택하며, 일상적인 과제들을 기록하지 않도록 유의하여야 한다.

Renzulli의 종합재능 포트폴리오는 과학뿐만 아니라 수학, 언어, 예・체능 분야 등 다방면에 걸친 학생의 흥미와 재능 영역을 조사하여 구성된다. 이러한 특성은 학생의 특성에 대해 어느 영역에서 더 큰 재능을 발휘할 수 있는가를 알 수 있게 해 준다. 그러나 과학이라는 특정 영역에 흥미를 나타내는 학생들 가운데 어떤 학생이 뛰어난 성취를 남길 잠재성을 갖고 있는가에 대한 상세한 정보를 주기에는 한계가 있다. 특히 종합재능 포트폴리오를 작성할 때에는 학생의 다양한 방면에서의 흥미와 재능을 반영하게 되므로 과학 이외의 성취도 많은 비중을 차지하게 된다. 따라서 초등학교 저학년 때에는 종합재능장부를 활용하여 아동의 재능과 흥미 분야를 폭넓게 알아보는 것이 필요하지만, 과학에 흥미와 재능을 보이는 학생들을 대상으로 관련 심화학습을 경험하게 하면서 과학 분야에서의 성취 잠재성을 알아볼 수 있기 위해서는 과학재능장부로의 전환이 필요하다. 즉 과학에 흥미와 재능을 보이는 학생들을 대상으로 학업 성취, 종합재능장부, 교사 추천, 자기 추천과 학부모 추천 등을 병행해 영재자원집단(talent pool)을 형성하고, 심화학습을 경험하면서 과학 창의적 산출물을 기록하는 과학재능장부를 작성하게 하는 것이 바람직하다. Renzulli의 '학교전체심화학습 모형'에서는 영재자원집단을 구성하는 학생들이 특정 영역에 재능을 보이는 학생들이 아니다. 즉 다양한 흥미와 재능을 가진 학생들이 3부 심화학습 모형에 따라 다양한 분야의 지식과 정보들을 접하면서 자신의 흥미와 적성에 맞는 분야를 선택하고 기능 습득 및 탐구를 수행하게 되는데, 이때 종합재능장부가 유용하게 사용될 수 있다. 즉 초기 학생의 능력과 흥미와 재능, 학습 관련 선호양식 등에 따라 지식과 정보들이 제공되며, 이러한 지식과의 상호 작용과 탐구 수행 과정에서 나타나는 흥미와 능력의 변화를 교사가 감지할 수 있으며 재능 개발을 위한 제언을 할 수 있다. 그러나 현재의 정규 교과과정을 통해서는 이러한 심화학습 과정을 거치지 않기 때문에 교사가 학생의 능력과 흥미에 대한 자세한 정보를 얻기 힘들다.

Renzulli의 종합재능 포트폴리오가 그대로 적용되기 힘든 또 다른 이유로는 학생의 흥미와 학습 관련 선호도를 조사하기 위하여 다른 검사도구를 사용해야 한다는 것이다. 즉 학생의 능력을 알아보기 위해 '우수 학생의 행동특성 평정 척도(SRBCSS)나 흥미 조사를 위해 Interest-A-Lyzer, 학습방식검사도구(Learning Style Inventory) 등을 이용하게 되는데, 이러한 검사를 정규 교육과정에서 정기적으로 실시하기도 힘들 뿐더러 국내에서 표준화과정을 거치지 않았기 때문에 타당성을 확보하기 힘들다.

이상에서 살펴본 바에 의하면 특정 영역을 제한하지 않고 평균적으로 우수한 상위 학생들을 대상으로 다양한 주제를 경험하고 심화학습을 하는 경우에는 학생의 흥미와 재능을 찾는 종합재능 포트폴리오가 유용하게 사용될 수 있지만, 현재 정규 교육과정에서 학생의 흥미와 재능에 관한 새로운 정보를 얻어내기는 힘들다. 오히려 성취 검사나 교사의 추천에 의해 과학에 재능이 있다고 보이는 학생들이 과학에 관련된 심화학습을 수행하면서 작성하는 과학재능장부(STP; Science Talent Portfolio)가 더욱 적절하다고 판단된다.

2.2 과학재능장부(STP)의 제안

과학재능장부는 1단계 선발을 통해 과학영재자원집단에 해당하는 학생들이 과학 관련 지식과 기능을 익히고 이를 활용하여 직접 과학 프로젝트를 수행하는 과정과 산출물을 담는 데 이용된다. 또한 과학재능장부를 2단계 선발에 이용하기 위해서는 그 밖에도 학생의 과학 관련 흥미와 적성을 나타낼 수 있어야 한다. 이러한 목적을 위해서 과학재능장부에 포함되어야 할 항목들로는 학생이 수행한 탐구일지, 산출물, 교사의 산출물 평가와 제언, 학생의 탐구수행 소감 등이 있다. 탐구일지는 특별한 양식에 얽매이기보다 날짜, 제목, 내용을 포함하여 자유로운 형식으로 기술하되, 정해진 탐구 수행에 관한 내용뿐만 아니라 새롭게 알게 된 사실이나 흥미로운 사실, 궁금한 과학 문제 등을 기록한다. 이는 학생의 탐구 과정에 대한 정보와 과학에 흥미와 적성을 나타내는 동시에 이를 신장시키는 역할을 하며(남경운 등, 2004), 학생의 탐구수행 소감도 유사한 역할을 한다. 산출물과 이에 대한 교사의 평가는 지식과 기능의 활용 능력에 대한 정보를 제공한다. 각각에 대한 기록 양식은 다음과 같다.

|표 I-3| 탐구일지 양식

탐구 일지

날짜	월 일/ 물리교과교육실/ ○○○○중학교/ ○○○조/ 이름: ○○○
제목	
내용	

|표 I-4| 산출물 평가 양식(Besemer, 1998 참고하여 재구성)

산출물 평가 양식

평가 교사 : ____________

평가 항목	1	2	3	4	5
독창성					
발전 가능성					
가치로움					
이해 가능성					
표현력					
논리성					
기능적 솜씨					
유기성					
적절성					
완성도					
전체적 평가와 제언 :					

2.3 추천서 양식

1. 교사 추천

교사 추천은 비형식적인 언어 전달이나 형식적인 양식으로 모두 이뤄질 수 있다. 그러나 교사의 추천은 학생에 대한 선호 경향에 영향을 많이 받게 된다. 그래서 이를 조금이라도 줄일 수 있는 방향으로 교사 추천 양식을 만드는 것이 바람직하다. 물론 다양한 영재 행동 특성 체크리스트의 점수를 포함해야 한다. 다음은 Renzulli의 SEM 프로그램에 사용된 교사 추천서 양식을 참조하여 작성한 예이다.

| 표 I-5 | 과학영재 교사 추천서

과학영재 교사 추천서

1. 학생의 이름 ________________ 2. 교사의 이름 ______________________
3. 작성일 ____________________ 4. 학교명 __________________________
5. 학년 ______________________ 6. 생년월일 ________________________
7. 학교 성적 (개인성적/전체평균)
국어 ____/____ 수학 ____/____ 과학 ____/____ 사회 ____/____
8. 학부모 추천서 : 있음 / 없음
9. 행동특성 평정척도 점수 : _________
10. 이 학생이 과학영재교육 프로그램에 참여해야 하는 이유를 구체적 사례를 들어 제시하시오.
____
____
____
____
11. 이 학생이 이번 해에 당신의 수업 시간에 관심을 표현한 영역과 그 정도는 어떠하였는지 표시하시오.

	높음	평균	낮음		높음	평균	낮음		높음	평균	낮음
물리	☐	☐	☐	화학	☐	☐	☐	생물	☐	☐	☐
우주	☐	☐	☐	지구	☐	☐	☐	환경	☐	☐	☐

12. 이 학생이 현재 교육과정의 내용보다 심화학습을 해야 한다고 생각되는 영역은 어떤 것들이 있을지 표시하시오.
1단원 ☐ 2단원 ☐ 3단원 ☐ 4단원 ☐ 5단원 ☐ 6단원 ☐ 7단원 ☐ 8단원 ☐

2. 학부모 추천

과학영재를 판별하고 교수하기 위해서는 영재학생 개개인에 대한 많은 정보가 필요하다. 영재학생의 유아기와 청소년기를 학부모보다 잘 아는 사람은 없다. 따라서 학부모가 교사에게 정보를 정확히 전달하는 것은 중요하다. 학부모가 교사에게 전달해야 하는 정보로는 다음과 같은 것들이 있다(Davis, 1998).

• 특별한 관심과 취미
• 즐겨 읽은 최근의 책
• 독서 이상 특별한 관심을 가지는 것
• 비범한 성취
• 특별한 재능
• 특별했던 기회
• 혼자일 때 좋아하는 행동
• 인간관계
• 특별한 문제점이나 요구사항

실제 학부모가 이러한 정보를 자유스런 형식으로 쓰는 것은 아주 어려우므로, 반드시 추천양식으로 제공되어야 한다. 그 속에는 학부모가 관찰한 인지발달 과정, 창의성, 리더십, 인내심, 협동심 등 영재 특성이 구체적 사실로 기술될 수 있게 해야 한다. 다음은 학부모 추천서로 사용되는 양식들에 사용된 질문들의 예들로서, Tongue(1976)와 Renzulli (1997)가 제시하였다.

• 뛰어난 어휘력과 자기표현력이 뛰어나다.
• 쉽게 과거를 기억해 낸다.
• 물건들이 어떻게 동작하는지를 알기 원한다.
• 유치원 가기 전부터 읽을 줄 안다.
• 거의 모든 것에 대해 질문한다.
• 호기심과 모험심이 강하다.
• 생각하기 전에 충동적으로 행동한다.
• 신체 조건이 좋고, 자기 자신의 몸을 제어할 수 있다.
• 관심 있는 일에 대부분의 시간과 정력을 소비한다.
• 혼자 있을 때 자발적으로 공부를 시작한다.
• 어떤 결과가 나타날 때까지 일이나 놀이를 끝까지 한다.
• 무언가를 말할 때 평범하지 않은 표현을 사용한다.
• 스스로 프로젝트를 시작하고 결과물을 만들어낸다.
• 새로운 방법으로 주어진 자료를 활용한다.
• 또래에 비해 자주 유머와 이벤트를 만들어 낸다.
• 문제에 접근하는 방식이 새롭다.

3. 동료 추천

학급의 친구는 영재학생들의 행동을 가장 많이 접하는 이들이다. 따라서 동료에 의한 추천은 훌륭한 판별자료로 활용할 수 있다. 동료 추천은 한 학급 내에서 그들 스스로 어떤 질문에 대해 가장 적합한 인물을 기록하여 그 결과로부터 영재학생을 찾아낼 수 있는 방법이다. 그러나 어떤 추천서 양식으로 작성된다면 학생들은 부담을 느끼고 또한 그것을 제대로 이해하기 어려워 영재학생들을 거론하기 힘들다. 이런 어려움을 피하는 요령으로는 “Let’s Make Believe(Jenkins, 1979)”가 있다. 이 방법은 학생들에게 배로 수학여행을 가다가 좌초하여 무인도로 가게 되었을 때, 학급 구성원 중 누가 지도자, 수리공, 예술가, 발명가, 판관, 연예인의 역할을 하면 좋을지를 적게 하는 것이다. 따라서 다양하게 학생들의 눈높이에서 질문을 만들어 학생들이 생각하는 영재는 누구인지 확인해 볼 수 있다.

4. 자기 추천

일부 학생들은 강한 욕구가 있어 스스로 특별 프로그램에 참여하기를 원한다. 이런 학생들의 재능과 창조성에 대해서 교사가 인지하지 못하고 있는 경우이다. 사실 자기 추천은 고등학교 학생의 경우에 적합하다. 왜냐하면 친구들과의 관계 때문에 자신의 재능을 숨기고 있는 학생들에게 스스로 영재성을 판별할 수 있게 해주는 유일한 방법이기 때문이다(Renzulli, 1987).

3 표준화 검사

과학의 과정과 지식의 통합을 강조하기 이전에 학문으로서 과학적 개념을 정확히 이해하는 것은 무엇보다도 중요하다. 이를 위한 도구로 학생의 과학 학습 평가 시 지적능력을 측정하기 위해 표준화 검사를 실시할 수 있다.

표준화된 검사지가 선다형의 형태로 주어지면 지식/기억 범주 평가에 매우 유용하고 시험 시간당 지식의 평가 범위가 매우 넓으며 평가 대상 학생 수를 많이 선정할 수 있고, 이후에도 검사 문항을 재이용할 수 있으며 채점 시 객관성이 보장되므로 몇 가지 단점에도 불구하고 현실적으로 유용하게 사용된다. 검사지에 측정 가능한 행동적 특성이 유도될 수 있도록 제작된다면 학생이 가지고 있는 과학 지식을 평가할 수 있는 중요한 수단을 제공받을 수 있다. 선다형 문항을 이용하더라도 문항을 작성하기에 따라 분석력이나 종합력 등과 같은 고등정신 기능의 평가도 가능하다.

7차 교육과정에서는 과학의 내용 영역을 지식과 탐구로 구분하고 있다. 지식 영역은 에너지, 물질, 생명, 지구의 네 영역으로 나누어 각 학년마다 3~4개의 작은 단원이 포함되도록 구성되어 있다. 탐구 영역은 탐구 과정과 탐구활동으로 구분하였으며, 탐구 과정은 기초 탐구 과정인 '관찰, 분류, 측정, 예상, 추리'와 복합 탐구 과정인 '문제 인식, 가설 설정, 변인 통제, 자료 변환, 자료 해석, 결론 도출, 일반화'로 구성되어 있고, 탐구활동은 '토의, 실험, 조사, 견학, 과제 연구'로 구성되어 있다.

개발된 표준화 검사도구는 문제은행식으로 축적되어 있으므로, 앞으로 계속 개발된다면 충분히 문제은행으로서의 역할을 할 수 있다. 또한 영재 판별뿐만 아니라 정규 교육과정에서도 학생들의 지식수준을 검사할 수 있는 도구로도 활용 가능하다. 연도별 개발문항은 다음과 같다.

영역	지식 영역			탐구 영역			창의 영역		
학년	4–6	7–8	9–10	4–6	7–8	9–10	4–6	7–8	9–10
1차년		257							
2차년	240			78					
3차년					54		27	14	
4차년			155			32			24
합계	652			164			65		

1. 지식 검사 형태의 표준화 검사

학생들이 이해해야 할 목표에 대한 기준은 교육부에서 개발한 '제7차 교육과정에 따른 성취 기준과 평가 기준'을 참고하였다.

(1) 4–6학년 문항의 예

<table>
<tr><th colspan="5">문 항 카 드</th></tr>
<tr><td rowspan="2">내용요소</td><td>학교급</td><td>초등 4</td><td rowspan="2">예상 정답률</td><td rowspan="2">60 %</td></tr>
<tr><td>단 원</td><td>수평잡기</td></tr>
<tr><td>평가목표</td><td colspan="4">여러 가지 물체를 수평으로 만들 수 있다.</td></tr>
</table>

[문제 1] 그림에서 오른쪽 끝의 줄에는 추가 하나밖에 없다. 수평이 되게 하려면 오른쪽 끝의 줄에는 추를 몇 개 더 달아야 할까?

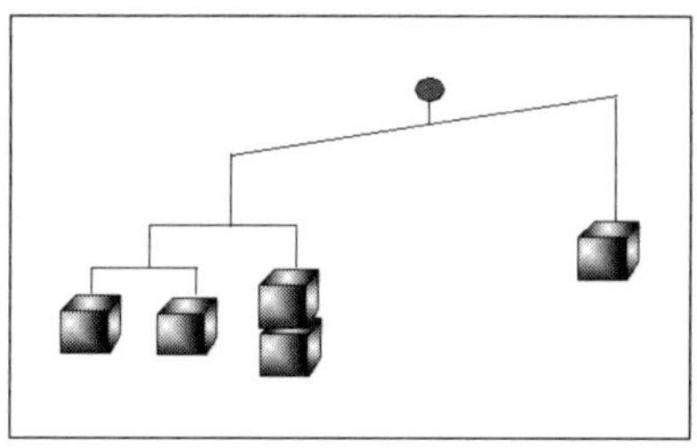

① 1개 ② 2개

③ 3개 ④ 4개

⑤ 5개

정답 ③

해설 좌우에 매달린 추의 개수가 같아야 수평이 된다. 왼쪽의 추들은 모두 수평을 이루고 있으므로, 왼쪽의 추들이 한곳에 모인 것과 같은 효과를 나타낸다.

문 항 카 드				
내용요소	학교급	초등 5	예상 정답률	50 %
	단 원	물의 여행		
평가목표	습도계의 원리를 안다.			

[문제 67] 공기 중의 수증기가 많은 습한 날의 건습구습도계에 대한 설명으로 옳은 것은?

① 습구의 물이 많이 증발한다.

② 건구와 습구의 온도 차이가 크다.

③ 건조한 날보다 물이 증발하면서 열을 많이 빼앗아 간다.

④ 건구와 습구의 온도 차이가 작다.

⑤ 건조한 날보다 습한 날은 습도가 낮다.

정답 ④

해설 습한 날은 공기 중의 수증기가 많아서 증발이 잘 안 되어 습구와 건구의 온도차가 작다.

문 항 카 드				
내용요소	학교급	초등 6	예상 정답률	30 %
	단 원	여러 가지 기체		
평가목표	이산화탄소의 성질을 알 수 있다.			

* 다음 그림은 이산화탄소 발생 장치이다. 물음에 답하시오.

[문제 29] 다음 중 이산화탄소를 발생시킬 때 필요 없는 것은 무엇인가?

① 달걀껍데기 또는 조개껍데기

② 묽은 염산 또는 묽은 황산

③ 고무관

④ 깔때기

⑤ 이산화망간

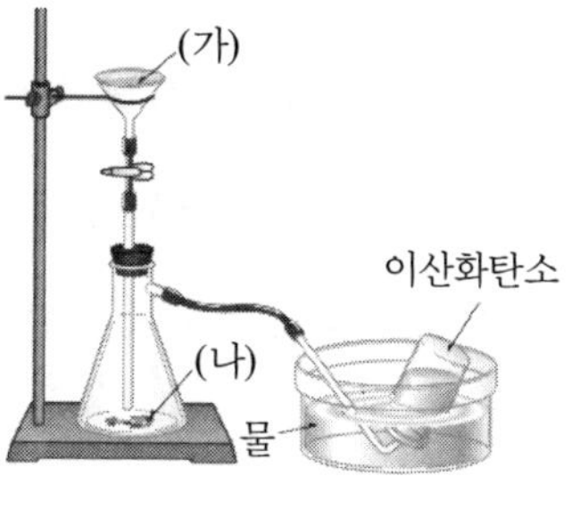

정답 ⑤

해설 이산화망간은 산소 발생 실험 시 필요한 물질이다.

[문제 30] 실험에서 발생한 이산화탄소를 확인하기 위한 방법으로 옳은 것을 모두 고르면?

① 색깔을 확인한다.
② 냄새를 맡아 본다.
③ 공기와 섞어, 어느 것이 무거운지 본다.
④ 석회수를 통과시켜 본다.
⑤ 이산화탄소가 모아진 집기병에 타고 있는 촛불을 넣어 본다.

정답 ④, ⑤

해설 이산화탄소는 석회수를 뿌옇게 흐리는 성질과, 불을 끄게 하는 성질을 가지고 있다.

(2) 7–8학년 문항의 예

문 항 카 드				
내용요소	학교급	중 1	예상 정답률	70 %
	단 원	힘		
평가목표	여러 가지 힘의 종류를 안다.			

※ [문제 10~12]는 다음 [보기]와 관련이 있다. 각 문제에 가장 적합한 것을 [보기]에서 골라 답안지에 표시하라.

[보기]

(A) 마찰력 (B) 중력 (C) 탄성력 (D) 전기력 (E) 자기력

[문제 10] 책상 위의 물체를 끌 때 물체의 운동을 방해하는 힘

[문제 11] 늘어난 고무줄이 원래의 모양으로 되돌아가려고 하는 힘

[문제 12] 마찰한 두 물체 사이에 작용하는 힘

정답 1. A 2. C 3. D

<table>
<tr><th colspan="5">문 항 카 드</th></tr>
<tr><td rowspan="2">내용요소</td><td>학교급</td><td>중 2</td><td rowspan="2">예상
정답률</td><td rowspan="2">50 %</td></tr>
<tr><td>단 원</td><td>전기</td></tr>
<tr><td>평가목표</td><td colspan="4">저항의 병렬연결을 이해한다.</td></tr>
</table>

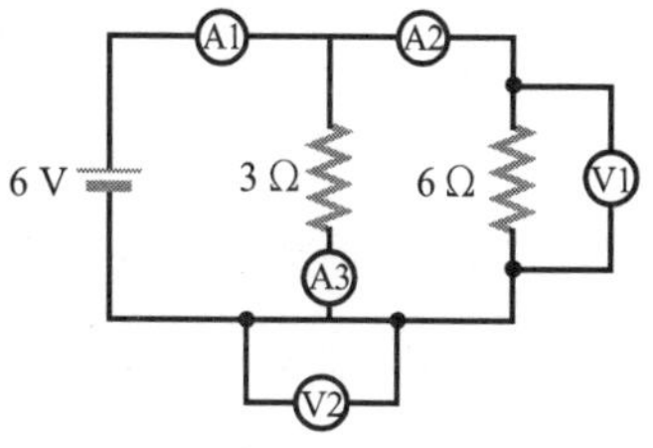

[문제 27] 3 Ω과 6 Ω의 두 개의 저항이 6 V의 전원에 병렬로 연결되어 있다. 세 개의 전류계와 두 개의 전압계가 그림과 같이 연결되어 있다.
다음 중 옳은 것은?

(A) 전압계1과 전압계2의 전압은 같다.

(B) 전압계1은 6 V이다.

(C) 전압계2는 6 V이다.

(D) 전압계2의 전압은 3 Ω의 저항의 양단의 전압을 정확하게 측정한 것이다

(E) 두 전압계 모두 6 Ω의 저항의 양단의 전압을 정확하게 측정한 것이다.

정답 B

(3) 9-10학년 문항의 예

<table>
<tr><th colspan="5">문 항 카 드</th></tr>
<tr><td rowspan="2">내용요소</td><td>학교급</td><td>중 3</td><td rowspan="2">예상
정답률</td><td rowspan="2">70 %</td></tr>
<tr><td>단 원</td><td>물질 변화의 규칙성</td></tr>
<tr><td>평가목표</td><td colspan="4">혼합물과 화합물의 특징에 대해 설명할 수 있다.</td></tr>
</table>

[문제 31] 다음은 철가루와 황가루를 섞어 황화철을 생성하는 그림이다. 다음 설명 중 옳지 <u>않은</u> 것은?

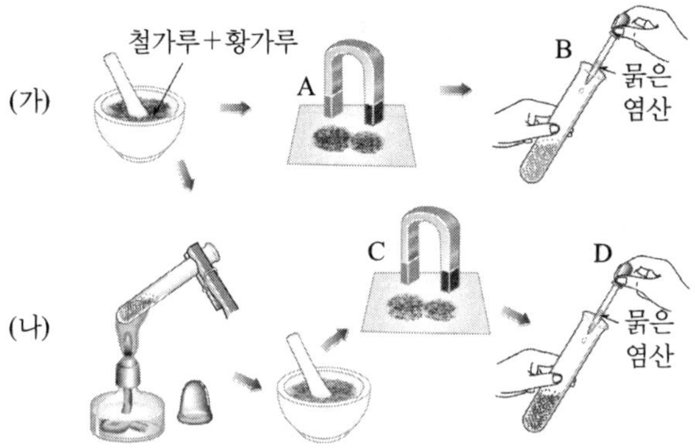

① (가) 과정의 물질은 철과 황의 성질을 그대로 가지고 있는 혼합물이다.

② (나) 과정의 물질은 철과 황이 화학 변화하여 생성된 화합물이다.

③ (가) 과정의 물질에 묽은 염산을 떨어뜨리면 수소 기체가 생긴다.

④ (나) 과정의 물질에 자석을 가까이 하면 달라붙는다.

⑤ (나) 과정의 물질은 흑갈색을 띤다.

정답 ④

해설 (가)는 철과 황의 혼합물이고, (나)는 화합물인 황화철이다.

물질	혼합물(철+황)	화합물(황화철)
색깔	노란 회색	흑갈색
묽은 염산과의 반응	수소 발생	황화수소 발생
자석을 가까이 했을 때	철가루가 끌려옴	끌려오지 않음

문 항 카 드				
내용요소	학교급	고 1	예상 정답률	40 %
	단 원	물질대사		
평가목표	효소의 특성에 대하여 안다.			

[문제 42] 다음 그림은 열쇠로 자물쇠를 여는 모양과 소화 기관에서 엿당이 말타아제라는 효소의 작용을 받아 포도당으로 분해되는 모습을 나타낸 것이다. 이 그림에서는 효소의 어떤 특성을 말하는 것인가?

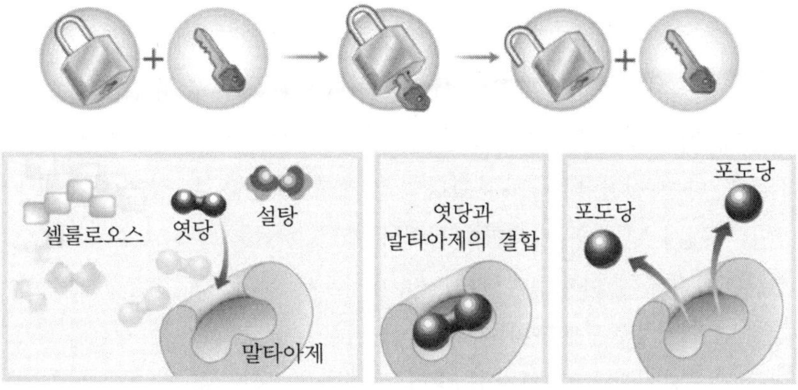

① 효소는 자신과 반응할 수 있는 특정한 한 가지 물질과 반응한다.
② 효소는 특정한 모양을 가지고 있다.
③ 효소는 복사할 수 없으면 다시 만들어지지 않는다.
④ 모든 효소는 한 가지 종류로 만들어져 있기 때문에 그 구조는 기본적으로 같다.
⑤ 효소를 분해하기 위해서는 특정한 열쇠 역할을 하는 물질이 필요하다.

정답 ①
해설 효소가 갖는 특징으로 효소는 자신과 반응할 수 있는 특정한 한 가지 물질과 반응한다.

2. 탐구 검사 형태의 표준화 검사

과학적 탐구란 과학자들이 자연 세계를 연구하고 자신들의 활동을 통해 얻어진 증거를 토대로 설명을 제안하는 다양한 방법을 뜻한다. 탐구는 또한, 자연 세계에 대한 과학자들의 연구 방법을 이해하고 과학적인 아이디어에 대한 지식과 이해를 증진시키기 위한 학생들의 활동을 의미한다. 탐구는 관찰, 문제 제기, 책이나 다른 정보원을 통해 이미 알려진 지식의 확인, 탐구의 설계, 실험적 증거에 따른 기존 지식에 대한 재고, 도구를 사용한 자료의 수집과 분석 및 해석, 해답의 제안, 설명, 예측, 결과에 대한 의사소통과 같은 다양한 활동들을 수반하고 있는 다면적인 활동이다. 탐구는 가정의 확인, 비판적이고 논리적인 사고, 대안적인 설명에 대한 고려를 요구한다.

제7차 교육과정에서는 앞에서 밝힌 바와 같이 기본적 탐구 과정, 통합적 탐구 과정, 탐구활동 등으로 탐구에 대하여 규정하고 있는데, 이에 대한 정의는 다음과 같다.

기본적 탐구 과정

- **관찰** : 보기, 듣기, 만지기, 냄새 맡기, 맛보기의 오감으로 사물, 현상, 사건에 관한 정성적 정보를 수집하는 기능. 도구를 사용하여 정성적 자료를 수집하는 어림(estimation)
- **분류** : 유사점에 따른 장소, 사물, 관념 등의 범주화. 준거속성(criterial attributes)에 따라 나누고, 나눈 것을 더욱 세분화하여 개체를 확인할 수 있을 때까지 나누어 사물들 사이의 위계적 단계를 체계화하는 활동
- **측정** : 도구나 기계를 사용하여 길이, 넓이, 부피, 무게 등 단위를 붙여야 하는 정량적 자료를 모으는 활동. 도구나 기계를 사용하지 않고 정량적 자료를 수집하는 어림
- **예상** : 차후에 관찰해야 할 사실에 대한 예언(forecast). 몇 가지 변인들 사이의 상관관계, 독립변인과 종속변인 사이의 인과관계, 외삽·내삽 등에 대하여 진술하는 과정
- **추리** : 관찰자료나 이미 알고 있는 몇 가지의 구체적인 지식으로부터 포괄적인 결론을 이끌어 내는 귀납적 일반화 과정, 또는 과학적 법칙이나 이론으로부터 특정한 사실이나 법칙을 도출하는 연역적 정신 활동

통합적 탐구 과정

- **문제 인식** : 연구의 주제를 결정하고 그에 따라 해결할 문제를 확인하여 조작적으로 진술하는 과정
- **가설 설정** : 자연 현상에 나타나는 규칙성, 그 현상들 사이의 관계, 이미 일어났거나 앞으로 일어날 행동과 사건 등에 대한 잠정적 설명으로 진술하는 과정
- **변인 통제** : 변인을 모두 확인하여 완벽하게 통제하고, 자세하게 조절하는 활동
- **자료 변환** : 한 형태의 자료를 다른 형태로 표현하는 행위
- **자료 해석** : 자료를 이해하여 다른 형태와 자신의 말로 표현하는 과정
- **결론 도출** : 연구에서 던진 질문 또는 검증하기 위해 설정된 가설에 대한 확정적 언급인 결론을 도출하는 과정
- **일반화** : 귀납적 과정을 통해 포괄적인 진술을 이끌어 내는 과정

탐구활동

- **토의** : 집단 구성원들 사이의 상호 작용과 의견 교환
- **실험** : 문제를 진술하고 그 문제의 답을 예상하여 가설의 형태로 제시한 다음, 그 가설을 검증하기 위하여 변인을 통제·조절하며, 관찰과 측정을 통해 자료를 수집하며, 자료를 정리·분석하여 그 결과를 설명하거나 결론을 이끌어내는 등의 단계에 따라 이루어지는 과정. 변인 사이의 인과관계를 찾는 과정

- **조사** : 자연을 이해하고 자연에 관한 법칙을 발견하거나 그것을 설명하는 이론을 구성하기 위해 자연의 현상·사건·사물을 탐색하고 조사하는 과정. 변인 사이의 인과 관계나 상관관계, 또는 실태를 조사하는 과정
- **견학** : 지역의 자연·기관·조직·시설 등의 계획된 직접적 방문
- **과제 연구** : 학생 스스로 계획·구안하여 문제를 해결하는 과정

(1) 4-6학년

본 연구에서는 초등학생들의 기본적인 탐구 기능을 평가하기 위하여 기본적 탐구 과정의 5개 영역인 관찰, 분류, 측정, 예상, 추리와 의사소통을 위한 그래프 항목에 문항을 개발하였다. 탐구 기능을 평가하는 문항들은 내용에 대한 선지식이 없어도 가능하기 때문에 초등학교 4학년부터 6학년까지 공통으로 사용할 수 있도록 구성되어 있다. 각 평가항목에 대한 문항 수는 다음과 같다.

평가항목	문항 수	평가항목	문항 수
관찰	17	예상	9
분류	10	추리	16
측정	17	그래프	9

문 항 카 드			
평가항목	관찰	예상 정답률	50 %

[문제 6] 철수는 비커에 담긴 성질이 다른 두 용액을 섞었다. 그 결과가 아래 그림과 같다. 이 실험에서 관찰한 사실 중 맞는 것은 어느 것인가?

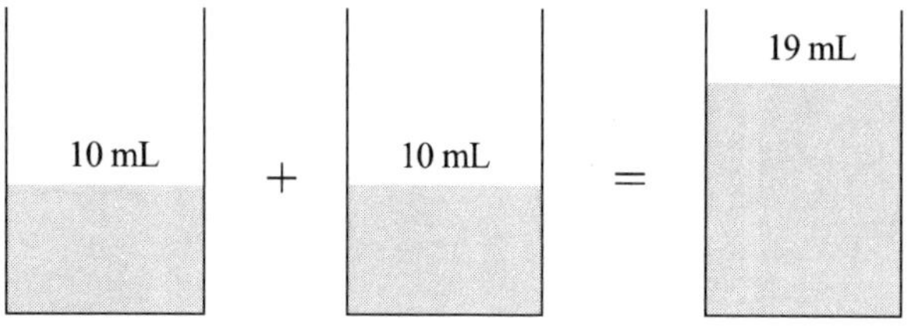

① 액체를 섞는 과정에서 증발이 일어나 부피가 줄어들었다.

② 성질이 다른 액체를 섞었더니 부피가 1 mL 줄어들었다.

③ 두 액체의 분자 간의 간격이 다르기 때문에 부피가 줄어들었다.

④ 만약 두 용액을 20 mL씩 섞는다면 섞은 후의 부피는 38 mL가 될 것이다.

⑤ 실험의 결과로 미루어 보아 두 액체는 물과 알코올일 것이다.

정답 ②

해설 추론과 예상으로 알 수 있는 것과 관찰한 것은 다르기 때문에 위 보기에서 관찰한 것은 ②뿐이다.

문 항 카 드			
평가항목	분류	예상 정답률	70 %

[문제 23] 다음은 여러 학생들의 옷 색깔과 신발 색깔을 적은 표이다.

	철수	영희	선용	민아	강호
옷 색깔	회색	빨간색	흰색	파란색	검정색
신발 색깔	검정색	노란색	빨간색	흰색	녹색

아래의 분류표에서 A에 들어갈 학생은 누구인가?

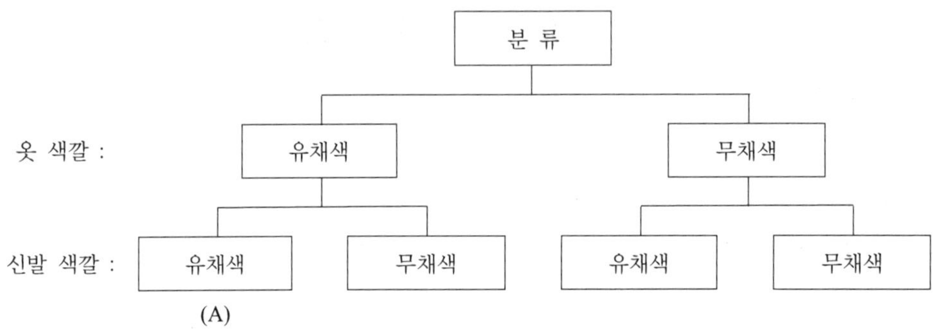

① 철수　② 영희　③ 선용

④ 민아　⑤ 강호

정답 ②

문 항 카 드			
평가항목	그래프	예상 정답률	60 %

[문제 77] 철수는 물의 온도를 높여 가며 물에 최대로 녹일 수 있는 설탕의 양을 측정하여, 오른쪽과 같은 그래프를 얻었다.

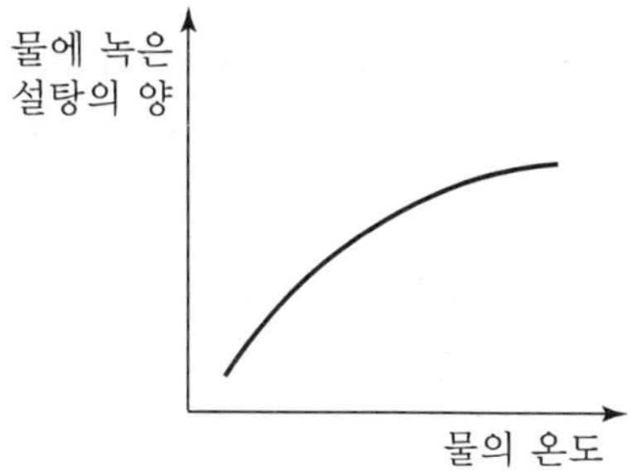

이 그래프로부터 알 수 있는 것은?

① 물의 온도는 녹일 수 있는 설탕의 양에 큰 영향을 주지 않는다.

② 물의 온도를 계속 높이면 녹일 수 있는 설탕의 양도 계속 증가할 것이다.

③ 물이 중간 정도의 온도일 때 설탕이 가장 많이 녹는다.

④ 물의 온도가 낮을 때보다는 높을 때 더 많은 설탕을 녹일 수 있다.

⑤ 설탕을 물에 넣고 세게 저어주면 더 많이 녹일 수 있다.

정답 ④

(2) 7–8학년

7–8학년은 기초탐구를 포함하여 복합탐구 능력에 해당하는 문항을 개발하였다. 기초 및 복합탐구 능력의 하위 영역은 7차 교육과정 해설서를 참고하였다. 개발된 문항의 평가항목 및 문항 수는 다음과 같다.

평가항목	문항 수	평가항목	문항 수
관찰	4	문제 인식 및 가설 설정	7
분류	4	변인 통제	6
측정	4	자료 해석	7
예상	4	자료 변환	7
추리	3	결론 도출 및 일반화	8

문 항 카 드			
평가항목	변인 통제	예상 정답률	70 %

[문제 21] 마라톤은 “올림픽의 꽃”이라 불리기도 하고 “인간 한계에 대한 도전”이라 불리기도 한다. 사람이 2시간 동안 자동차 등 다른 기구를 이용하지 않고 신체의 능력으로 얼마나 빨리 달릴 수 있는가를 겨루는 경기이다. 그런데 곰곰이 생각해 보면 신체 능력의 차이에 따라 등수가 결정되는 것만은 아닌 것을 알 수 있다. 다음 중 신체 능력의 차이 이외에 마라톤 기록을 변화시킬 수 있는 것으로 가장 먼 것은?

① 신발 바닥의 탄력성
② 운동복의 색깔
③ 달리는 중에 마시는 음료수
④ 손목 시계의 사용
⑤ 운동복의 땀 흡수 능력

정답 ②

문 항 카 드			
평가항목	자료 해석	예상 정답률	60 %

[문제] 두 개의 샤프심 A, B에 대해 아래 그림과 같이 전압과 전류를 측정하여, 각 샤프심에서의 전압과 전류 그래프를 그렸다. 샤프심의 저항 값은 전압 값을 전류 값으로 나눈 값이다. 두 그래프를 보고 옳지 <u>않은</u> 설명을 골라라.

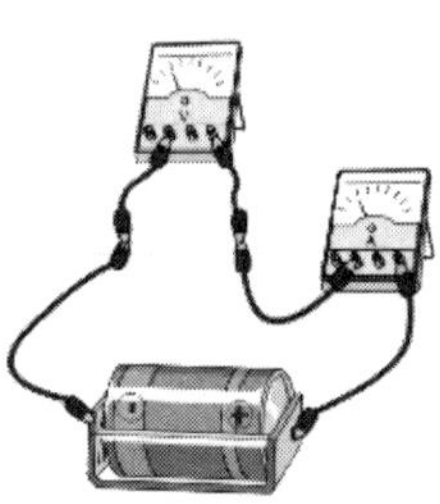

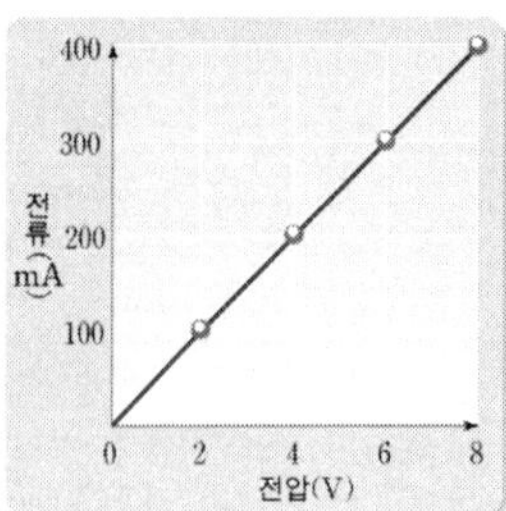

샤프심 A의 그래프

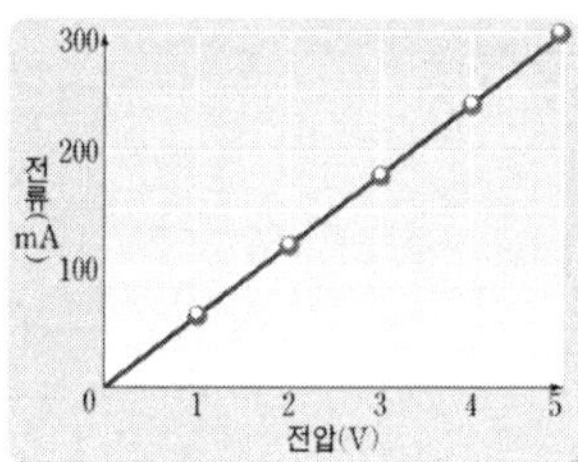

샤프심 B의 그래프

① 샤프심 A의 저항은 20 Ω이다.
② 샤프심 B의 저항은 약 16.7 Ω이다.

③ 샤프심 A와 B에 같은 전압을 걸어주면 샤프심 B에 더 많은 전류가 흐른다.

④ 샤프심 A와 B는 서로 다른 종류의 샤프심이다.

⑤ 샤프심 A와 B에 같은 전류가 흐르게 하려면 샤프심 B에 더 많은 전압을 걸어주어야 한다.

정답 ⑤

문 항 카 드			
평가항목	결론 도출 및 일반화	예상 정답률	60 %

[문제 51] 다음은 신문지 위에 버스 토큰을 두고, 버스 토큰의 중앙에 뚫린 부분에 물을 조금 부어 찍은 사진이다. 이 사진에 대한 설명으로 옳은 것을 [보기]에서 모두 고른 것은?

(가)

(나)

[보기]

가. (가)보다 (나) 사진의 토큰 속에 물을 더 많이 넣었다.

나. 물이 렌즈 역할을 해서 글씨가 커 보이기도 하고 작아 보이기도 한다.

다. (가) 사진의 토큰 속에는 물이 볼록하게 올라오도록 물을 부었다.

라. (나) 사진에서는 토큰 속 물 때문에 신문의 글씨 크기가 작아 보인다.

① 가, 나, 다　　② 가, 나, 라　　③ 가, 다, 라

④ 나, 다, 라　　⑤ 가, 나, 다, 라

정답 ④

(3) 9–10학년

본 연구에서는 중학교 3학년과 고등학교 1학년 학생들의 기본적인 탐구 기능과 통합적 탐구 기능을 평가하기 위한 탐구 문항을 개발하였다. 탐구 문항은 가능한 모든 영역에 골고루 배분하여 개발하고자 하였다. 그러나 탐구 기능 사이의 관계가 완전히 독립적이지 않기 때문에 문항을 특정한 탐구 기능에 해당하는 문항으로 분류하기가 어려워 탐구 문항의 평가 내용을 대표할 수 있는 탐구 기능으로 분류하였다. 이러한 이유로 특정한 영역의 문항 수가 매우 적게 나타났다. 탐구 문항은 모두 32문항을 개발하였다.

평가항목	문항 수	평가항목	문항 수
관찰	4	문제 인식 및 가설 설정	2
측정	6	변인 통제	3
예상	3	자료 해석	6
추리	5	자료 변환	1
실험설계	1	결론 도출 및 일반화	1

문 항 카 드			
평가항목	관찰	예상 정답률	60 %

[문제 3] 다음은 달의 표면을 찍은 사진으로, 왼쪽부터 차례로 상현달, 보름달, 하현달이다. 다음 설명 중 옳은 것으로 바르게 짝지은 것은?

[보기]

가. 위 사진의 상현달과 보름달은 달의 같은 면이다.
나. 위 사진의 상현달과 하현달은 달의 같은 면이다.
다. 어두운 부분은 표면보다 움푹 들어가 있을 것이다.
라. 사진으로 보아 달에는 건축물이 없음을 알 수 있다.
마. 달도 지구처럼 구형이다.

① 가, 다, 마 ② 가, 다, 라 ③ 가, 라, 마
④ 가, 나, 다, 마 ⑤ 가, 나, 다, 라

정답 ④

문 항 카 드			
평가항목	측정	예상 정답률	40 %

[문제 10] 지구상에서 소리의 속도는 보통 340 m/s라고 한다. 그러나 이 값은 실험 당시의 공기 상태와 시간과 거리 측정값의 정확도에 따라 다르다. 바람이 잔잔한 날 운동장에서 소리의 속도를 알아보기 위해, 초시계를 이용하여 150 m 떨어진 곳까지 소리가 도착하는 데 걸리는 시간을 경수네 모둠과 상희네 모둠은 5회씩, 미화네 모둠은 2회 측정하였고, 그 결과는 다음과 같았다.

	1회	2회	3회	4회	5회	평균
경수네 모둠(초)	2.45	2.32	2.18	2.20	2.30	2.29
상희네 모둠(초)	2.37	2.38	2.40	2.35	2.42	2.38
미화네 모둠(초)	2.20	2.38				2.29

만약 실험하던 상황에서 소리가 150 m를 가는 데 걸리는 시간의 참값이 2.30초라면, 다음 중 3개조의 실험결과에 대한 평가로 바른 것은?

① 상희네 모둠과 비교할 때 평균값이 참값과 더 가까운 경수네 모둠이 측정을 더 잘 한 것이다.
② 평균값이 같으므로 미화네 모둠과 경수네 모둠의 실험결과의 신뢰성은 같다.
③ 경수네 모둠이 가장 믿을 만한 실험값을 얻었다.
④ 상희네 모둠과 비교할 때 평균값이 참값과 더 가까운 미화네 모둠이 측정을 더 잘 한 것이다.

⑤ 실험할 때 발생한 오차의 원인을 찾아 수정하기 쉬운 조는 상희네 모둠이다.

정답 ⑤

문 항 카 드			
평가항목	자료 해석	예상 정답률	50 %

[문제 30] 자극의 전달 속도를 알아보기 위하여 아래 그림과 같이 초시계를 든 한 사람과 손을 잡은 남녀 합하여 7명의 학생이 실험을 하였다. 초시계를 든 사람이 초시계를 누르면서 깃발을 내리면, 첫 번째 사람이 그것을 보고 왼손을 꼭 잡아 신호를 전달하고 그 신호를 받은 두 번째 사람 역시 왼손을 꼭 잡아 신호를 전달한다. 이런 방법으로 진행하여 마지막 사람은 신호를 느꼈을 때 “끝” 하고 외치고, 이 소리를 듣고 초시계를 눌러 시간을 측정한다. 이와 같은 실험을 5번 했을 때 결과가 다음 표와 같았다.

실험 횟수	1	2	3	4	5
걸린 시간(초)	2.4	2.2	1.5	1.4	1.5

다음 중 이 실험에 대한 해석으로 옳은 것은?

① 5회 실험값을 평균하여 평균적인 전달 속도라고 하는 것은 타당하다.
② 이 실험에서 측정한 시간은 신호가 7명을 지나는 데 걸린 시간이다.
③ 팔을 옆으로 길게 펴서 손을 잡고 실험하면 시간이 더 오래 걸릴 것이다.
④ 실험결과를 남자들에게서 신호가 전달되는 시간이라고 볼 수 있다.
⑤ 이 실험에서 측정한 시간에는 시각, 촉각, 청각의 3가지 감각에 걸리는 시간이 포함되어 있다.

정답 ⑤

3. 창의 검사 형태의 표준화 검사

국내에서는 창의성과 관련되어 두 가지의 과학영재의 판별 준거가 제시되었다. 하나는, 박종원(2004)이 제시한 과학적 창의성의 인지적 모델(CMSC; Cognitive Model of Scientific Creativity)이고, 다른 하나는 신지은 등(2002)이 개발한 과학에서의 창의적 문제 해결력 및 문제 발견력 검사(CPSF; the test of Creative Problem Solving and Finding in science)이다.

CMSC는 과학적 창의성을 창의적 사고와 과학적 지식 내용, 과학적 탐구 기능의 공집합으로 정의한다. 특정 영역에서의 지식 내용은 창의적 활동에 필수적 요소라는 보고(Walberg and Stariha, 1992; Feldhusen, 1995)를 바탕으로 과학적 지식 내용을 고려했으며, 과학적 창의성은 구체적인 과학 탐구활동에서 발현되기 마련이라는 직관에 의거하여 과학적 탐구 기능을 고려했다.

- 발산적 사고(divergent thinking) : 유창성, 융통성, 비관습적 사고
- 수렴적 사고(convergent thinking) : 정합성, 통합성, 단순성
- 연관적 사고(associational thinking) : 유사성 사고(비유/은유/귀추), 비유사성 사고(결합/조합/연결)

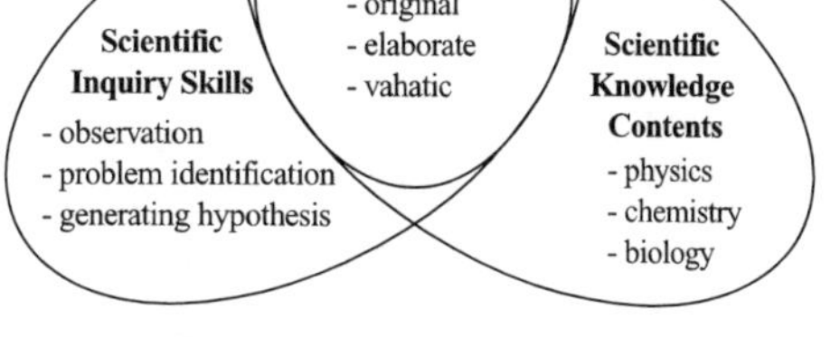

Fig. 1. Cognitive model of scientific creativity(CMSC)

많은 용도를(유창성) 다양하게(융통성), 남들이 미처 생각지 못한 용도를(독창성), 가능하면 구체적이고 자세하게 진술(정교성).

독창성과 정교성은 위 3가지 사고유형에 모두 해당된다고 하였음.

정합성은 구성물(ex, 개념이나 지식)들이 논리적이고 합리적이며 일관성 있게 연결되어 모순이 없음을 의미. 통합성은 구조를 이루고 있는 구성물들의 수가 얼마나 많은가를 의미. 단순성은 하나의 커다란 구조로 묶이면서도 그 구조 속에 질서가 내재되어 있어 복잡하지 않음을 의미.

과학적 탐구 기능이 어떤 과학 탐구활동에서 발휘되는가를 이야기하기 위해, 그는 과학활동의 유형을 크게 3가지로 요약하기도 했다.

- 자연 현상에 대한 관찰을 통해 가설이 제안되면 실험적 검증을 통해 과학 이론으로 만들어지는 과정

- 관찰을 통해 특정 사실이나 규칙성을 찾아내거나 일반화된 법칙을 제안하는 과정
- 과학 이론과 법칙을 이용하여 자연 현상이나 또 다른 이론과 법칙을 설명하거나 예측하는 과정 그리고 과학 법칙들을 여러 상황에 적용하거나, 새로운 것을 개발하는 과정, 그리고 의미론적으로 재해석하고 형식화된 형태로 구조화하는 과정

다음은 CMSC에서 기반하여 개발한 과학적 창의성 평가문항 예시이다.

(2) 전자기파의 편광

- 과학 내용 : 전자기파, 편광
- 과학적 탐구 기능 : (인과적) 질문하기
- 창의성 : 수렴적(정합적) 사고, 발산적 사고

다음은 전자기파에 대한 그림과 빛이 수직 편광판을 통과해서 수직으로 편광되는 것을 나타낸 그림이다.

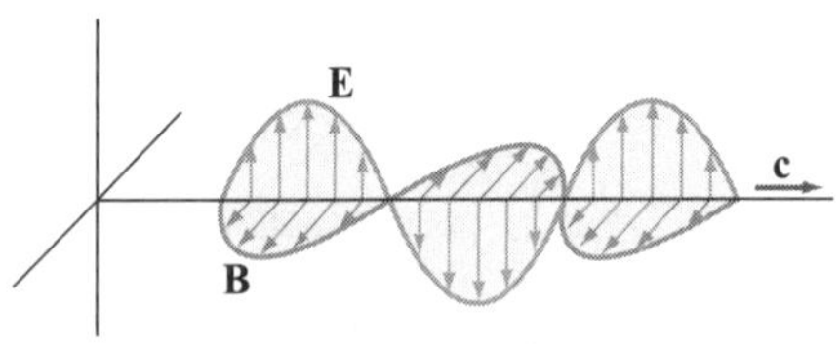

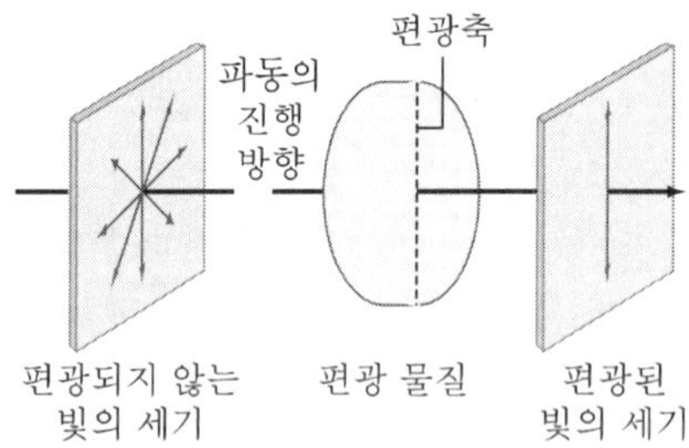

두 그림들로부터 알아볼 가치가 있다고 생각되는 질문을 있는 대로 만들어 보아라. 이때 질문을 제안한 근거를 가능하면 과학적으로 제시하여라.

한편 과학에서의 창의적 문제 해결력 및 문제 발견력 검사(CPSF; the test of Creative Problem Solving and Finding in science)의 경우는, 기존 연구보고들을 바탕으로 과학적 창의성을 설정했다. 즉, 과학의 경우 창의성은 관찰을 통해 문제를 발견하는 과정, 관찰결과를 설명할 수 있는 다양한 가설을 발전시키는 과정(Lipps, 1999), 현상을 새로운 방식으로 해석하는 과정(Standler, 1998), 그리고 새로운 기술을 발명하는 과정(Standler, 1998) 등에서 효과적으로 나타날 수 있다는 연구를 종합하여, 과학 창의성의 측정을 위해 과학에서의 문제 발견력과 과학적 추론 능력, 가설 설정 능력, 실험 설계 능력, 기구 고안 능력의 5가지 하위 영역을 설정하였다. 각 영역별로 1문항씩 개발하였는데, 다음은 문항 예시이다.

| 평가 영역 : 과학적 추론 능력(유창성, 독창성) |

2. 다음은 어떤 미지의 행성을 탐사한 결과 얻은 자료들입니다.

- 행성의 중력은 지구 중력의 8배이다.
- 행성의 평균 기온은 20 °C 정도이고, 일교차는 10 °C 정도로 약간 큰 편이다.
- 행성 전체의 대기 중 80 %가 산소로, 산소가 매우 풍부한 편이다.

- 참고1 : 지표 부근에 있는 물체를 행성의 중심 방향으로 끌어당기는 힘을 중력이라 한다.
- 참고2 : 지구의 평균 기온은 약 15 °C이다.
- 참고3 : 기후학자 마르톤은 연평균 기온 20 °C 이상을 열대 기후라고 했고, 쾨펜이란 사람은 최한월 평균 기온 18 °C 이상의 기후를 열대 기후라고 했다.
- 참고4 : 지구의 대기는 질소 79 %, 산소 20 %, 그 밖의 기체 1 %로 구성되어 있다.

지구상의 따뜻한 곳에 사는 여우는 열을 많이 발산하기 위해 귀가 큰 반면, 추운 곳에 사는 여우는 열의 손실을 막기 위해 귀가 작습니다. 이처럼 다양한 환경에 의해 동물의 각 신체적 부분의 특징은 달라질 수 있답니다. 그렇다면 이 행성에서 살고 있을 동물의 모습은 어떠할까요? 위의 주어진 자료와 여러분의 과학적 지식 및 상상력을 바탕으로 이 행성에서 살고 있을 동물의 모습을 그려보세요. 그리고 여러분이 그린 동물의 각 신체적 부분의 특징이 그렇게 나타난다고 생각한 과학적 근거도 함께 써 보세요.

CPSF의 5가지 하위 영역들이 독립적인 영역인지는 밝히지 않았으며, 창의적 사고 유형도 발산적 사고에 한정되어 있다. 또, CMSC와 비교할 때, CPSF에서는 과학 내용(지식)이 빠졌으며, 과학의 모든 탐구 기능이 아니라 창의성이 드러난다고 생각되는 탐구 기능을 준거로 삼았다.

본 연구에서 창의 영역 표준화 문항 개발은 기본적으로 3차원 평가틀에 의거했다. 각 축은 과학 지식/클로퍼의 과학교육목표/창의성으로 한다. 이때 클로퍼의 과학교육목표에서는 탐구에 해당되는 하위 항목들(B-E)만 추출하여 사용한다.

창의성의 하위 영역은 다음과 같다.

- **발산적 사고** – 유창성, 융통성, 비관습적 사고
- **수렴적 사고** – 정합성, 통합성, 단순성
- **연관적 사고** – 유사성 사고(비유/은유/귀추), 비유사성 사고(결합/조합/연결)

많은 용도를(유창성) 다양하게(융통성), 남들이 미처 생각지 못한 용도를(독창성), 가능하면 구체적이고 자세하게 진술(정교성)하는 것이 창의적인 것이다. 한편, 정합성은 구성

물(ex, 개념이나 지식)들이 논리적이고 합리적이며 일관성 있게 연결되어 모순이 없음을 의미하며, 통합성은 구조를 이루고 있는 구성물들의 수가 얼마나 많은가를 의미한다. 단순성은 하나의 커다란 구조로 묶이면서도 그 구조 속에 질서가 내재되어 있어 복잡하지 않음을 의미한다. 독창성과 정교성은 위 3가지 사고 유형에 모두 해당된다.

한편 클로퍼의 과학교육목표에서 탐구에 해당되는 하위 항목들(B–E)은 다음과 같다.

- B.0 과학 탐구 과정 Ⅰ–관찰과 측정
  - B.1 사물과 현상의 관찰
  - B.2 관찰한 내용을 적합한 언어로 표현
  - B.3 물체와 변화의 측정
  - B.4 적합한 측정 도구의 선택
  - B.5 측정의 어림과 정확성 한계의 인식

- C.0 과학적 탐구 과정 Ⅱ–문제 인식과 해결 방법의 모색
  - C.1 문제의 인식
  - C.2 적절한 가설의 설정
  - C.3 적합한 가설 검정 방법의 선택
  - C.4 적합한 실험 과정의 설계(기구 고안 능력은 여기에 포함될 듯)

- D.0 과학 탐구 과정 Ⅲ–자료의 해석과 일반화
  - D.1 실험 자료의 처리
  - D.2 자료를 함수 관계의 형태로 제시함
  - D.3 실험 자료와 관찰 내용의 해석
  - D.4 외삽과 내삽
  - D.5 수집한 자료에 근거해서 가설을 평가함
  - D.6 일반화

- E.0 과학 탐구 과정 Ⅳ–이론적 모델의 형성, 검증 및 수정
  - E.1 이론적 모델의 필요에 대한 인식
  - E.2 알려진 현상과 원리를 수용하는 이론적 모델의 형성
  - E.3 이론적 모델로 설명되는 현상과 원리의 열거
  - E.4 이론적 모델로부터 새로운 가설의 연역적 추론
  - E.5 이론적 모델 검증을 위한 시험 결과의 해석과 평가
  - E.6 수정, 보완, 세련된 이론적 모델의 형성

(1) 4-6학년 문항의 예

문 항 카 드			
평가항목	발산적 사고(유창성, 융통성)	예상 정답률	40 %

[문제 27] 친구 세 명이 자신의 몸무게를 재어 누가 가장 가벼운지 알아보기로 하였다. 그런데 집에 있는 저울은 불과 20 kg까지밖에 잴 수 없는 것이었다. 누가 가장 가벼운지 어떻게 알 수 있을까? 가능한 방법을 고안해 보자.

[예시답안]

1. (저울을 이용하는 방법) 긴 널빤지를 지렛대로 생각해서 한쪽 끝을 저울 위에 걸쳐 놓고 다른 한쪽을 바닥이나 다른 받침대에 걸친 후 올라서면 올라서는 사람의 몸무게가 분산이 된다. 세 명이 각각 널빤지의 '같은 위치에 올라서서' 저울의 눈금을 보면 몸무게를 비교할 수 있다.
2. (저울을 이용하지 않는 방법) 가장 쉽게 생각할 수 있는 것은 넓은 널빤지를 구해 널빤지를 받침점 위에 놓고 균형을 맞춘 후에 양팔저울과 같이 비교하는 방법이 가능하다.

[채점기준] 예시답안 이외에 합리적이라고 생각하는 답안에 대해서는 점수를 부여한다. 예시답안 2번과 같이 너무나 일반적인 경우에 대해서는 1/3만 인정한다.

(2) 7-8학년 문항의 예

문 항 카 드			
평가항목	수렴적 사고(정교성), 독창적 사고	예상 정답률	60 %

[문제 8] 다음은 "식물이 없어지면 어떻게 될까?"라는 제목으로 쓴 중학교 2학년 어느 학생의 글이다.

> 식물이 없다면 우리도 없다. 그 이윤 식물이 있을 때 인간도 있고 동물도 있다. 식물이 먼저 태어난 후 인간과 동물이 생겨났기 때문이다. 요즘에는 식물을 하찮게 생각하지만 식물도 인간들에게 꼭 필요한 것이다. 식물은 우리에게 양식도 주고 공기도 주기 때문이다. 그렇기 때문에 인간에게 식물이 없다는 것은 공기가 없다는 것과 같은 것이다. 공기를 만들 수 있는 것이 식물이기 때문이다. 그래서 식물이 없으면 인간과 동물도 없어지게 된다.

위 글의 내용을 과학적 시각에서 평가하시오.

[예시답안] 식물이 공기를 만든다는 것은 정확하지 않다. 현재 지구의 공기에는 질소가 약 80 %, 산소가 약 20 %, 나머지 기체가 약간 섞여 있다. 이 중에서 식물이 만들어 내는 것은 산소이다. 광합성을 통해서 산소를 만들어 내며, 이것은 사람을 포함한 동물, 식물의 호흡에 사용된다. 따라서 식물이 없으면 호흡할 수 없으므로 동식물이 죽는다는 것은 옳지만 공기가 없어진다는 것은 옳지 않다.

[채점기준] 위 예시답안 이외에도 옳은 과학적 내용을 사용하여 논리적으로 평가한 것이 한 가지 이상 있으면 만점을 부여한다. 일부 불충분한 경우에는 채점자가 재량껏 부분 점수를 부여한다.

(3) 9–10학년 문항의 예

문 항 카 드			
평가항목	발산적 사고(유창성, 융통성, 독창성), 수렴적 사고(정교성)	예상 정답률	80 %

[문제 10] 다음 ● 표시와 × 표시를 이용하여 눈의 맹점에 대해 알아보는 실험을 하였다. 그 결과 알아낸 사실을 아래 네모 안에 적어 놓았다.

가. 왼쪽 눈만 뜨고 ● 표시를 보면 × 표시가 항상 보인다.
나. 왼쪽 눈만 뜨고 × 표시를 보면 ● 표시가 보이지 않는 때가 있다.
다. ● 표시와 × 표시 사이의 간격이 클수록 눈을 종이에서 멀리 해야 한다.

(가) 다른 실험 4가지를 추가로 더 수행하여 알아낸 것들을 기록하시오.

(나) 그 결과 눈의 맹점에 대해 알아낸 사실을 자세히 기록하시오.

[예시답안]

(가)
- 오른쪽 눈만 뜨고 ● 표시를 보면 × 표시가 보이지 않는 때가 있다.
- 오른쪽 눈만 뜨고 × 표시를 보면 ● 표시가 항상 보인다.
- 하나가 보이지 않을 때 얼굴을 시계 방향 또는 반시계 방향으로 돌리면 보이게 된다.
- 두 표시 사이의 간격이 작을수록 눈을 종이에 더 가까이 해야 한다.

(나) 맹점은 눈알의 정면 뒤쪽이 아니라 정면 뒤쪽에서 반대편 눈 쪽으로 치우친 곳에 있다.

[채점기준]

(가)의 답안 : 추가로 알아낸 각각에 대하여 만점의 10 %의 점수 부여
독창성이나 정교성이 탁월하면 10 %를 추가로 부여
(최대 50 %를 넘지 않도록 한다.)

(나)의 답안 : "가"를 근거로 바르게 결론 내린 내용이면 만점의 40 % 부여
독창성이나 정교성이 탁월하면 10 %를 추가로 부여

4 과학캠프 검사

영재의 판별은 영재교육의 목표와 영재 대상 프로그램의 목표의 성취 여부로써 판별이 가능하다. 그러므로 영재교육의 목표를 성취하기 위한 준거를 이용하여 판별도구를 개발할 수 있다. 영재집단의 경우, 지식, 지능, 과학에 대한 태도 등의 세 검사가 매우 낮은 상관을 보이고 있기 때문에, 일반적으로 영재 선발의 주요 준거로 활용되는 지능과 창의성 검사와 같은 인지 능력 검사만으로는 영재들의 다양한 측면을 판별하기 어렵다(양태연 등, 2003). 그래서 영재성을 구성하는 여러 가지 요인을 이용하여 영재성의 판별에 이용할 필요가 있다. Nicholls(1972)는 창의적 결과물의 분석이 창의적 잠재력을 잘 예언할 수 있으며, Wallach(1976)도 창의적 성취에 관한 학생의 자기-보고가 유용한 방법이라고 하였듯이 영재아를 선발하기 위해서 산출물을 평가하는 방법이 필요하다. 하지만 일반적으로 탐구 능력을 확인하기 위해 실시하는 보고서 형태의 평가는 지적 영역 중 창의적인 영역과 정의적인 영역의 과학에 대한 태도 등을 고려할 수 없고, 한번 사용하면 재사용하기 어려운 단점이 있다. 그래서 실제 영재아의 선발 과정에서 영재의 특성을 모두 고려하지 못하고 인지 능력 검사에 의존하는 것이 현실이다. 이렇게 교육과 판별을 분리하면서 생기는 영재교육 목표의 불일치를 극복하기 위해 교육이 진행되는 과정에 평가할 수 있는 교육과 판별의 일체화 모형이 필요하며, 최근 이러한 선발과 교육에서의 문제를 해결하는 방법 중 하나로 과학캠프가 도입되어 과학영재학교에서는 신입생 선발 전형에서 과학캠프를 통한 과학적 문제 해결력과 창의성, 인성 등을 평가하고 있다.

4.1 과학영재아를 위한 과학캠프의 목표

영재교육의 목표 및 영재교육 프로그램의 방향에 관한 이론적 연구를 바탕으로 과학영재교육의 목표 설정을 위한 기초를 마련하였다. 그리고 중·고등학교의 과학 동아리에 참여하는 학생들의 과학에 대한 흥미와 지적인 능력은 중고생 평균적인 학생들보다 높은 경향이 있고(최원호, 2005), 과학마니아인 중고등학교 과학 동아리를 대상으로 실시하는 과학캠프와 유사한 형태로 진행되는 본 과학캠프 프로그램의 목표 진술방식을 사이언스 잼버리의 목표 진술방식을 참고하여 완성하였다.

목표 1. 자율적 탐구에서 얻는 구조화된 지식을 통해 창의적 문제 해결력을 키운다.
목표 2. 동일한 흥미를 갖는 학생들 사이의 협동적 활동으로 의사소통 능력을 향상시킨다.
목표 3. 과학활동에 능동적으로 참여하면서 자기 주도적 학습 능력과 지도력을 향상시킨다.
목표 4. 탐구적 사고를 자극하여 과학 현상 및 원리를 올바로 이해하고 설명할 수 있다.

4.2 과학캠프 검사도구

과학캠프 검사도구를 만들기 위해 먼저 검사도구 개발 지침을 마련하였다. 과학캠프 검사도구는 활동 자료에 근거한 학생들의 다양한 활동을 평가하는 것으로, 활동 자료의 준거에 따른 개발 지침이 만들어진다. 과학캠프 검사도구의 개발 지침은 〈표 I-6〉과 같다.

|표 I-6| 과학영재아를 위한 과학활동 자료 준거 및 검사도구 개발 지침

목표	활동 자료의 준거	검사도구 개발 지침
기초 자료	활동 영역의 관련 과학 과목은?	이 활동 자료는 어떤 과목의 특성으로 개발할지 정하라.
	활동 영역의 수준은?	참가자들의 학교급 교육과정을 넘지 않도록 활동 내용의 수준을 일관성 있게 유지하라.
	생각 모으기의 수준은?	내용적인 면이 아닌 탐구적인 측면에서 활동 영역의 수준을 넘도록 구성하라.

목표 1	해당 분야에 관한 흥미 있는 소재를 이용하였나?	해당 과목과 분야에서 학생들의 흥미를 끌 만한 최근 내용을 포함시켜라.
	한 주제를 이해하기 위한 체계적인 방법을 취하고 있나?	이 활동에서 원하는 목표를 성취하기 위한 방법 이외의 군더더기 활동은 최소화하라.
	도출된 결과가 또 다른 활동을 유발할 수 있는가?	활동 후 새로운 의문을 갖거나 활동욕구를 가질 수 있도록 구성하라.
	활동 자료에 실험자가 창의적 문제를 발견할 수 있도록 유도하는가?	참가자들이 활동 영역보다 더 높은 수준에서 새로운 문제를 창의적으로 발견할 수 있도록 상황을 제한하여 문제를 제시하라.
목표 2	활동에서 토론이나 논쟁의 여지가 있는 문제를 가지고 있는가?	논쟁의 여지가 있는 실험적 요소를 포함하라.
	협동을 해야만 가능한 활동요소를 포함하고 있는가?	물리적으로 개별적 활동으로는 해결할 수 없도록 방법적인 면을 고려하라.
목표 3	학생들이 활동이 유용하다고 생각할 요소가 있는가?	학생들의 입장에서 축제, 진로, 공부에 이용될 수 있는 유익한 정보가 포함되도록 구성하라.
	활동목표가 명료하게 서술되는가?	목표에 애매한 표현이 없도록 구성하라.
	자료집에 제시된 표현이 명확하고 구체적인가?	명확하고 구체적인 표현으로 활동을 전개하라.
	발표 학생들이 주도적으로 활동을 이끌어 나갈 수 있는 수준의 내용과 소재를 이용하였나?	발표자의 학교급 수준을 무리하게 뛰어넘는 내용이나 소재는 피하고 도전적인 과제를 포함하라.
목표 4	실험자에 의해 좌우되는 탐구요소를 가지고 있는가?	심화탐구요소를 가지고 있어야 하며, 참가학생들의 활동이 결과에 영향을 줄 수 있도록 구성하라.
	목표와 활동 내용이 부합하는가?	개발할 활동의 목표와 일관성 있는 활동이 되도록 하라.
	새로운 실험 설계의 요소를 포함하고 있는가?	새로운 실험을 정교하게 설계해 보는 경험을 제공하라.
	자율적인 탐구가 가능한 부분이 포함되었는가?	제한된 범위이지만 참가학생이 자율적으로 탐구할 수 있도록 문제를 제시하거나 그러한 여지가 있도록 활동을 구성하라.

1. 검사도구의 선정

활동자료의 준거를 이용하여 중학교 수준의 과학영재아들이 수행하기에 적당하다고 판단된 8개의 과학활동은 '페트병과 링거줄을 이용한 사이펀 타이머 만들기', '필름통을 이용하여 물온도계 만들기', '밀도에 관한 여러 실험과 밀도 측정기 만들기', '구리관을 이용한 증기 보트 만들기', '작은 유리병과 페트병을 이용하여 갈릴레이 온도계 만들기', '소금과 얼음을 이용하여 아이스바 만들기', '우드락을 이용하여 손바닥 부메랑 만들기', '기체가 발생하는 화학반응을 이용한 오르락내리락 움직이는 타이타닉 만들기'였다. 선정된 과학활동은 목표를 구성하는 준거 중 최소한 하나의 준거가 최고 점수를 받으며, 모든 항목이 보통(5점 척도 중 3점) 이상이 되도록 활동지를 변형하였다.

2. 검사도구의 타당성(수행 용이성, 성취 정도, 개발지침 만족도)

개발한 검사도구들이 중학교 수준의 과학영재아들이 수행하기에 적당한가를 물어본 설문에서는 모든 검사도구가 3.9~4.6 사이의 점수를 받았다. 즉 과학영재용으로 개발된 과학활동은 중학교 수준의 과학영재아들이 수행하기에 적당함을 알 수 있다.

그리고 각 검사도구들이 중학교 수준의 과학영재아들이 각 목표를 성취할 정도로 잘 개발되었는지를 물은 항목에서는 목표 1의 경우는 5점 척도의 평균이 3.9~4.4 사이였고, 목표 2는 4~4.6 사이, 목표 3은 4.1~4.9 사이, 목표 4는 4.3~4.9 사이로 모든 검사도구들이 목표 1~4를 성취하는 데 긍정적일 것이라 예상하였다.

또한 개발된 검사도구들이 개발지침을 잘 준수하는지를 물은 항목에서는 목표 1의 경우는 5점 척도의 평균이 3.8~4.9 사이, 목표 2는 3.5~4.9 사이, 목표 3은 3.5~4.5 사이, 목표 4는 3.6~4.8 사이로 모든 활동들이 각 목표를 성취하는 데 보통 이상의 수준으로 만족하고 있음을 알 수 있다.

3. 검사도구의 영재아 평가 기준

과학영재아 대상의 과학캠프에서 영재성을 판별하기 위한 평가기준은 발표학생과 참가학생용 각각으로 제작하였다.

발표학생에 대한 평가

자신이 연구한 내용을 남에게 전하고 지도하는 능력은 현재 과학적 능력을 평가하는 훌륭한 방법이다. 남에게 설명할 수 있기 위해서는 완벽하게 알아야만 가능하다. 그리고 남에게 설명해보는 경험은 그 분야의 과학을 더 열심히 공부할 수 있는 기회가 되기 때문에 이런 유형의 평가 방법이 공개되더라도 학생들이 긍정적인 방향으로 시험 준비를 하도록 유도할 수 있기 때문에 교육적으로 유익하다.

영재 대상 과학캠프에서 학생이 직접 실험을 진행하게 되면 실험 주제와 관련된 창의적 문제를 발견하고 그 해결과정을 미리 생각해볼 수 있다. 그리고 그 결과를 비슷한 관심을 가진 학생들 앞에서 발표하면서 발표 학생들은 1) 실험목적에 맞게 탐구를 했거나 진행하고 있는지, 2) 실험을 완전히 이해하고 발표 및 진행하는지, 3) 그 실험에 관련된 창의적 문제를 발견하거나 해결했는지, 4) 발표학생들 사이에 협동적 의사소통이 이루어지는지를 평가받을 수 있다.

참가학생에 대한 평가

비슷한 흥미를 가진 학생들이 진행하는 실험에 참가하면서 학생들은 비슷한 또래의 학생들이 진행하기 때문에 좀더 적극적으로 토론하며 실험에 참가할 수 있다. 비슷한 수준의 또래 영재학생들과 협동적으로 실험에 참여할 때 1) 의사소통의 수준과 질문의 수준을 통해 참가한 학생들이 얼마나 주도적으로 참여하며, 2) 주어진 시간 동안에 실험의 완성도를 통해 그 실험에 관해 얼마나 이해했는지를 평가받을 수 있다. 다른 사람이 준비한 실험에 참가하는 형태의 실험은 학생들이 학교에서 흔하게 경험하는 형태의 실험이지만 다른 사람이 준비한 실험에 참가하는 성실한 태도는 과학을 하는 중요한 자세이다.

발표와 참가 학생에 대한 평가 기준은 공통적으로 〈표 I-7〉의 평가 기준에 따라 만들어졌다. 그리고 〈표 I-8〉은 검사도구 중 '사이펀 만들기'의 평가 기준이다.

|표 I-7| 과학영재아를 위한 평가 기준

목표	평가 기준	점수
목표 1	활동에 필요한 핵심 내용을 구조화하여 이해하고 있는가?	
	핵심 내용을 구조화하여 표현하는가?	
	창의적으로 문제를 발견하고, 해결 방법을 아는가?	
	창의적으로 문제를 해결하는가?	
목표 2	새로운 문제를 제기하고 논쟁이나 토론을 유도하는가?	
	조원들과 정보의 교류가 있는가?	

	협동하여 활동을 구성하는가?	
목표 3	발표나 활동 참가에 열정이 보이는가?	
	활동의 목표를 정확히 알거나 전달하는가?	
	정해진 시간 내에 목표에 이르렀는가?	
	활동에 자발적 참여와 집중을 하였는가?	
목표 4	새로운 문제 상황의 원리를 이해하고 있는가?	
	새로운 문제 상황의 실험을 해결하였는가?	
	새로운 문제 상황의 해결이 과학적 원리에 근거한 것인가?	

|표 I-8| '사이펀 만들기' 발표 및 참가 학생들에 대한 평가 기준

목표	활동준거	활동 기준		활동 세부 기준		
		사이펀 발표	사이펀 참가	1단계	2단계	3단계
목표 1	활동에 필요한 핵심 내용을 구조화하여 이해하고 있는가?		데이터 처리	연속적 주기 측정 안 함	2주기 관찰	2주기 이상 측정해야 하는 이유를 앎
	핵심 내용을 구조화하여 표현하는가?		데이터 표현	규칙 없이 기록함	주기를 나름대로의 형식으로 나타냄	평균에서 벗어나는 데이터는 버리고 평균 주기를 사용함
	창의적으로 문제를 발견하고, 해결 방법을 아는가?		물 빠지는 시간을 줄이는 요인	요인 말하기(빨대 길이/빨대 각도)	요인이 어떻게 영향을 주는가(빨대가 짧을수록 빨리/각도가 클수록 빨리)	요인을 어떻게 실험하나(자르거나 끼워 길게 하기/각도 조절하여 테이프로 다시 고정)
	창의적으로 문제를 해결하는가?		물 빠지는 요인 조절하기	교사의 힌트를 따르거나 옆 조의 방법을 따름	자신이 생각한 대로 해봄	시행착오를 인정하여 다시 시도/잘 수행했더라도 개선을 위해 다시 시도
	창의적으로 문제를 발견하고, 해결 방법을 아는가?		물 채워지는 시간을 줄이는 요인	요인 말하기(분별 깔때기에서 물 떨어지는 속도 또는 휘어진 빨대 길이)	요인이 어떻게 영향을 주는가(빠를수록 빨리 또는 짧을수록 빨리)	요인을 어떻게 실험하나(콕 조절 또는 자름)
	창의적으로 문제를 해결하는가?		물 채워지는 요인 조절하기	교사의 힌트를 따르거나 옆 조의 방법을 따름	자신이 생각한 대로 해봄	시행착오를 인정하여 다시 시도/잘 수행했더라도 개선을 위해 다시 시도
	창의적으로 문제를 발견하고, 해결 방법을 아는가?		빨대 꼭대기까지 물이 안 차는 이유	현상 발견과 의문 가짐(기포가 차서)	논리적 이유 제시(물과 빨대의 응집력/물의 결합력이 커서)	해결 방법 제시(기름을 넣어 응집력 줄여/물 온도 높여 결합력 줄여)

목표 2	새로운 문제를 제기하고 논쟁이나 토론을 유도하는가?	발표자의 역할이 실험 참가자들의 목표 성취를 이끄는 것임을 이해하여 문제 해결을 유도		실험의 목표는 이해하나 발표자의 역할을 이해하지 못하고 답을 제시하는 등 실험과정에 자주 개입함	실험의 목표와 발표자의 역할을 이해하나 참가자에게 실험의 힌트를 자주 제공함	실험의 목표가 참가학생들이 변인 통제 과정을 거쳐 사이펀의 주기를 맞추는 것임을 깨닫고 문제 해결을 유도할 뿐, 활동에는 직접 개입하지 않음
	조원들과 정보의 교류가 있는가?		문제 해결을 위해 토론	일방적으로 한 사람이 말하고 나머지 조원은 듣기만 하기	조원은 예/아니오 등의 간단한 대답만 하기	조원의 의사를 적극적으로 묻거나 서로 상호 작용
	협동하여 활동을 구성하는가?		협동실험	지시하고 따름	역할은 협조적이나 돌발적 상황에서 역할 변경이 안 이뤄짐	자발적 역할 변경이 수시로 발생하나 조화로움
목표 3	발표나 활동 참가에 열정이 보이는가?	참가자들의 활동을 눈여겨봄		가끔 가까이에서 함께 관찰함	가끔 멀리서 보며, 대부분 가까이에서 지켜봄	참가자들의 활동을 가까이에서 눈여겨봄
	활동의 목표를 정확히 알거나 전달하는가?		목표 인식	주기 맞추기	원리를 이해하고 원리를 이용하여 주기 맞추기	주기를 맞추기 위해 탐구 요인을 찾아 조절
	활동의 목표를 정확히 알거나 전달하는가?	목표 제공		실험 초기에 교재의 목표를 그대로 읽었음	실험 초기에 교재의 목표를 그대로 읽고 실험 과정 소개	실험 초기에 교재의 목표를 실험 과정과 관련지어 소개하고 주의사항 안내
	정해진 시간 내에 목표에 이르렀는가?		시간 내 주기 맞추기	2시간 안에 주기는 맞추지 못했지만 활동지 작성을 끝냈는가?	2시간 안에 한 개의 주기를 맞추고 활동지 작성을 끝냈는가?	2시간 안에 감점 없이 두 개의 주기를 맞추고 활동지 작성을 끝냈는가?
	활동에 자발적 참여와 집중을 하였는가?		능동적 문제 해결	답을 요구하는 질문이 2회 이하	힌트 요구	힌트와 정답을 묻지 않고 스스로(조 내에서) 문제 해결 시도
목표 4	새로운 문제 상황의 원리를 이해하고 있는가?		알코올의 사용	물질이 달라졌으므로 두 용액이 다름을 인식하는가?	달라지는 이유를 제시하는가?	달라지는 이유와 주기와의 관련성을 함께 제시하는가?
	새로운 문제 상황의 실험을 해결하였는가?		알코올 사용 실험 실시 여부	알코올 사용 실험을 시도하지 않았다.	알코올 사용 실험을 시도하였는가?	알코올 사용 실험을 시도하여 예상과 비교하거나 예상대로 실험되었는가?
	새로운 문제 상황의 해결이 과학적 원리에 근거한 것인가?		물의 자동 공급 창의적 해결	계속 수동으로 분별 깔때기에 물을 붓는다.	자동 공급 속도가 조절이 안 되어 가끔 비커로 물을 부음	완전 자동으로 물 공급(사이펀 원리 이용)

4. 검사도구의 예

사이펀 만들기

역사소설 '상도(商道)'에 등장하는 묘한 술잔이 있다. 이 술잔은 따른 술이 잔의 70 %를 넘으면 술이 사라져 버린다. 이 술잔은 사이펀의 원리를 이용한 것으로 70 % 이상의 술이 차면 잔의 중앙에 있는 관으로 술이 밀려 올라갔다가 아래로 빠지도록 만들어져 있다.

백자구룡계영배

이 활동을 하면

(탐구) • 사이펀 타이머에서의 물이 떨어지는 시간과 그 주기(물이 떨어지는 시간 간격)를 조절할 수 있다.
(지식) • 사이펀의 원리를 이해할 수 있다.
(태도) • 주기를 조절하여 사이펀 타이머를 제작할 수 있다.

A. 사이펀은 무엇일까?

무엇이 필요한가?

수조 2개, 고무 호수와 핀치콕(또는 링거 줄), 칼

어떻게 할까?

1. 그릇 한 개에 물을 넣고 높은 곳에 올려놓는다.
2. 이 그릇의 물속에 링거 줄의 한쪽을 담근다.
3. 낮은 곳에 빈 그릇을 놓는다.
4. 링거 줄의 반대쪽을 입으로 빨아 물이 아래로 내려오게 한 후 링거 줄을 빈 그릇에 넣어 물이 흘러내리도록 한다.

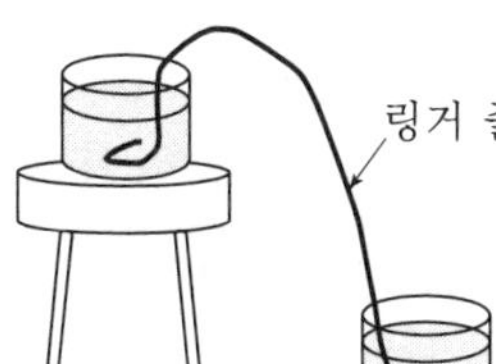

왜 그럴까?

높은 곳에 있는 액체를 용기를 기울이지 않고 낮은 곳으로 옮기는 데 쓰는 구부러진 관을 "사이펀(siphon)"이라고 부른다. 사이펀을 통하여 물이 떨어지는 이유가 무엇일까?

B. 사이펀 타이머 만들기

무엇이 필요한가?

분별 깔때기, 깔때기, 굽어지는 빨대, 투명 테이프, 고무찰흙, 칼, 초시계, 스탠드, 링클램프 2, 식용색소, 수조

어떻게 할까?

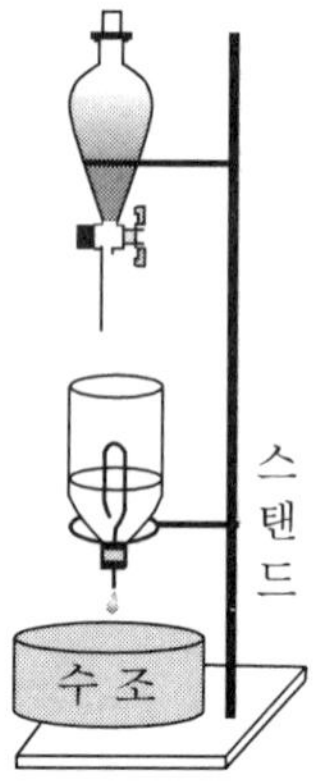

1. 2인 1조로 나눈다.
2. 분별 깔때기에 물을 넣고 스탠드의 링클램프 위에 올려놓는다.
3. 페트병을 깔때기처럼 만들거나 실제 깔때기에 빨대를 휘어 넣는다.
4. 휜 빨대가 다시 펴지지 않도록 테이프로 고정하고 깔때기에서 물이 빠지지 않도록 고무찰흙으로 막는다.
5. 분별 깔때기에서 물이 나오게 한다.
6. 처음 주기의 시간은 버리고 아래쪽의 깔때기에서 물이 빠지는 시간과 물이 차오르는 시간을 측정한다.
7. 사이펀 타이머의 주기를 원하는 시간에 맞추기 위해 여러 요인을 조절해 보자.

왜 그럴까?

1. 타이머로 쓰이는 아래의 깔때기에 물이 빠지는 시간과 물이 차오르는 시간을 측정해 보자.

2. 측정한 시간이 아래의 기준에 맞춰지는지 확인해 보자.

기준점수 10점	기준시간	채점기준	평균시간	감점	점수
물이 빠지는 시간	30초	±5초에 -1점			
주기	30초	±5초에 -1점			

3. 처음 주기의 시간을 버리는 이유가 무엇인가?
4. 물이 빠지는 시간과 차오르는 시간에 영향을 주는 요인이 무엇이며 그 요인이 어떻게 영향을 주는지 말해 보자.

한 걸음 더

1. 물 대신 50 % 알코올 수용액을 사용하여 만든 사이펀 타이머의 주기가 어떻게 달라지는지 알아보고 싶다. 어떻게 실험할지 설계해 보자.

2. 설계한 대로 실험하여 알코올 수용액이 빠지거나 차오르는 주기를 정해 보자.
3. 알코올 수용액이 빠지거나 차오르는 시간이 물과 어떻게 달라졌으며 그 이유는 무엇인가?

5. 검사도구의 활용

영재아와 일반아에 대한 '사이펀 만들기'에 대한 평가 점수를 비교한 결과, 18개 항목 중 7개가 일치하여 일치도가 39 %였다. 즉 개발한 평가기준은 중학생 수준의 과학영재아와 일반아를 판별하는 데 이용 가능하다.

이 평가기준은 과학영재아를 대상으로 실시하는 과학캠프의 4가지 목표(창의적 문제 해결력, 의사소통 능력, 자기 주도적 학습 능력, 과학 현상의 올바른 이해)의 성취 여부에 관한 정보를 제공할 수 있다. 이 평가기준을 통해 과학캠프 실험활동에 참여한 과학영재아들의 교육적 성취 여부의 확인과 함께 의미 있는 과학활동의 수행 여부, 그리고 의미 있는 과학활동의 수준을 판별하여 과학영재아들을 이해하는 정보를 제공할 수 있다.

Part Ⅱ

과학영재 표준화 검사

1. 과학 지식 검사도구
2. 과학 탐구 능력 검사도구
3. 과학 창의력 검사도구

과제 책임자 : 손 정 우
공동연구원 : 이 봉 우 · 이 인 호 · 최 원 호

1 과학 지식 검사도구

과학영재가 일반 학생들과 구별되는 특징으로 창의력 및 과제 집착력을 많이 이야기한다. 따라서 과학영재의 판별도 이러한 측면에 바탕을 두고 많이 시행되고 있다. 그러나 많은 연구자들은 창의력이 무(無)에서 유(有)를 창조하는 것이 아니고, 유에서 새로운 유를 창조하는 과정이라고 말하고 있다. 즉, 과학영재의 효과적인 교육을 위해서는 기본적인 과학 지식을 갖추고 있어야 한다. 국민공통기본교육과정인 '과학'에서도 과학의 내용 영역에서 가장 중요한 항목으로 지식 영역을 다루고 있다.

현재 많은 과학영재교육기관에서는 과학영재를 선발함에 있어 매번 새로운 문항을 개발하는 데 많은 노력과 자원을 낭비하고 있다. HASA 연구에서 개발된 영재의 판별은 1회성 판별이 아닌 다단계 판별로, 이 중에서 표준화 지식 검사는 최소한의 과학 지식을 습득하고 있는지를 판별하는 과정이다. 문제은행식으로 축적된 자료는 많은 영재 선발은 물론 정규 교육과정에서도 학생들의 과학 지식수준을 검사하는 데 활용될 수 있을 것이다.

본 책에서는 개발된 지식 영역 중에서 초급 영역으로 초등학교 4학년부터 6학년까지 3개년학생들에 대한 지식 내용을 측정하는 내용으로 총 240문항을 제시하였다.

표준화 검사 문항 [지식]

초등학교 4학년

<table>
<tr><td colspan="6">[영재 판별을 위한 표준화 검사도구 개발]
문 항 카 드</td></tr>
<tr><td rowspan="2">내용요소</td><td>학교급</td><td>초등 4</td><td rowspan="2">예상 정답률</td><td rowspan="2">60 %</td></tr>
<tr><td>단 원</td><td>수평잡기</td></tr>
<tr><td>평가목표</td><td colspan="4">여러 가지 물체를 수평으로 만들 수 있다.</td></tr>
</table>

[문제 1] 그림에서 오른쪽 끝의 줄에는 추가 하나밖에 없다. 수평이 되게 하려면 오른쪽 끝의 줄에는 추를 몇 개 더 달아야 할까?

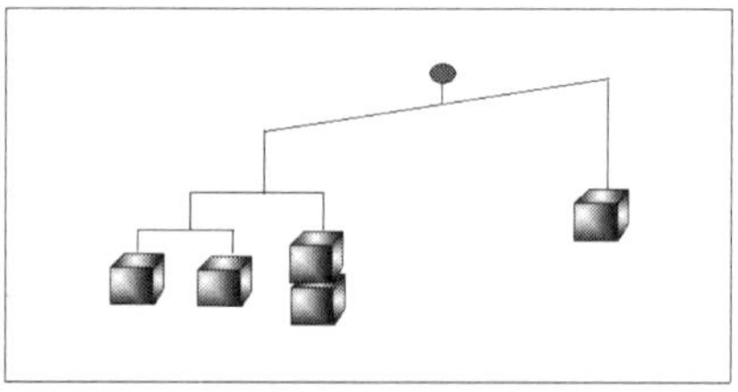

① 1개 ② 2개
③ 3개 ④ 4개
⑤ 5개

정답 ③

해설 좌우에 매달린 추의 개수가 같아야 수평이 된다. 왼쪽의 추들은 모두 수평을 이루고 있으므로, 왼쪽의 추들이 한곳에 모인 것과 같은 효과를 나타낸다.

<table>
<tr><td rowspan="2">내용요소</td><td>학교급</td><td>초등 4</td><td rowspan="2">예상 정답률</td><td rowspan="2">70 %</td></tr>
<tr><td>단 원</td><td>수평잡기</td></tr>
<tr><td>평가목표</td><td colspan="4">수평이 된 널빤지 양쪽에 나무토막을 올려놓아 수평을 만들 수 있다.</td></tr>
</table>

[문제 2] 무게가 같은 나무토막 3개로 수평잡기를 하려고 한다. 그 중 한 개를 그림과 같이 놓았다. 나머지 두 개의 나무토막을 오른쪽 한곳에 올려놓아 수평이 되게 하려면 어느 곳에 놓아야 할지 번호를 쓰라.

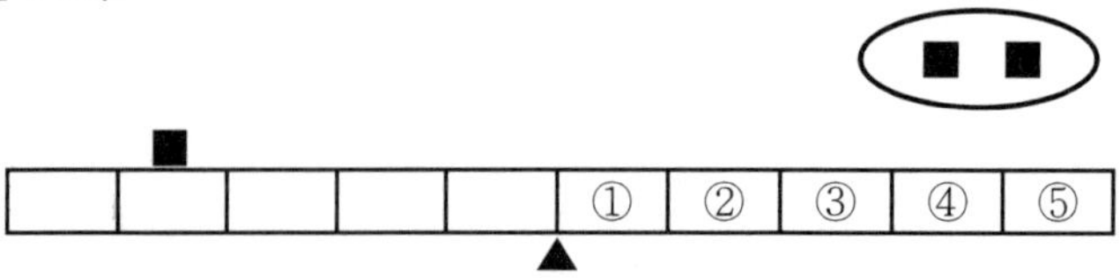

정답 ②

해설 수평잡기의 원리
받쳐진 곳(축)의 양쪽으로 놓인 물체가 여러 개 있을 때 다음과 같이 수평을 예측할 수 있다.
왼쪽 : (나무토막 한 개)×(넷째 칸)＝오른쪽 : (나무토막 두 개)×(둘째 칸)
그러므로 둘째 칸에 두 개의 나무토막이 놓여야 수평이 된다.

<table>
<tr><td rowspan="2">내용요소</td><td>학교급</td><td>초등 4</td><td rowspan="2">예상 정답률</td><td rowspan="2">60 %</td></tr>
<tr><td>단 원</td><td>수평잡기</td></tr>
<tr><td>평가목표</td><td colspan="4">양팔저울을 이용하여 여러 가지 물체의 무게를 비교하여 무거운 순서를 알아낼 수 있다.</td></tr>
</table>

[문제 3] 양팔저울과 클립을 이용하여 여러 가지 물체의 무게를 재었더니 다음의 표와 같았다. 물체의 무게가 가벼운 순서대로 써 보시오.

물체	지우개	연필	칼	자	각도기
클립의 수	19	14	20	32	24

정답 연필, 지우개, 칼, 각도기, 자

해설 클립의 개수가 적은 물체일수록 무게가 가벼운 물체이다. 따라서 무게가 가벼운 순서대로 써 보면, 연필, 지우개, 칼, 각도기, 자 순서이다.

<table>
<tr><td rowspan="2">내용요소</td><td>학교급</td><td>초등 4</td><td rowspan="2">예상 정답률</td><td rowspan="2">50 %</td></tr>
<tr><td>단 원</td><td>수평잡기</td></tr>
<tr><td>평가목표</td><td colspan="4">양팔저울을 이용하여 여러 가지 물체의 무게를 비교하여 무거운 순서를 알아낼 수 있다.</td></tr>
</table>

[문제 4] 분동을 이용하여 필통의 무게를 측정한 표이다. 필통은 분동 몇 g의 무게와 같은지 쓰시오.

분동의 종류	100 g	50 g	20 g	10 g	5 g	1 g	500 mg (0.5 g)
분동의 수(개)	1		1	1	1	3	1

① 136.5 g ② 137.5 g ③ 138.5 g
④ 139.5 g ⑤ 188.5 g

정답 ③

해설 필통의 무게를 재는 분동을 무게별로 계산해 보면

$100 \times 1 + 20 \times 1 + 10 \times 1 + 5 \times 1 + 1 \times 3 + 0.5 \times 1 = 138.5$ g

이 된다.

내용요소	학교급	초등 4	예상 정답률	70 %
	단 원	수평잡기		
평가목표	여러 가지 물체를 수평으로 만들 수 있다.			

[문제 5] 다음 중 물체의 가운데 부분을 받쳤을 때 수평이 되는 것은?

① 칼 ② 가위 ③ 숟가락
④ 30 cm 자 ⑤ 주걱

정답 ④

해설 가운데 부분을 받쳤을 때 수평이 되기 위해서는 좌우 양쪽이 정확하게 대칭이 되는 모양과 재질이어야 한다.

내용요소	학교급	초등 4	예상 정답률	70 %
	단 원	전구에 불 켜기		
평가목표	전지 한 개와 전구를 이용하여 불을 켤 수 있다.			

[문제 6] 건전지에 연결하여 전기를 사용하는 전기 기구를 모두 고르시오.

[보기]

① 냉장고 ② TV ③ 손목시계 ④ 손전등 ⑤ 세탁기

정답 ③, ④

해설 리모컨이나 손전등과 같은 휴대용 전기 기구는 콘센트에 연결하지 않고 건전지를 연결하여 사용한다.

내용요소	학교급	초등 4	예상 정답률	75 %
	단 원	전구에 불 켜기		
평가목표	간단한 회로 검사기를 만들어 전류가 흐르는 물체와 전류가 흐르지 않는 물체를 찾을 수 있다.			

[문제 7] 간단한 회로 검사기를 만들어 [보기]의 물체들 중에서 전기가 통하거나 통하지 않는 물체로 구분하여 그 기호를 아래에 적어 보시오.

[보기]

ㄱ. 쇠클립	ㄴ. 유리컵	ㄷ. 지우개
ㄹ. 가위	ㅁ. 은박지	ㅂ. 못

가. 전기가 통하는 물체 :

나. 전기가 통하지 않는 물체 :

정답 가. 전기가 통하는 물체 : ㄱ, ㄹ, ㅁ, ㅂ
나. 전기가 통하지 않는 물체 : ㄴ, ㄷ

해설 가. 전기가 통하는 물체 : 클립, 가위(금속 부분), 은박지, 못
나. 전기가 통하지 않는 물체 : 유리컵, 지우개

내용요소	학교급	초등 4	예상 정답률	70 %
	단 원	전구에 불 켜기		
평가목표	전지 한 개와 전구를 이용하여 불을 켤 수 있다.			

[문제 8] 다음 중 여러 가지 전지의 공통점에 해당하는 것은?

① 모양이 모두 같다.

② 크기가 모두 같다.

③ 콘센트에 꽂아 쓴다.

④ (+)극과 (−)극이 있다.

⑤ V(볼트) 앞에 적혀 있는 숫자가 모두 같다.

정답 ④

해설 전지는 (+)극과 (−)극의 두 개의 극으로 되어 있다.

내용요소	학교급	초등 4	예상 정답률	60 %
	단 원	전구에 불 켜기		
평가목표	전지 한 개와 전구를 이용하여 불을 켤 수 있다.			

[문제 9] 꼬마전구에 불을 켜게 하려면 무엇이 필요한지 다음 중 모두 고르시오.

① 건전지 ② 시험관집게 ③ 스탠드

④ 전선 ⑤ 유리막대

정답 ①, ④

해설 꼬마전구에 불을 켜게 하기 위해서는 전지와 전선이 있어야 한다.

내용요소	학교급	초등 4	예상 정답률	70 %
	단 원	전구에 불 켜기		
평가목표	안전한 전기 사용법을 알고, 이를 생활에서 실천할 수 있다.			

[문제 10] 전기와 관련한 다음 설명 중 맞는 것에는 ○표를, 맞지 않으면 ×를 하시오.

① 전류는 (+)극에서 (−)극으로 흐른다. (   )

② 110 V용 가전제품을 220 V에 꽂으면 가전제품이 천천히 작동한다. (   )

③ 손에 물기가 있는 상태로 플러그를 만지면 감전의 위험이 있다. (   )

정답 ① (○) ② (×) ③ (○)

해설 ① 전류는 (+)극에서 (−)극으로 흐른다.

② 110 V용 가전제품을 220 V에 꽂으면 과전류가 흘러서 가전제품에 고장을 일으키는 원인이 된다.

③ 손에 물기가 있는 상태로 플러그를 만지면 감전의 위험이 있다.

내용요소	학교급	초등 4	예상 정답률	80 %
	단 원	용수철 늘이기		
평가목표	물체의 무게에 따라 용수철이 늘어나는 정도가 다름을 안다.			

[문제 11] 다음 중 용수철을 이용하지 않는 도구는 어느 것일까?

① 볼펜 ② 펀치 ③ 침대
④ 쥐덫 ⑤ 야구공

정답 ⑤

해설 우리 생활에서 용수철을 이용한 도구들에는 볼펜, 펀치, 침대, 쥐덫, 스카이 콩콩, 스테이플러, 머리핀, 태엽 장난감 등이 있다.

내용요소	학교급	초등 4	예상 정답률	70 %
	단 원	용수철 늘이기		
평가목표	물체의 무게에 따라 용수철이 늘어나는 정도가 다름을 안다.			

[문제 12] 다음은 여러 가지 용수철의 공통적인 성질이다. ( ) 안에 공통적으로 들어갈 말을 쓰시오.

- 용수철에 힘을 주면 ( )이(가) 변했다가 힘이 사라지면 원래의 ( )으로 돌아간다.
- 용수철에 가하는 힘이 클수록 ( )이(가) 많이 변한다.

① 부피 ② 길이 ③ 무게
④ 온도 ⑤ 색깔

정답 ②

해설 용수철에 힘을 가하면 용수철의 모양(길이)이 변하는데, 가하는 힘이 클수록 늘어나는 용수철의 길이도 길어진다.

내용요소	학교급	초등 4	예상 정답률	50 %
	단 원	용수철 늘이기		
평가목표	용수철저울을 만들어 물체의 무게를 잴 수 있다.			

[문제 13] 다음 [보기]는 간이 용수철저울을 만들어 물체의 무게를 재는 방법이다. 측정하는 순서를 바르게 적은 것은?

[보기]

ㄱ. 추를 매달고 늘어난 길이에 선을 긋는다.
ㄴ. 용수철을 못에 걸고 물체를 매달지 않은 상태의 금을 긋는다.
ㄷ. 추를 더해 가며 용수철이 늘어난 길이만큼의 선을 긋는다.
ㄹ. 물체의 개수에 따라 늘어난 길이를 자로 재어 비교한다.

① ㄱ－ㄴ－ㄷ－ㄹ ② ㄴ－ㄱ－ㄷ－ㄹ ③ ㄱ－ㄷ－ㄹ－ㄴ
④ ㄴ－ㄱ－ㄷ－ㄹ ⑤ ㄷ－ㄱ－ㄴ－ㄹ

정답 ④

해설 1. 용수철을 못에 걸고 물체를 매달지 않은 상태로 금을 긋는다.
2. 추를 매달고 늘어난 길이에 선을 긋는다.
3. 추를 더해 가며 용수철이 늘어난 길이만큼의 선을 긋는다.
4. 물체의 개수에 따라 늘어난 길이를 자로 재어 비교한다.

내용요소	학교급	초등 4	예상 정답률	60 %
	단 원	용수철 늘이기		
평가목표	무게에 관심을 가지고, 생활 주변의 물체의 무게를 예측해 보려는 태도를 갖는다.			

[문제 14] 다음의 그래프는 용수철에 매단 추의 개수에 따라 용수철이 늘어난 길이를 나타낸 것이다. 이 용수철에 추를 6개 매달면 용수철의 늘어난 길이는 얼마가 될까?

① 15 cm ② 20 cm
③ 25 cm ④ 30 cm
⑤ 35 cm

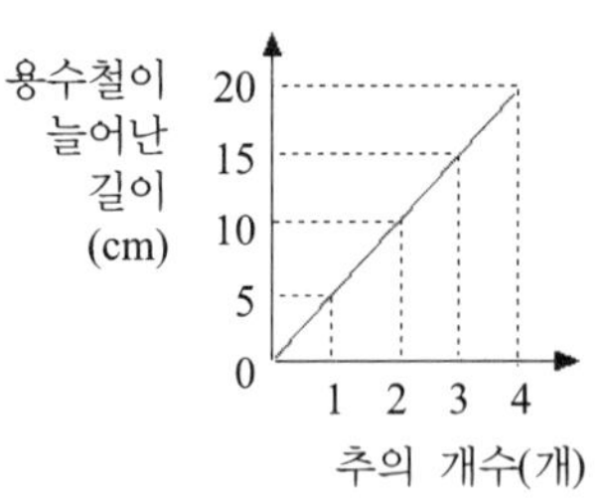

정답 ④

해설 용수철에 추를 1개씩 매달 때마다 용수철은 5 cm씩 늘어나므로 추를 6개 매달면 6×5 cm＝30 cm가 된다.

내용요소	학교급	초등 4	예상 정답률	70 %
	단 원	용수철 늘이기		
평가목표	용수철저울을 만들어 물체의 무게를 잴 수 있다.			

[문제 15] 저울을 사용할 때 가장 먼저 해야 할 일은 무엇일까?

① 눈과 수평이 되는 위치의 눈금을 읽는다.

② 바늘 눈금이 '0'을 가리키는지 확인한다.

③ 물체를 올려놓는다.

④ 바늘이 움직이지 않는지 확인한다.

⑤ 읽은 눈금을 기록한다.

정답 ②

해설 저울 사용법

- 바늘 눈금이 '0'을 가리키는지 확인한다.
- 저울에 물체를 올려놓는다.
- 바늘의 끝이 움직이지 않을 때 바늘이 가리키는 곳의 눈금을 읽는다.

내용요소	학교급	초등 4	예상 정답률	70 %
	단 원	열의 이동과 우리 생활		
평가목표	여러 가지 금속판이나 금속막대를 가열할 때, 열이 이동하는 방향과 빠르기를 조사할 수 있다.			

[문제 16] 다음 중 열을 얻은 경우는 어느 것인지 모두 고르시오.

① 더운 물속의 우유

② 냉동실에 넣은 물

③ 얼음 위의 생선

④ 컵에 담긴 뜨거운 물

⑤ 뜨거운 찻잔을 잡은 손

정답 ①, ⑤

해설 서로 맞닿은 두 물체 사이에서 열은 온도가 높은 쪽에서 낮은 쪽으로 이동하므로 온도가 낮은 쪽의 물체가 열을 얻는다.

<table>
<tr><td rowspan="2">내용요소</td><td>학교급</td><td>초등 4</td><td rowspan="2">예상
정답률</td><td rowspan="2">80 %</td></tr>
<tr><td>단 원</td><td>열의 이동과 우리 생활</td></tr>
<tr><td>평가목표</td><td colspan="4">여러 가지 금속판이나 금속막대를 가열할 때, 열이 이동하는 방향과 빠르기를 조사할 수 있다.</td></tr>
</table>

[문제 17] 쇠막대에 일정한 간격으로 촛농을 떨어뜨린 후 가열하는 모습을 나타낸 그림이다. 물음에 답하시오.

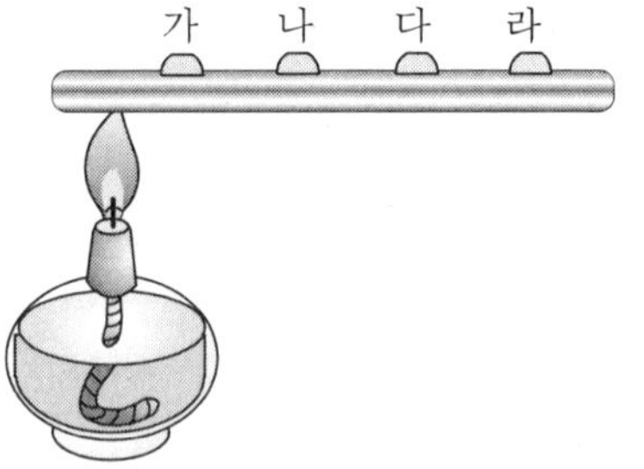

1) 제일 먼저 녹는 촛농의 기호를 쓰시오.

2) 제일 나중에 녹는 촛농의 기호를 쓰시오.

정답 1) 가, 2) 라

해설 열은 쇠막대의 알코올램프의 불꽃이 닿는 부분에서부터 이동해 나가므로 (가)의 촛농이 제일 먼저 녹고, (라)의 촛농이 제일 나중에 녹는다.

<table>
<tr><td rowspan="2">내용요소</td><td>학교급</td><td>초등 4</td><td rowspan="2">예상
정답률</td><td rowspan="2">60 %</td></tr>
<tr><td>단 원</td><td>열의 이동과 우리 생활</td></tr>
<tr><td>평가목표</td><td colspan="4">열의 이동 현상에 관심을 가지고, 열의 이동 현상으로 생활 주변의 현상을 설명하려는 태도를 갖는다.</td></tr>
</table>

[문제 18] 열의 이동에 관하여 바르게 설명한 것은?

① 열은 항상 이동하지 않는다.

② 열이 이동하면 온도가 변한다.

③ 열은 온도가 낮은 곳에서 높은 곳으로 이동한다.

④ 고체의 종류에 관계없이 열이 이동하는 빠르기가 같다.

⑤ 차가운 공기는 위로 올라가고, 따뜻한 공기는 아래로 내려온다.

정답 ②

해설 열은 온도가 높은 곳에서 낮은 곳으로 이동하고, 고체의 종류에 따라 열이 이동하는 빠르기가 다르며, 따뜻한 공기는 위로 올라가고 차가운 공기는 아래로 내려온다.

내용요소	학교급	초등 4	예상 정답률	80 %
	단 원	열의 이동과 우리 생활		
평가목표	열의 이동 현상에 관심을 가지고, 열의 이동 현상으로 생활 주변의 현상을 설명하려는 태도를 갖는다.			

[문제 19] 다음 중 열을 빼앗는 것은 어느 것입니까?

① 전기밥솥 ② 전기다리미 ③ 난로

④ 태양 ⑤ 에어컨

정답 ⑤

해설 우리 주변의 물체들은 전기밥솥, 전기다리미, 난로, 태양과 같이 열을 주는 장치와 에어컨과 같이 열을 빼앗는 장치로 나눌 수 있다.

내용요소	학교급	초등 4	예상 정답률	60 %
	단 원	열의 이동과 우리 생활		
평가목표	물을 가열할 때 물이 움직이는 모양을 관찰하여, 물에서 열이 어떻게 이동하는지 알아낼 수 있다.			

[문제 20] 다음은 그릇에 담긴 물을 가열하여 물에서 열이 이동하는 방법에 대한 설명입니다. 옳은 것은 어느 것입니까?

① 물이 들어 있는 그릇의 밑바닥을 가열하면 밑바닥만 따뜻해진다.

② 물을 가열하면 찬물이 위로 올라간다.

③ 물을 가열하면 뜨거운 물이 아래로 내려간다.

④ 물을 가열하면 물이 움직이면서 열이 전달된다.

⑤ 물을 가열하여도 열이 물속으로 전달되지 않는다.

정답 ④

해설 물이 들어 있는 그릇의 밑바닥을 가열하면 물이 움직이면서 뜨거운 물이 위로 올라가고 찬물이 아래로 내려가면서 열을 전달하여 물 전체가 따뜻해진다.

<table>
<tr><td rowspan="2">내용요소</td><td>학교급</td><td>초등 4</td><td rowspan="2">예상
정답률</td><td rowspan="2">80 %</td></tr>
<tr><td>단 원</td><td>우리 생활과 액체</td></tr>
<tr><td>평가목표</td><td colspan="4">여러 가지 액체의 성질을 알 수 있다.</td></tr>
</table>

[문제 21] 다음 중 액체의 성질을 잘못 설명한 것은 어느 것인가?

① 알코올 – 술 냄새가 나며, 잘 흔들리지 않는다.

② 식용유 – 노란색의 물질로 고소한 냄새가 난다.

③ 식초 – 시큼한 냄새가 나고, 노란색을 띠고 있다.

④ 사이다 – 색깔이 없으며, 뚜껑을 갓 열었을 때 기포가 생긴다.

⑤ 물 – 색깔도 냄새도 없는 액체로, 담는 그릇에 따라 모양이 변한다.

정답 ①

해설 알코올은 액체이므로 잘 흔들린다.

<table>
<tr><td rowspan="2">내용요소</td><td>학교급</td><td>초등 4</td><td rowspan="2">예상
정답률</td><td rowspan="2">50 %</td></tr>
<tr><td>단 원</td><td>우리 생활과 액체</td></tr>
<tr><td>평가목표</td><td colspan="4">액체에 따라 구슬이 가라앉는 빠르기가 다름을 알 수 있다.</td></tr>
</table>

[문제 22] [보기]와 같은 두 종류의 액체에 구슬을 떨어뜨려 구슬이 가라앉는 속도를 알아보는 실험을 했다. 두 액체 중 구슬이 빨리 가라앉는 것은?

[실험 과정]

1. 물과 식용유를 각각 눈금 실린더에 같은 양만큼 붓는다.
2. 단단한 구슬을 각각의 실린더에 떨어뜨린다.
3. 구슬이 가라앉는 빠르기를 비교한다.

[보기]

(A) 물　　(B) 식용유

정답 (A) 물

해설 식용유가 물보다 끈끈한 정도가 더 크므로, 구슬이 식용유에서보다 물에서 더 빨리 가라앉는다.

<table>
<tr><td rowspan="2">내용요소</td><td>학교급</td><td>초등 4</td><td rowspan="2">예상
정답률</td><td rowspan="2">50 %</td></tr>
<tr><td>단 원</td><td>우리 생활과 액체</td></tr>
<tr><td>평가목표</td><td colspan="4">서로 잘 섞이는 액체와 섞이지 않는 액체를 찾을 수 있다.</td></tr>
</table>

※ [문제 23～24] 아래의 표는 여러 가지 액체를 섞었을 때의 결과이다. 문제를 읽고 [보기]에서 알맞은 액체를 고르시오.

구분	물	( )	알코올
물	○	×	○
아세톤	○	○	○

[보기]

(A) 주스 (B) 아세톤 (C) 식용유 (D) 사이다 (E) 식초 (F) 비눗물

[문제 23] 표의 괄호 안에 해당하는 액체는?

정답 (C)

해설 물에는 섞이지 않고, 아세톤에 섞이는 물질은 식용유(기름류)이다.

[문제 24] 위의 결과로 보아, 손톱에 바른 매니큐어를 지울 때 사용할 수 있는 액체는?

정답 (B)

해설 매니큐어에는 기름 성분이 들어 있으므로 기름을 녹일 수 있는 아세톤을 사용하면 지울 수 있다.

내용요소	학교급	초등 4	예상 정답률	50 %
	단 원	우리 생활과 액체		
평가목표	액체의 종류에 따라 증발하는 빠르기가 다름을 알 수 있다.			

[문제 25] 다음과 같이 유리판 위에 물, 식용유, 알코올을 각각 한 방울씩 떨어뜨렸을 때, 가장 나중까지 남는 액체는 무엇인가?

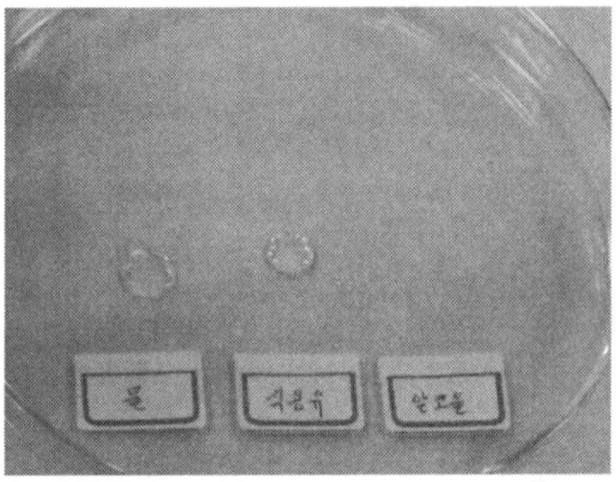

정답 식용유

해설 세 가지 액체 중 알코올이 가장 먼저 증발하고, 식용유가 가장 늦게 증발한다.

내용요소	학교급	초등 4	예상 정답률	60 %
	단 원	혼합물 분리하기		
평가목표	흙탕물에서 흙을 분리하여 깨끗한 물을 얻을 수 있다.			

[문제 26] 뿌연 흙탕물을 깨끗하고 맑은 물로 만들 수 있는 방법을 모두 고르면?

① 거름종이로 걸러낸다(거름 장치를 이용하여 걸러낸다).

② 알코올램프로 가열하면 맑은 물이 남는다.

③ 흙탕물을 비커에 넣고 오랫동안 흔들어준다.

④ 흙탕물이 맑아질 때까지 유리막대로 오랫동안 젓는다.

⑤ 흙탕물을 오랫동안 놓아두어 흙이 가라앉으면 물을 따라 낸다.

정답 ①, ⑤

해설 흙과 물의 혼합물에서 흙은 물에 비해 무게가 많이 나가고 부피가 크기 때문에 오래 놓아두면 물 밑으로 가라앉거나 거름종이에 걸러진다. 따라서 가라앉히거나 거름종이를 이용해 걸러내면 된다.

<table>
<tr><td rowspan="2">내용요소</td><td>학교급</td><td>초등 4</td><td rowspan="2">예상 정답률</td><td rowspan="2">40 %</td></tr>
<tr><td>단 원</td><td>혼합물 분리하기</td></tr>
<tr><td>평가목표</td><td colspan="4">고체와 액체의 혼합물의 분리방법을 알 수 있다.</td></tr>
</table>

[문제 27] 다음의 혼합물 중 증발장치를 이용한 분리가 가능한 것은 어느 것인가?

① 흙탕물 분리
② 소금물 분리
③ 모래 혼합물 분리
④ 물과 식용유의 혼합물 분리
⑤ 사인펜 잉크 색소의 혼합물 분리

정답 ②

해설 흙탕물을 분리할 때는 거름종이를 이용한 거름 장치를 이용하여 분리하고, 물과 식용유의 혼합물 분리는 스포이트 이용, 사인펜 잉크 색소의 혼합물 분리는 크로마토그래피를 이용하여 분리할 수 있다. 증발장치를 이용한 분리는 소금물의 분리이다.

<table>
<tr><td rowspan="2">내용요소</td><td>학교급</td><td>초등 4</td><td rowspan="2">예상 정답률</td><td rowspan="2">50 %</td></tr>
<tr><td>단 원</td><td>혼합물 분리하기</td></tr>
<tr><td>평가목표</td><td colspan="4">소금이 물에 녹는 성질을 이용하여 소금과 모래의 혼합물을 분리할 수 있다.</td></tr>
</table>

[문제 28] 소금과 모래의 혼합물을 물에 녹인 후, 거름 장치로 걸렀다. 거름 장치를 통과해 나온 액체는 어떠한 특징을 가지고 있는지 다음 [보기]에서 두 가지 골라 기호를 쓰시오.

[보기]

(A) 짠맛이 난다.
(B) 소금과 모래의 혼합물이다.
(C) 가만히 두면 흙이 가라앉는다.
(D) 증발 장치를 가열하면 흰색 물질이 생긴다.
(E) 뿌옇던 물이 시간이 지나면 맑은 물로 바뀐다.

정답 (A), (D)

해설 소금과 모래의 혼합물을 물에 녹여 거르면 소금물이 거름종이를 빠져나온다.

<table>
<tr><td rowspan="2">내용요소</td><td>학교급</td><td>초등 4</td><td rowspan="2">예상
정답률</td><td rowspan="2">80 %</td></tr>
<tr><td>단 원</td><td>혼합물 분리하기</td></tr>
<tr><td>평가목표</td><td colspan="4">물과 식용유의 혼합물 분리 방법을 알 수 있다.</td></tr>
</table>

[문제 29] 물과 식용유를 섞으면 서로 섞이지 않고, 층을 이룬다. 물과 식용유의 혼합물을 분리하는 방법으로 적당한 것을 2개 고르시오.

① 시험관을 기울여서 물만 따라 낸다.

② 아세톤을 넣어 물과 식용유를 녹인다.

③ 시험관을 기울여서 식용유만 따라 낸다.

④ 비눗물을 넣어 물과 식용유를 분리한다.

⑤ 스포이트로 식용유만 빨아들여 분리한다.

정답 ③, ⑤

해설 식용유는 물과 섞이지 않고 물 위에 뜨게 된다. 따라서 물 위에 층을 이룬 식용유를 기울여서 따라 내거나, 스포이트로 분리한다.

<table>
<tr><td rowspan="2">내용요소</td><td>학교급</td><td>초등 4</td><td rowspan="2">예상
정답률</td><td rowspan="2">80 %</td></tr>
<tr><td>단 원</td><td>혼합물 분리하기</td></tr>
<tr><td>평가목표</td><td colspan="4">수성사인펜의 색을 몇 가지 색소로 분리할 수 있다.</td></tr>
</table>

[문제 30] 그림은 사인펜 잉크 색소의 혼합물을 분리하는 것이다. 분필에 수성사인펜으로 점을 찍고, 분필을 물에 세워두면 어떠한 변화가 일어나는가?

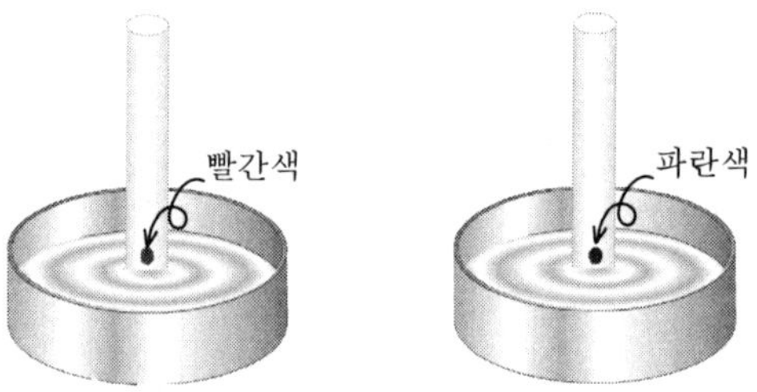

① 변화가 없다.

② 한 가지 색깔이 나타난다.

③ 색의 변화는 없고, 물이 위로 이동한다.

④ 분필의 밑부분에서부터 위쪽으로 여러 가지 색깔이 나타난다.

⑤ 분필의 위쪽에서부터 밑부분으로 여러 가지 색깔이 나타난다.

정답 ④

해설 수성사인펜의 잉크는 여러 가지 색소의 혼합물로 이루어져 있다.

내용요소	학교급	초등 4	예상 정답률	60 %
	단 원	열에 의한 물체의 부피 변화		
평가목표	금속은 열에 의하여 길이가 변화함을 알 수 있다.			

[문제 31] 기차의 철로에 틈새가 없다면 더운 여름철에는 철로가 늘어나 휘게 될 염려가 있다. 이러한 사실을 바탕으로 다음 문장의 괄호 안에 들어갈 말을 [보기]에서 고르시오.

> 금속선을 (　　　)하면 길이가 늘어나고, 금속선을 식히면 길이가 줄어든다.

[보기]

(A) 가열　　(B) 냉각　　(C) 보존

정답 (A) 가열

해설 금속선을 가열하면 길이가 늘어난다. 철로에 틈새가 있는 이유는 더운 여름철에 금속으로 만든 철로가 늘어나 휘는 것을 방지하기 위함이다.

내용요소	학교급	초등 4	예상 정답률	50 %
	단 원	열에 의한 물체의 부피 변화		
평가목표	열에 의한 금속의 부피 변화를 알 수 있다.			

※ [문제 32~33] 다음 사진을 보고 물음에 답하시오.

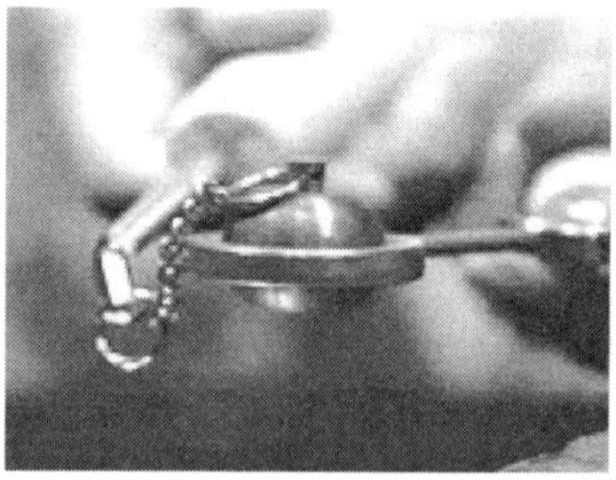

[문제 32] 사진과 같이 쇠구슬을 쇠고리에 끼웠더니 빠져나가지 못했다. 이 쇠구슬이 쇠고리를 빠져나가게 하려면 어떻게 해야 하는가?

① 쇠구슬만 가열한다.
② 쇠고리만 가열한다.
③ 쇠고리를 얼음물에 담근다.
④ 쇠구슬과 쇠고리를 모두 가열한다.
⑤ 쇠구슬과 쇠고리를 모두 얼음물에 담근다.

정답 ②

해설 쇠고리만 가열하면 쇠고리의 구멍이 늘어나서 쇠구슬이 통과할 수 있게 된다.

[문제 33] 다음 괄호 안에 공통적으로 들어갈 말은 무엇인가?

> 금속을 가열하면 금속의 (   )가(이) 늘어나고, 금속을 식히면 금속의 (   )가(이) 줄어든다.

① 색깔 ② 무늬 ③ 상태
④ 무게 ⑤ 부피

정답 ⑤

해설 금속을 가열하면 부피가 늘어나고, 식히면 부피가 줄어들게 된다.

<table>
<tr><td rowspan="2">내용요소</td><td>학교급</td><td>초등 4</td><td rowspan="2">예상 정답률</td><td rowspan="2">60 %</td></tr>
<tr><td>단 원</td><td>열에 의한 물체의 부피 변화</td></tr>
<tr><td>평가목표</td><td colspan="4">공기를 가열할 때와 식힐 때, 공기의 부피 변화를 알 수 있다.</td></tr>
</table>

※ [문제 34~35] 고무풍선을 페트병에 끼운 후, 다음처럼 온도가 다른 물에 넣어 보았다. 물음에 답하시오.

(A) 뜨거운 물에 넣었을 때 (B) 얼음물에 넣었을 때

[문제 34] 다음 괄호 안에 알맞은 말은 (A)와 (B) 두 경우 중 어떤 경우인가?

위 실험에서 풍선의 부피가 커지는 것은 ( )의 경우이다.

정답 (A)

해설 페트병을 뜨거운 물에 넣으면 페트병 속의 공기가 열을 받아 부피가 늘어나서 고무풍선 속을 가득 채우기 때문에 고무풍선이 팽팽해지고, 반대로 얼음물에 넣으면 고무풍선의 부피가 줄어든다.

[문제 35] 위 실험과 관계있는 것은 어느 것인가?

① 열에 의한 금속의 길이 변화
② 열에 의한 금속의 부피 변화
③ 열에 의한 물의 부피 변화
④ 열에 의한 공기의 부피 변화
⑤ 열에 의한 물체의 온도 변화

정답 ④

해설 페트병 속의 공기는 열을 받으면 부피가 늘어나고 열을 잃으면 부피가 줄어든다.

내용요소	학교급	초등 4	예상 정답률	50 %
	단 원	모습을 바꾸는 물		
평가목표	물을 가열할 때와 냉각할 때의 온도 변화와 상태 변화를 알 수 있다.			

※ [문제 36~37] 다음 [보기]에서 괄호 안에 들어갈 말을 고르시오.

[보기]

(A) 냉각　(B) 온도　(C) 상태　(D) 가열　(E) 액화

[문제 36]

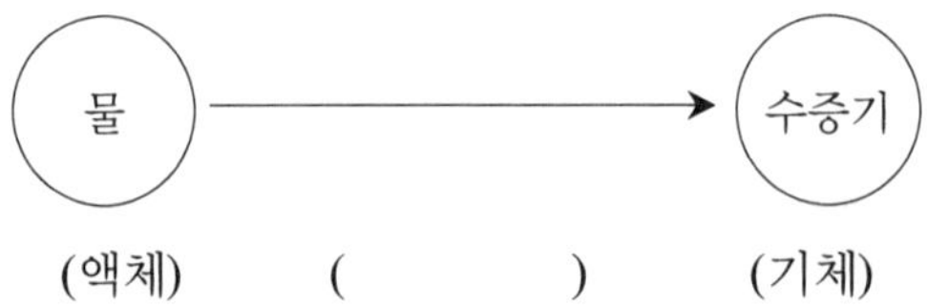

정답 (D)

해설 물을 계속 가열하면 기체 상태의 수증기로 변한다.

[문제 37]

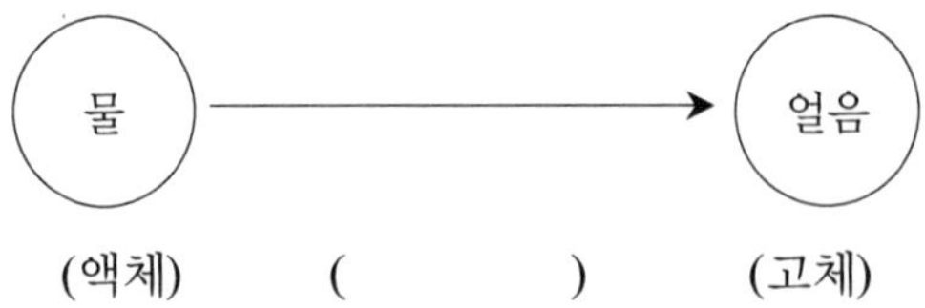

정답 (A)

해설 물을 냉각하면 물의 온도가 계속 내려가다가 액체 상태의 물이 고체 상태의 얼음으로 변한다.

내용요소	학교급	초등 4	예상 정답률	40 %
	단 원	모습을 바꾸는 물		
평가목표	물을 얼릴 때의 부피 변화를 알 수 있다.			

[문제 38] 물을 얼리면 부피가 늘어나게 된다. 이와 같은 이유로 나타나는 현상이 아닌 것은 무엇인가?

① 추운 겨울날 수도관이 터진다.
② 겨울철 전신주의 전선이 팽팽해진다.
③ 냉동실에 넣어 둔 물병이 부풀어 오른다.
④ 추운 겨울에 물이 가득 든 장독이 깨진다.
⑤ 냉동실에 넣어 둔 요구르트의 은박 뚜껑이 부풀어 오른다.

정답 ②

해설 전선은 금속으로 만들어지므로 온도가 낮아지면 부피가 줄어든다.

내용요소	학교급	초등 4	예상 정답률	60 %
	단 원	모습을 바꾸는 물		
평가목표	물이 얼음으로 변하는 현상을 알 수 있다.			

[문제 39] 물은 0 °C 이하에서 고체 상태로 변한다. 물이 고체 상태로 변한 것을 무엇이라 하는가?

① 고체 ② 냉각 ③ 얼음
④ 기체 ⑤ 액체

정답 ③

해설 물은 0 °C 이하의 온도로 내려가면, 얼음으로 변한다.

내용요소	학교급	초등 4	예상 정답률	50 %
	단 원	모습을 바꾸는 물		
평가목표	물의 상태 변화를 이해할 수 있다.			

[문제 40] 물이 끓지 않으면서도 기체인 수증기로 변하는 현상을 무엇이라고 하는가?

① 가열 ② 기화 ③ 기체
④ 증발 ⑤ 액화

정답 ④

해설 물이 끓지 않고, 수증기로 변하는 현상을 증발이라 한다.

<table>
<tr><td rowspan="2">내용요소</td><td>학교급</td><td>초등 4</td><td rowspan="2">예상
정답률</td><td rowspan="2">70 %</td></tr>
<tr><td>단 원</td><td>강낭콩</td></tr>
<tr><td>평가목표</td><td colspan="4">강낭콩의 겉모양과 속 구조를 관찰하여 그 특징을 나타낼 수 있다.</td></tr>
</table>

※ [문제 41~42] 그림은 싹이 튼 강낭콩을 쪼개 놓은 것이다. 다음 물음에 답하시오.

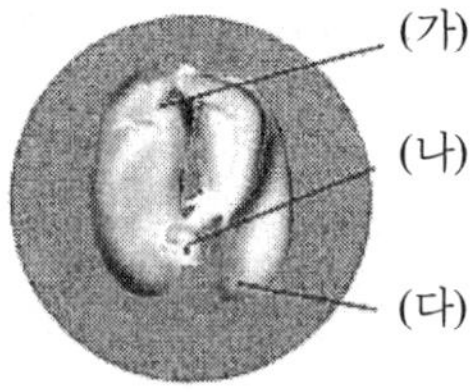

[문제 41] (가)~(다)의 각 부분의 이름을 보기에서 고르시오.

① 떡잎	② 어린잎	③ 어린뿌리	④ 어린줄기

(가) (　　　　　)

(나) (　　　　　)

(다) (　　　　　)

정답 (가) ②, (나) ③, (다) ①

해설 싹이 튼 강낭콩의 속 모양을 보면 떡잎 사이에 어린뿌리와 어린잎이 있다.

[문제 42] 다음 중 (나)에 대한 설명으로 옳은 것은?

① 온도를 따뜻하게 유지해 준다.

② 양분을 공급해 주는 역할을 한다.

③ 싹이 트는 데 햇빛을 공급해 주는 역할을 한다.

④ 싹이 틀 때에 가장 먼저 나온다.

⑤ 점점 자라면서 없어지게 된다.

정답 ④

해설 싹이 틀 때에는 어린뿌리가 가장 먼저 나온다. 떡잎은 양분을 공급해 주는 역할을 한다.

내용요소	학교급	초등 4	예상 정답률	85 %
	단 원	강낭콩		
평가목표	강낭콩의 씨앗을 화분에 심는 방법을 알 수 있다.			

[문제 43] 화분에 강낭콩을 심으려고 한다. 다음 그림에서 씨앗은 어디에 심어야 가장 좋은가?

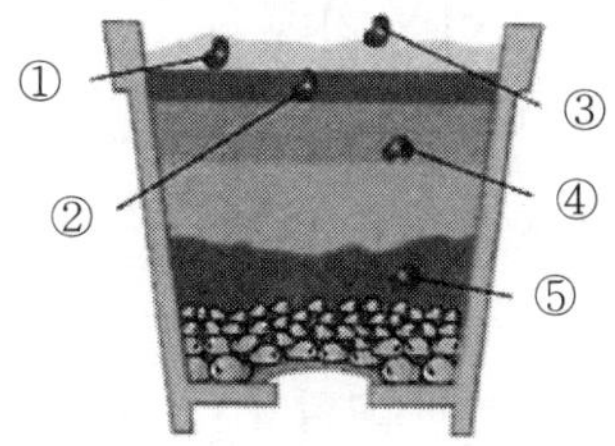

정답 ②

해설 씨앗은 씨앗 길이의 2~3배 정도 깊이로 심어야 한다.

내용요소	학교급	초등 4	예상 정답률	80 %
	단 원	강낭콩		
평가목표	강낭콩이 싹트는 데 필요한 조건을 이해할 수 있다.			

[문제 44] 강낭콩이 자라는 데 여러 가지 요인의 영향을 받지만 그 중 꼭 필요한 조건 2가지를 고르시오.

① 물 ② 바람 ③ 거름
④ 빛 ⑤ 화분

정답 ①, ④

해설 식물이 광합성을 하기 위해 반드시 필요한 것은 빛과 수분이다. 이밖에 온도가 알맞아야 하고, 양분, 토양, 공기 등이 있어야 한다.

내용요소	학교급	초등 4	예상 정답률	75 %
	단 원	강낭콩		
평가목표	강낭콩의 특성을 이해하며 강낭콩이 잘 자라는 조건을 알아낼 수 있다.			

[문제 45] 강낭콩에 대한 설명이다. 틀린 것을 고르시오.

① 열매가 먼저 나오고 다음에 꽃이 생긴다.

② 20~30 °C에서 가장 잘 자란다.

③ 꼬투리 속에 4~5개의 강낭콩이 들어 있다.

④ 자라면서 본잎이 2~3장 나오면 떡잎은 마르고 작아진다.

⑤ 둥글고 길쭉한 모양으로 표면이 매끄럽다.

정답 ①

해설 강낭콩의 잎과 줄기가 자라고 나면 꽃이 피고, 시간이 지나 꽃이 진 후 열매가 생긴다.

내용요소	학교급	초등 4	예상 정답률	80 %
	단 원	식물의 뿌리		
평가목표	뿌리의 관찰을 통하여 식물에서 물이 이동하는 경로를 알 수 있다.			

[문제 46] 식물에서 물이 토양에서부터 이동하는 경로를 나타낸 것이다. 옳은 것은 어느 것인가?

① 토양 → 뿌리 → 잎 → 줄기

② 토양 → 잎 → 줄기 → 뿌리

③ 토양 → 줄기 → 뿌리 → 잎

④ 토양 → 뿌리 → 줄기 → 잎

⑤ 토양 → 줄기 → 잎 → 뿌리

정답 ④

해설 뿌리에서 흡수된 물은 뿌리 → 줄기 → 잎으로 이동한다.
줄기에는 물이 지나갈 수 있는 통로가 있어 물이 잎까지 이동되며, 이동된 물은 잎 뒷면에 있는 구멍을 통해 공기 중으로 나간다.

내용요소	학교급	초등 4	예상 정답률	70 %
	단 원	식물의 뿌리		
평가목표	식물의 각 부분이 하는 일을 알 수 있다.			

[문제 47] 식물의 각 기관을 나열한 것이다. 각 기관의 역할에 해당되는 기호를 써라.

① 꽃	② 잎	③ 뿌리	④ 줄기

(가) 녹말생산, 증산작용 – (　　)

(나) 몸을 지탱, 물과 양분의 통로 – (　　)

(다) 열매나 씨를 만드는 생식기능 – (　　)

(라) 지지작용, 흡수작용, 저장작용 – (　　)

정답 (가) ② (나) ④ (다) ① (라) ③

해설
- **뿌리** : 지지작용(식물이 쓰러지지 않게 지탱), 흡수작용(물과 양분 흡수) 저장작용(양분을 저장)
- **잎** : 증산작용을 하고 광합성을 하여 양분을 생산한다.
- **줄기** : 물과 양분의 통로가 된다.
- **꽃** : 열매나 씨를 만들어 대를 이어가게 한다.

내용요소	학교급	초등 4	예상 정답률	70 %
	단 원	식물의 뿌리		
평가목표	뿌리의 구조와 기능에 흥미와 관심을 갖고, 실생활에서 그 예를 찾아볼 수 있다.			

[문제 48] 다음의 식물 중에서 뿌리에 양분을 저장하는 식물이 아닌 것을 고르시오.

① 고구마　　② 감자　　③ 더덕

④ 당근　　⑤ 무

정답 ②

해설 양분을 뿌리에 저장하고 있는 식물의 뿌리를 저장뿌리라고 한다. 저장뿌리는 식용(고구마, 당근, 우엉, 무등)이나 약재(인삼, 칡, 더덕) 등으로 쓰인다.

<table>
<tr><td rowspan="2">내용요소</td><td>학교급</td><td>초등 4</td><td rowspan="2">예상
정답률</td><td rowspan="2">70 %</td></tr>
<tr><td>단 원</td><td>식물의 뿌리</td></tr>
<tr><td>평가목표</td><td colspan="4">뿌리의 구조와 기능에 흥미와 관심을 갖고, 실생활에서 그 예를 찾아볼 수 있다.</td></tr>
</table>

[문제 49] 물속에서 양분을 흡수하고 균형을 잡도록 도와주는 식물의 뿌리는 무엇인가?

① 옥수수 ② 겨우살이 ③ 담쟁이덩굴

④ 맹그로브 ⑤ 개구리밥

정답 ⑤

해설 뿌리의 분류

- 부착뿌리 : 줄기에서 뿌리를 내어 다른 물체에 달라붙어 자란다.(예 : 담쟁이덩굴)
- 버팀뿌리 : 뿌리가 줄기 마디에서 나와 땅속까지 뻗어 줄기를 지탱한다.(예 : 옥수수)
- 기생뿌리 : 다른 식물의 몸에 뿌리를 내려 직접 양분을 빨아들인다.(예 : 겨우살이)
- 수중뿌리 : 개구리밥
- 호흡뿌리 : 호흡을 위해 뿌리가 땅 위로 올라와 자란다.(예 : 맹그로브)

<table>
<tr><td rowspan="2">내용요소</td><td>학교급</td><td>초등 4</td><td rowspan="2">예상 정답률</td><td rowspan="2">70 %</td></tr>
<tr><td>단 원</td><td>식물의 뿌리</td></tr>
<tr><td>평가목표</td><td colspan="4">식물의 특성에 따라 쌍떡잎식물과 외떡잎식물로 분류할 수 있다.</td></tr>
</table>

[문제 50] 다음 중 쌍떡잎식물의 특징을 모두 고르시오.

가. 잎이 길며 잎맥이 나란히맥이다.
나. 잎이 둥글며 잎맥이 그물맥이다.
다. 곧은뿌리이다.
라. 수염뿌리이다.
마. 강아지풀, 벼, 보리 등의 식물에서 나타난다.
바. 봉숭아, 강낭콩, 민들레 등의 식물에서 나타난다.

① 가, 다, 마　② 가, 라, 마　③ 나, 다, 바
④ 나, 다, 마　⑤ 나, 라, 바

정답 ③

해설 • 쌍떡잎식물의 특성
1. 원뿌리와 곁뿌리의 구별이 확실하다.
2. 잎이 둥글고 크며, 잎맥이 그물맥이다.
3. 명아주, 호박, 봉숭아, 강낭콩 등이 있다.

• 외떡잎식물의 특성
1. 원뿌리와 곁뿌리의 구별이 없다.
2. 잎이 가늘고 길며, 잎맥이 나란히맥이다.
3. 강아지풀, 옥수수, 벼, 보리 등이 있다.

<table>
<tr><td rowspan="2">내용요소</td><td>학교급</td><td>초등 4</td><td rowspan="2">예상
정답률</td><td rowspan="2">80 %</td></tr>
<tr><td>단 원</td><td>동물의 생김새</td></tr>
<tr><td>평가목표</td><td colspan="4">주위에 살고 있는 동물의 생김새를 비교하여 공통점과 차이점을 말할 수 있다.</td></tr>
</table>

[문제 51] 다음은 어떤 생물을 설명한 것인가?

- 깃털이 물에 젖지 않는다.
- 부리가 길고 넓어 먹이 먹기가 쉽게 되어 있다.
- 발에 물갈퀴가 있어 헤엄치기가 쉽다.

① 붕어 ② 개구리 ③ 닭
④ 악어 ⑤ 오리

정답 ⑤

해설 오리는 조류로서 땅 위에서는 두 발로 걷지만 물속에서는 발의 물갈퀴를 이용해 헤엄을 친다. 또한 깃털이 물에 젖지 않으며 부리가 길고 넓다.

<table>
<tr><td rowspan="2">내용요소</td><td>학교급</td><td>초등 4</td><td rowspan="2">예상
정답률</td><td rowspan="2">85 %</td></tr>
<tr><td>단 원</td><td>동물의 생김새</td></tr>
<tr><td>평가목표</td><td colspan="4">주위에 살고 있는 동물의 생김새를 비교하여 공통점과 차이점을 말할 수 있다.</td></tr>
</table>

[문제 52] 다음과 같이 동물을 나눈 기준은 무엇인가?

호랑이, 사자, 악어	토끼, 소, 코끼리

① 서식지 ② 다리의 수 ③ 몸 표면의 특징
④ 먹이 ⑤ 몸의 크기

정답 ④

해설 먹이에 따라 풀을 먹는 초식동물과 다른 동물을 잡아먹는 육식동물로 구분할 수 있다.

내용요소	학교급	초등 4	예상 정답률	85 %
	단 원	동물의 생김새		
평가목표	주위에 살고 있는 동물의 생김새를 비교하여 공통점과 차이점을 말할 수 있다.			

[문제 53] 몸을 덮고 있는 표면이 같은 것끼리 짝지은 것이다. 다른 것 하나를 찾으시오.

① 침팬지 – 호랑이　② 기린 – 거북
③ 토끼 – 사슴　④ 소 – 말
⑤ 게 – 가재

정답 ②

해설 몸의 표면이 털로 덮여 있는 동물에는 호랑이, 침팬지, 기린, 토끼, 사슴, 소, 말 등이 있다. 또한 몸의 표면이 딱딱한 껍질로 덮여 있는 동물에는 거북, 게, 가재, 새우 등이 있다.

내용요소	학교급	초등 4	예상 정답률	80 %
	단 원	동물의 생김새		
평가목표	주위에 살고 있는 동물의 생김새를 비교하여 공통점과 차이점을 말할 수 있다.			

[문제 54] 개구리, 두꺼비, 도롱뇽 등은 어느 종류에 속하는가?

① 포유류　② 조류　③ 양서류
④ 파충류　⑤ 어류

정답 ③

해설 양서류는 어릴 때는 물속에서 살고, 자라면 육지에서 산다. 또한 물속에 알을 낳고 체외 수정을 한다.

내용요소	학교급	초등 4	예상 정답률	80 %
	단 원	동물의 생김새		
평가목표	주위에 살고 있는 동물의 생김새를 비교하여 공통점과 차이점을 말할 수 있다.			

[문제 55] 동물은 사는 곳과 먹이에 따라 몸이 적합하게 발달되어 있다. 다음의 설명 중 옳지 않은 것은?

① 잠자리는 하늘을 나는 동물로 날개가 있다.

② 붕어는 유선형이고 아가미로 호흡한다.

③ 미꾸라지는 땅속에 사는 동물로 몸이 길다.

④ 두더지는 땅을 팔 수 있도록 앞발이 발달되어 있다.

⑤ 연어는 지느러미가 있다.

정답 ③

해설 미꾸라지는 물속에서 살며 헤엄치기 좋도록 몸의 피부가 미끈미끈하다.

내용요소	학교급	초등 4	예상 정답률	75 %
	단 원	동물의 생김새		
평가목표	주위에 살고 있는 동물의 생김새를 비교하여 공통점과 차이점을 말할 수 있다.			

[문제 56] 다음 중 어미와 새끼를 바르게 연결해 놓은 것은?

① 매미 – 굼벵이

② 모기 – 굼벵이

③ 개구리 – 장구벌레

④ 개구리 – 굼벵이

⑤ 모기 – 올챙이

정답 ①

해설 매미의 새끼는 굼벵이, 모기의 새끼는 장구벌레, 개구리의 새끼는 올챙이다.

<table>
<tr><td rowspan="2">내용요소</td><td>학교급</td><td>초등 4</td><td rowspan="2">예상
정답률</td><td rowspan="2">75 %</td></tr>
<tr><td>단 원</td><td>동물의 생김새</td></tr>
<tr><td>평가목표</td><td colspan="4">주위에 살고 있는 동물의 외형과 특징을 비교하여 암수를 구분할 수 있다.</td></tr>
</table>

[문제 57] 다음 중 겉모습만으로 암수 구별이 힘든 동물은 어떤 것인가?

① 닭 ② 사자 ③ 청둥오리
④ 공작 ⑤ 병아리

정답 ⑤

해설 각 동물은 암컷과 수컷이 있다. 수사자는 머리 주변에 갈기털이 있고, 수탉은 벼슬이 있다. 그러나 병아리는 눈으로 구분하기가 매우 어렵다.

<table>
<tr><td rowspan="2">내용요소</td><td>학교급</td><td>초등 4</td><td rowspan="2">예상
정답률</td><td rowspan="2">70 %</td></tr>
<tr><td>단 원</td><td>동물의 생김새</td></tr>
<tr><td>평가목표</td><td colspan="4">주위에 살고 있는 동물의 외형과 특징을 비교하여 암수를 구분할 수 있다.</td></tr>
</table>

[문제 58] 짝짓기 때 아래와 같은 변화가 나타나는 생물은 무엇인가?

- 번식기가 되면 등 쪽이 푸른색, 배 쪽은 밝은 붉은색으로 수컷의 몸 색깔이 변한다.
- 수컷이 춤을 추어 자신이 만들어 놓은 집으로 암컷을 유인하여 데려가 짝짓기를 한다.
- 암컷이 알을 낳으면 수컷은 알이 깰 때까지 보호한다.

① 거북이 ② 가시고기 ③ 개구리
④ 공작새 ⑤ 지렁이

정답 ②

해설 짝짓기 전에 수컷의 색깔이 변하는 동물이 있는데 가시고기는 등 쪽은 푸른색, 배 쪽은 밝은 붉은색을 띤다. 가시고기는 집을 지어 놓고 암컷을 유인해, 암컷이 알을 낳으면 정액을 뿌린다.

내용요소	학교급	초등 4	예상 정답률	80 %
	단 원	동물의 생김새		
평가목표	주위에 살고 있는 동물의 외형과 특징을 비교할 수 있다.			

[문제 59] 다음 중 새끼를 낳는 동물은?

① 새 ② 물고기 ③ 개구리
④ 돼지 ⑤ 나비

정답 ④

해설 새끼를 낳는 동물에는 소, 말, 개, 호랑이, 수달, 표범 등이 있으며 소나 말처럼 한 마리만 낳는 동물도 있고, 개나 고양이처럼 여러 마리를 낳는 동물도 있다. 또한 알을 낳는 동물에는 닭, 새, 물고기, 개구리 등이 있다.

내용요소	학교급	초등 4	예상 정답률	75 %
	단 원	동물의 생김새		
평가목표	주위에 살고 있는 동물의 외형과 특징을 비교할 수 있다.			

[문제 60] 새끼와 어미의 모습이 비슷한 생물이 <u>아닌</u> 것은?

① 염소 ② 돌고래 ③ 나비
④ 사슴 ⑤ 소

정답 ③

해설 어미와 새끼의 모습이 비슷한 동물에는 염소, 돌고래, 사슴, 소, 양 등이 있으며 어미와 새끼의 모습이 다른 동물에는 나비, 개구리, 초파리, 모기, 매미 등이 있다.

내용요소	학교급	초등 4	예상 정답률	70 %
	단 원	강과 바다		
평가목표	강의 모습을 상류, 중류, 하류로 구분해서 알 수 있다.			

[문제 61] 다음 중 강의 상류에 대한 설명으로 옳은 것은?

① 강의 폭이 넓다.

② 경사가 거의 없다.

③ 강이 구불구불하다.

④ 강가에 모래와 자갈이 많다.

⑤ 바위와 돌이 크고 표면이 거칠다.

정답 ⑤

해설 강의 상류는 강의 폭이 좁고, 경사가 급하다. 바위와 돌이 크고 표면이 거칠며, 모가 나 있다. 왜냐하면 강물의 속도가 빨라서 주로 침식작용이 일어나기 때문이다.

내용요소	학교급	초등 4	예상 정답률	70 %
	단 원	강과 바다		
평가목표	강의 모습을 변하게 하는 원인을 안다.			

[문제 62] 다음 중 산골짜기의 강바닥이나 강 주변을 파이게 하는 것과 가장 관계가 깊은 것은 무엇인가?

① 흐르는 물의 색깔

② 흐르는 물의 빠르기

③ 흐르는 물의 소리

④ 비가 내리는 양

⑤ 강바닥 모래의 양

정답 ②

해설 강의 모양은 흐르는 물의 빠르기에 따라서 결정된다. 물이 빠르게 흘러가는 산골짜기에는 주로 깎는 작용이 활발해서 경사가 급한 지형이 만들어지고 물이 느리게 흘러가는 넓은 들과 같은 곳에서는 물 속의 모래나 흙 등이 쌓여서 퇴적지를 만든다.

내용요소	학교급	초등 4	예상 정답률	50 %
	단 원	강과 바다		
평가목표	유수대 실험을 통해 물이 흐를 때 나타나는 현상을 알 수 있다.			

[문제 63] 경사진 땅에 구불구불한 물길은 낸 후 천천히 물을 흘려보내면서 관찰을 하였다. 시간이 지나면서 흙이 주로 쌓인 곳은 어디인가?

① 위, 아래 모두 골고루 쌓인다.

② 물길의 위쪽

③ 물길의 중간

④ 물길의 아래쪽

⑤ 흙의 양에는 변화가 없다.

정답 ④

해설 시간이 지나면서 물에 의해서 흙이 아래로 운반되어 아래쪽에 주로 쌓이게 된다.

내용요소	학교급	초등 4	예상 정답률	50 %
	단 원	강과 바다		
평가목표	바다 밑의 땅 모양을 알아내는 방법을 안다.			

[문제 64] 아주 깊은 바다 밑의 땅 모양을 알아보기 위해서 바다의 깊이를 재려고 한다. 깊이를 재는 방법으로 옳지 못한 것은?

① 배에서 추를 매단 끈을 내려보낸다.

② 무인 잠수정을 이용한다.

③ 배에서 초음파를 보내어 알아본다.

④ 사람이 직접 바닷속에 들어가서 잰다.

⑤ 레이더를 이용하여 알아본다.

정답 ④

해설 아주 깊은 바다는 사람이 들어갈 수 없기 때문에 간접적인 방법을 이용한다.

내용요소	학교급	초등 4	예상 정답률	30 %
	단 원	강과 바다		
평가목표	바다 밑 모양을 설명할 수 있다.			

[문제 65] 다음은 육지와 바다 밑의 땅 모양에 대한 설명이다. 이 중에서 옳지 <u>못한</u> 것은?

① 바다에도 육지 같은 산과 산맥이 있다.

② 바다 밑에는 깊이 패인 곳도 있다.

③ 바다 밑에는 울퉁불퉁하지 않고 계속 평편한 땅만 이어진다.

④ 육지에는 울퉁불퉁한 산과 산맥도 있다.

⑤ 육지에는 구불구불한 강물이 흐른다.

정답 ③

해설 바다 밑은 육지와 비슷하여 울퉁불퉁하다. 깊은 계곡과 높은 산도 있다.

내용요소	학교급	초등 4	예상 정답률	50 %
	단 원	별자리를 찾아서		
평가목표	별자리 판을 사용하여 별을 찾을 수 있다.			

[문제 66] 다음 [보기] 중 별자리 판을 이용하여 별자리를 찾으려고 할 때 반드시 맞추어야 할 것으로 옳은 것만 고른 것은?

[보기]

년, 월, 일, 시, 초, 방위

① 년, 월, 일, 시

② 월, 일, 시, 초

③ 일, 시, 초, 방위

④ 년, 월, 일, 방위

⑤ 월, 일, 시, 방위

정답 ⑤

해설 별자리 판을 이용하여 밤하늘의 별을 찾으려면 먼저, 별자리 판의 월·일·시각 눈금을 맞추고 나침반을 이용하여 관측하려는 방향의 방위와 별자리 판의 방위를 일치시켜야 한다.

<table>
<tr><td rowspan="2">내용요소</td><td>학교급</td><td>초등 4</td><td rowspan="2">예상
정답률</td><td rowspan="2">50 %</td></tr>
<tr><td>단 원</td><td>별자리를 찾아서</td></tr>
<tr><td>평가목표</td><td colspan="4">북쪽 하늘에서 사계절 내내 보이는 별자리를 안다.</td></tr>
</table>

[문제 67] 다음 중 우리나라의 북쪽 하늘에서 사계절 내내 볼 수 있는 별자리가 아닌 것은?

① 큰곰자리 ② 카시오페이아자리

③ 케페우스자리 ④ 작은곰자리

⑤ 거문고자리

정답 ⑤

해설 북극성 근처에 있는 큰곰, 카시오페이아, 작은곰, 케페우스자리는 보이는 시간대는 다르지만 항상 볼 수 있다.

<table>
<tr><td rowspan="2">내용요소</td><td>학교급</td><td>초등 4</td><td rowspan="2">예상
정답률</td><td rowspan="2">30 %</td></tr>
<tr><td>단 원</td><td>별자리를 찾아서</td></tr>
<tr><td>평가목표</td><td colspan="4">계절별로 보이는 별자리가 달라짐을 알고 대표적인 별자리를 안다.</td></tr>
</table>

[문제 68] 다음은 어느 날 저녁 9시(21시)경 밤하늘의 별자리를 관찰한 결과이다. 어느 계절에 관찰한 것인가?

북쪽 하늘	동쪽, 남쪽, 천정 하늘	서쪽 하늘
작은곰자리 카시오페이아자리	작은개자리, 황소자리 오리온자리, 쌍둥이자리	페가수스자리

① 봄 ② 여름 ③ 가을

④ 겨울 ⑤ 연중 내내

정답 ④

해설 겨울철에 해진 직후에 동쪽에서 떠서 해뜨기 직전까지 잘 보이는 별자리는 작은개, 황소, 오리온, 쌍둥이, 마차부자리이다.

내용요소	학교급	초등 4	예상 정답률	50 %
	단 원	별자리를 찾아서		
평가목표	별이 북극성을 중심으로 반시계 방향으로 일주운동을 하는 것을 안다.			

[문제 69] 다음 그림은 하루 동안 북두칠성을 관찰하여 그린 것이다. 북두칠성은 무엇을 중심으로 움직이고 있는가?

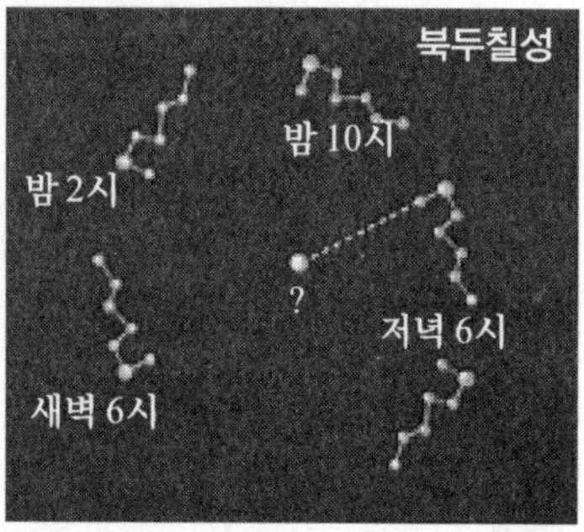

① 북극성
② 작은곰자리
③ 거문고자리
④ 큰곰자리
⑤ 오리온자리

정답 ①

해설 지구가 하루에 한 바퀴씩 자전하는데 자전축이 거의 북극성과 일치하므로 북극성은 제자리에 있는 것으로 보이고 다른 별들은 북극성을 중심으로 한 바퀴씩 도는 것처럼 보인다.

내용요소	학교급	초등 4	예상 정답률	30 %
	단 원	별자리를 찾아서		
평가목표	별이 북극성을 중심으로 반시계 방향으로 일주운동을 하는 것을 안다.			

[문제 70] 다음 그림은 하루 동안 북두칠성을 관찰하여 그린 것이다. 관찰 결과로 알 수 있는 것은 무엇인가?

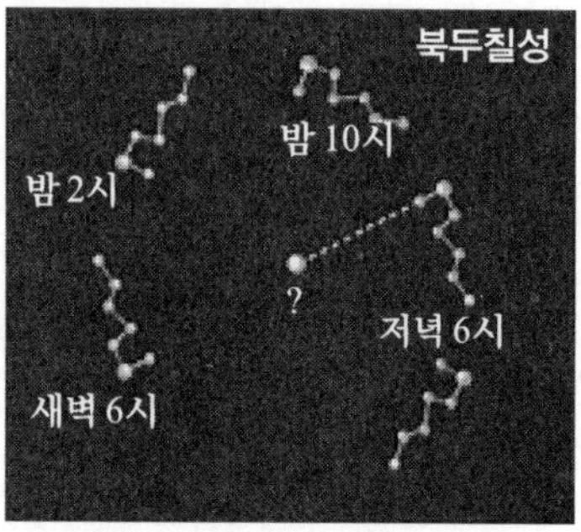

① 어떤 별을 중심으로 시계 방향으로 돈다.
② 어떤 별을 중심으로 반시계 방향으로 돈다.
③ 시간이 지나도 별의 위치와 모습이 변하지 않는다.
④ 별자리의 밝기는 시간이 지나면 변한다.
⑤ 어떤 별을 중심으로 12시간에 한 바퀴씩 돈다.

정답 ②

해설 북극성을 중심으로 반시계 방향으로 하루에 한 바퀴씩 도는 일주운동을 한다.

내용요소	학교급	초등 4	예상 정답률	50 %
	단 원	지층을 찾아서		
평가목표	지층의 정의를 알고 지층을 구분할 수 있다.			

[문제 71] 다음 중 지층에 대한 설명으로 옳지 <u>못한</u> 것은?

① 지층은 여러 개의 층으로 되어 있다.

② 지층의 각 층은 모양이 서로 다르다.

③ 지층을 이루는 알갱이의 크기가 다르다.

④ 지층은 하나의 암석으로 되어 있다.

⑤ 지층은 암석이 층으로 쌓여 있는 것이다.

정답 ④

해설 지층은 암석이 여러 겹의 층으로 나란히 쌓여 있는 것으로 하나의 암석이 아닌 둘 이상의 암석으로 층을 이룬 것이다.

내용요소	학교급	초등 4	예상 정답률	70 %
	단 원	지층을 찾아서		
평가목표	지층이 쌓이는 순서를 안다.			

[문제 72] 다음 그림에서 가장 먼저 쌓인 지층은 어떤 것인가?

① ㉠　　② ㉡　　③ ㉢

④ ㉣　　⑤ ㉤

정답 ⑤

해설 지층이 순서대로 쌓인 것이므로 아래층일수록 먼저 쌓인 것이다.

<table>
<tr><td rowspan="2">내용요소</td><td>학교급</td><td>초등 4</td><td rowspan="2">예상 정답률</td><td rowspan="2">50 %</td></tr>
<tr><td>단 원</td><td>지층을 찾아서</td></tr>
<tr><td>평가목표</td><td colspan="4">지층이 형성되는 과정을 순서대로 안다.</td></tr>
</table>

[문제 73] 다음 [보기]는 지층이 만들어지는 과정이다. 지층이 만들어지는 과정을 [보기]에서 골라 순서대로 연결한 것은?

[보기]

㉠ 진흙, 모래, 자갈 등이 계속 쌓이고 먼저 쌓인 지층이 눌립니다.
㉡ 진흙, 모래, 자갈 등이 쌓이기 시작합니다.
㉢ 진흙, 모래, 자갈 등이 운반됩니다.
㉣ 오랜 시간이 지나 단단해진 지층이 만들어집니다.

① ㉠→㉡→㉢→㉣ ② ㉠→㉢→㉣→㉡
③ ㉡→㉢→㉠→㉣ ④ ㉢→㉠→㉡→㉣
⑤ ㉢→㉡→㉠→㉣

정답 ⑤

해설 지층은 운반, 퇴적, 굳어지는 과정을 통해 만들어진다.

<table>
<tr><td rowspan="2">내용요소</td><td>학교급</td><td>초등 4</td><td rowspan="2">예상 정답률</td><td rowspan="2">70 %</td></tr>
<tr><td>단 원</td><td>지층을 찾아서</td></tr>
<tr><td>평가목표</td><td colspan="4">퇴적물과 퇴적암을 설명할 수 있다.</td></tr>
</table>

[문제 74] 진흙, 모래, 자갈과 같은 알갱이들이 쌓여서 굳어진 암석을 무엇이라고 하는가?

① 화성암 ② 퇴적암 ③ 변성암
④ 화강암 ⑤ 지층

정답 ②

해설 진흙, 모래, 자갈과 같은 알갱이들이 쌓인 것을 퇴적물이라고 하고, 퇴적물이 굳어진 암석을 퇴적암이라고 한다.

<table>
<tr><td rowspan="2">내용요소</td><td>학교급</td><td>초등 4</td><td rowspan="2">예상
정답률</td><td rowspan="2">50 %</td></tr>
<tr><td>단 원</td><td>지층을 찾아서</td></tr>
<tr><td>평가목표</td><td colspan="4">퇴적암에서 이암, 사암, 역암을 구분할 수 있다.</td></tr>
</table>

[문제 75] 그림과 같은 암석에 대해 옳게 설명한 것은?

① 주로 자갈, 모래, 진흙으로 이루어져 있다.
② 만져본 촉감이 부드럽다.
③ 다른 암석보다 무르고 잘 부서진다.
④ 알갱이의 크기는 모래 알갱이 크기 정도이다.
⑤ 퇴적암 중에서 사암이라고 부른다.

정답 ①

해설 그림의 암석은 역암으로, 역암은 주로 자갈, 모래, 진흙으로 되어 있다. 그리고 거칠고 울퉁불퉁하며 여러 가지 색을 띤다.

<table>
<tr><td rowspan="2">내용요소</td><td>학교급</td><td>초등 4</td><td rowspan="2">예상
정답률</td><td rowspan="2">50 %</td></tr>
<tr><td>단 원</td><td>화석을 찾아서</td></tr>
<tr><td>평가목표</td><td colspan="4">화석의 정의를 알고 화석과 화석이 아닌 것을 구분한다.</td></tr>
</table>

[문제 76] 다음 중 화석에 대한 설명으로 옳지 못한 것은?

① 옛날에 살았던 생물들의 흔적이다.
② 주로 지층 속에서 발견된다.
③ 화석을 통해 그 당시 환경을 알 수 있다.
④ 주로 퇴적암에서 발견된다.
⑤ 지금은 모두 살지 않는 생물들의 흔적이다.

정답 ⑤

해설 화석은 옛날에 살았던 생물이 죽어서 유해나 그 흔적이 지층 속에 남아 있는 것으로, 지금 살아 있는 생물들 중에도 화석이 된 것이 있다.

내용요소	학교급	초등 4	예상 정답률	30 %
	단 원	화석을 찾아서		
평가목표	화석 모형을 만드는 과정과 실제 화석이 만들어지는 과정을 연결할 수 있다.			

[문제 77] 다음은 조개 화석 모형을 만드는 과정이다.

[보기]

㉠ 2개의 찰흙 반대기 사이에 조개껍데기를 올려놓는다.
㉡ 두 찰흙 반대기를 손으로 가볍게 누른다.
㉢ 위에 놓인 찰흙 반대기와 조개껍데기를 떼어 낸다.
㉣ 조개껍데기의 흔적이 남은 것을 그늘에서 잘 말린다.

이 중에서 실제 화석이 만들어질 때 지층의 무게에 의해서 다져지는 것과 관계있는 것은 무엇인가?

① ㉠ ② ㉡ ③ ㉢
④ ㉣ ⑤ 모두

정답 ②

해설 화석이 만들어질 때 생물의 유해나 흔적이 퇴적물에 의해 묻히고 그 위에 다른 퇴적물이 쌓여 지층을 만들면 그 무게에 의해 단단하게 다져져 화석이 된다.

내용요소	학교급	초등 4	예상 정답률	30 %
	단 원	화석을 찾아서		
평가목표	화석이 만들어져서 발견되기까지의 과정을 안다.			

[문제 78] 다음은 화석이 만들어져서 발견되기까지의 과정이다. 순서대로 옳게 나열한 것은?

[보기]

㉠ 생물이 강, 호수, 바다 밑에서 퇴적물에 묻힌다.
㉡ 지층이 깎이기 시작한다.
㉢ 그 위에 퇴적물이 더 쌓이고, 단단하게 굳어져 퇴적암이 된다.
㉣ 지층이 더 많이 깎여서 화석이 드러난다.
㉤ 땅이 움직여서 물 밑의 지층이 솟아오른다.

① ㉠→㉡→㉣→㉢→㉤
② ㉠→㉢→㉡→㉤→㉣
③ ㉡→㉠→㉤→㉢→㉣
④ ㉠→㉢→㉤→㉡→㉣
⑤ ㉤→㉠→㉢→㉣→㉡

정답 ④

해설 화석은 퇴적→굳어짐→물 위로 올라옴→침식의 과정으로 만들어져 발견된다.

내용요소	학교급	초등 4	예상 정답률	50 %
	단 원	화석을 찾아서		
평가목표	화석으로 만들어질 당시 옛날의 환경을 알 수 있다.			

[문제 79] 산에서 조개 화석을 발견하였다. 이 사실로 알 수 있는 것은 무엇인가?

① 화석이 산에서도 만들어진다.
② 옛날에 조개는 산에서 살았다.
③ 원래는 호수, 바다 또는 강이었다.
④ 어떤 것이든지 화석이 될 수 있다.
⑤ 화석은 이암에서 잘 만들어진다.

정답 ③

해설 산에서 조개 화석이 발견되었다는 사실만으로 알 수 있는 것은 화석이 만들어지는 과정에 비추어 보았을 때 원래 조개가 살 수 있는 호수나 바다 또는 강이었던 이곳이 위로 올라와 산이 되었다는 것이다.

<table>
<tr><td rowspan="2">내용요소</td><td>학교급</td><td>초등 4</td><td rowspan="2">예상
정답률</td><td rowspan="2">70 %</td></tr>
<tr><td>단 원</td><td>화석을 찾아서</td></tr>
<tr><td>평가목표</td><td colspan="4">공룡에 대해 안다.</td></tr>
</table>

[문제 80] 다음 중 공룡에 대한 설명으로 옳지 <u>못한</u> 것은?

① 공룡은 현재 멸종된 동물이다.

② 공룡은 모두 육식동물이었다.

③ 공룡의 화석이 발견되고 있다.

④ 공룡은 하늘이나 물속에서도 살았다.

⑤ 공룡은 거대한 몸집도 있고 닭보다 작은 것도 있다.

정답 ②

해설 공룡은 초식, 육식공룡이 있다.

표준화 검사 문항 (지식)

초등학교 5학년

[영재 판별을 위한 표준화검사도구 개발] **문 항 카 드**				
내용요소	학교급	초등 5	예상 정답률	90 %
	단 원	거울과 렌즈		
평가목표	볼록렌즈가 실생활에서 이용되는 예를 알 수 있다.			

[문제 1] 다음 [보기]의 특징을 모두 갖는 것은?

[보기]

1. 가운데 부분이 볼록하며, 가까이 있는 물체를 크게 보여준다.
2. 할아버지 안경이나 확대경에 쓰인다.
3. 간이사진기를 만들 때 사용한다.

① 오목거울 ② 볼록거울 ③ 평면거울
④ 오목렌즈 ⑤ 볼록렌즈

정답 ⑤

해설 1, 2, 3 모두 볼록렌즈의 특징이다.

내용요소	학교급	초등 5	예상 정답률	60 %
	단 원	거울과 렌즈		
평가목표	평면거울에 생긴 상의 특징을 알 수 있다.			

[문제 2] 다음 중 글자 '가'를 평면거울에 비추어 보았을 때의 모습으로 옳은 것은 어느 것인가?

①  ② 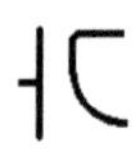 ③ 
④  ⑤ 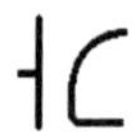

정답 ②

해설 평면거울에 비친 물체의 모습은 상하는 바뀌지 않고 좌우만 바뀌어 보인다.

<table>
<tr><td rowspan="2">내용요소</td><td>학교급</td><td>초등 5</td><td rowspan="2">예상
정답률</td><td rowspan="2">50 %</td></tr>
<tr><td>단 원</td><td>거울과 렌즈</td></tr>
<tr><td>평가목표</td><td colspan="4">볼록거울과 오목렌즈에 의한 상의 크기와 모양을 알 수 있다.</td></tr>
</table>

[문제 3] 다음 중 거울이나 렌즈를 통해서 본 모습이 작고 바로 선 모습으로 보이는 것끼리 짝지은 것은?

① 볼록거울과 볼록렌즈
② 볼록거울과 오목렌즈
③ 평면거울과 볼록렌즈
④ 오목거울과 볼록렌즈
⑤ 오목거울과 오목렌즈

정답 ②

해설 볼록거울 : 언제나 작고 바르며 넓게 보인다.
오목거울 : 가까이 있을 때는 바르고 크게 보이다가 멀리하면 작게 보인다.
볼록렌즈 : 가까이 있을 때는 크게 보이나, 멀리 있는 물체는 거꾸로 작게 보인다.
오목렌즈 : 언제나 작고 바르며 넓게 보인다.

<table>
<tr><td rowspan="2">내용요소</td><td>학교급</td><td>초등 5</td><td rowspan="2">예상
정답률</td><td rowspan="2">50 %</td></tr>
<tr><td>단 원</td><td>거울과 렌즈</td></tr>
<tr><td>평가목표</td><td colspan="4">우리가 물체를 볼 수 있는 과정을 알 수 있다.</td></tr>
</table>

[문제 4] 다음은 우리가 물체를 볼 수 있는 과정을 나타낸 것이다. 바르게 연결한 것은 어느 것인가?

① 빛 → 눈 → 물체
② 빛 → 물체 → 눈
③ 눈 → 빛 → 물체
④ 눈 → 물체 → 빛
⑤ 물체 → 눈 → 빛

정답 ②

해설 스스로 빛을 내지 않는 물체도 볼 수 있는 것은 물체에서 반사된 빛이 눈에 들어오기 때문이며, 따라서 캄캄한 곳에서는 물체를 볼 수 없다.

<table>
<tr><td rowspan="2">내용요소</td><td>학교급</td><td>초등 5</td><td rowspan="2">예상 정답률</td><td rowspan="2">50 %</td></tr>
<tr><td>단 원</td><td>거울과 렌즈</td></tr>
<tr><td>평가목표</td><td colspan="4">간이사진기의 원리와 특징을 알 수 있다.</td></tr>
</table>

[문제 5] 간이사진기에 대한 설명으로 옳지 않은 것은?

① 볼록렌즈를 사용하면 좋다.

② 물체의 모양이 위아래가 바뀌어 나타난다.

③ 렌즈의 초점거리보다 사진기 상자의 길이를 더 작게 만든다.

④ 렌즈의 반을 가리면 물체의 모습도 반만 보인다.

⑤ 간이사진기로 컬러로 된 상을 볼 수 있다.

정답 ④

해설 렌즈를 반 가리면 상에 모이는 빛의 양의 줄어들어서 흐리게 보인다.

<table>
<tr><td rowspan="2">내용요소</td><td>학교급</td><td>초등 5</td><td rowspan="2">예상 정답률</td><td rowspan="2">80 %</td></tr>
<tr><td>단 원</td><td>물체의 속력</td></tr>
<tr><td>평가목표</td><td colspan="4">속력의 단위변환을 통해 여러 가지 단위로 나타낼 수 있다.</td></tr>
</table>

[문제 6] 1시간 동안 72 km를 달린 자동차가 1초 동안 이동한 거리는?

① 2 m　② 10 m　③ 20 m

④ 36 m　⑤ 72 m

정답 ③

해설 1시간 = 3600초

72 km = 72000 m

즉, 1시간에 72 km 가는 자동차는 3600초에 72000 m 이동한다.

따라서 1초에 20 m 이동한다.

<table>
<tr><td rowspan="2">내용요소</td><td>학교급</td><td>초등 5</td><td rowspan="2">예상
정답률</td><td rowspan="2">80 %</td></tr>
<tr><td>단 원</td><td>물체의 속력</td></tr>
<tr><td>평가목표</td><td colspan="4">시간과 이동거리로부터 속력을 구할 수 있다.</td></tr>
</table>

[문제 7] 다음 중에서 가장 빨리 달린 사람은?

① A – 2초에 6 m를 이동하였다.
② B – 1초에 4 m를 이동하였다.
③ C – 5초에 5 m를 이동하였다.
④ D – 9 m를 3초에 이동하였다.
⑤ E – 8 m를 4초에 이동하였다.

정답 ②

해설 $\text{속력} = \dfrac{\text{이동거리}}{\text{걸린시간}}$

① 3 m/s, ② 4 m/s, ③ 1 m/s, ④ 3 m/s, ⑤ 2 m/s

<table>
<tr><td rowspan="2">내용요소</td><td>학교급</td><td>초등 5</td><td rowspan="2">예상
정답률</td><td rowspan="2">80 %</td></tr>
<tr><td>단 원</td><td>물체의 속력</td></tr>
<tr><td>평가목표</td><td colspan="4">속력의 개념을 알 수 있다.</td></tr>
</table>

[문제 8] 일정한 시간 동안 움직인 거리를 무엇이라 하는가?

① 이동거리 ② 속력 ③ 가속도
④ 힘 ⑤ 에너지

정답 ②

해설 일정한 시간 동안 움직인 거리를 '속력'이라고 한다.

① 이동거리 : 처음위치에서 나중위치까지 실제 이동한 경로의 길이
③ 가속도 : 일정시간 동안 속도의 변화(시간에 따른 속도 변화의 비율)
④ 힘 : 정지하고 있는 물체를 움직이고, 움직이고 있는 물체의 속도나 운동 방향을 바꾸거나 물체의 형태를 변형시키는 원인
⑤ 에너지 : 일을 할 수 있는 능력

내용요소	학교급	초등 5	예상 정답률	70 %
	단 원	물체의 속력		
평가목표	속력과 관계된 변인과 변인 통제에 대해 알 수 있다.			

[문제 9] 다음 중 물체의 빠르기를 비교하는 방법에 대한 설명으로 옳지 않은 것은?

① 물체가 이동한 거리를 측정한다.

② 같은 시간 동안 이동한 거리를 측정한다.

③ 같은 시간 동안 이동한 거리가 클수록 빠르다.

④ 같은 거리를 이동하는 데 걸린 시간을 측정한다.

⑤ 같은 거리를 이동하는 데 걸린 시간이 작을수록 빠르다.

정답 ①

해설 물체의 빠르기는 물체의 속력을 뜻한다.
속력은 이동거리를 걸린 시간으로 나눈 값이므로, 속력을 비교하려면, 같은 시간 동안의 이동거리를 비교하거나, 같은 거리를 이동하는 데 걸린 시간을 비교하면 된다.

내용요소	학교급	초등 5	예상 정답률	80 %
	단 원	물체의 속력		
평가목표	등속운동을 구별할 수 있다.			

[문제 10] 다음은 일정한 시간 간격마다 물체가 움직인 거리를 빨대로 나타낸 것이다. 물체의 속력이 일정한 경우를 모두 고르시오.

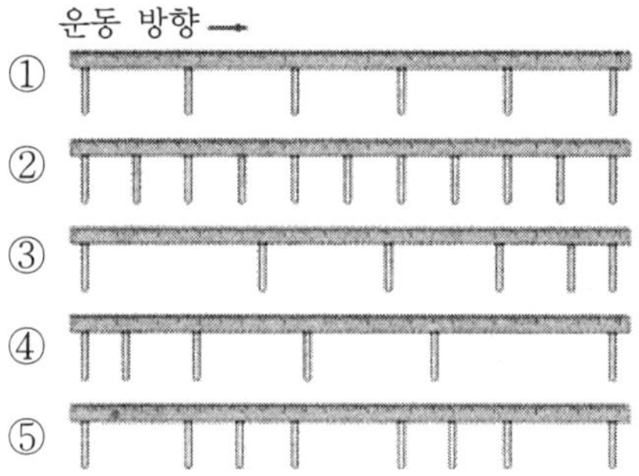

정답 ①, ②

해설 속력이 일정한 경우, 일정한 시간 간격마다 일정한 거리를 움직인다.
빨대는 일정한 시간 간격으로 세웠으므로, 빨대의 간격이 일정하며 물체의 속력이 일정한 경우이다. 이런 물체의 운동을 '등속운동'이라고 한다.

내용요소	학교급	초등 5	예상 정답률	30 %
	단 원	전기회로 꾸미기		
평가목표	도선 속에는 전자가 채워져 있음을 알 수 있다.			

[문제 11] 다음 그림을 보고 답하시오(단, A, B는 동일한 전구이다).

A, B 두 전구가 켜지는 순서에 대한 설명으로 옳은 것은?

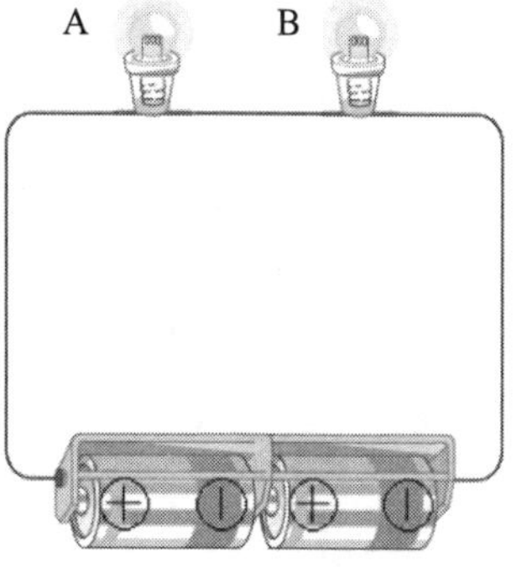

① A가 먼저 켜진다.

② B가 먼저 켜진다.

③ A와 B가 동시에 켜진다.

④ A와 B 모두 켜지지 않는다.

⑤ A와 B가 교대로 켜졌다 꺼졌다를 반복한다.

정답 ③

해설 도선 속에서 전자의 이동속도는 매우 느리지만, 도선 속에는 전자가 가득 채워져 있어 건전지를 연결하면 도선 속의 전자가 동시에 움직이므로 전구가 동시에 켜진다.

내용요소	학교급	초등 5	예상 정답률	30 %
	단 원	전기회로 꾸미기		
평가목표	전구에 불이 켜지는 원리와 전기가 일을 할 수 있다는 사실을 알 수 있다.			

[문제 12] 다음 그림을 보고 답하시오(단, A, B는 동일한 전구이다).

A, B 두 전구의 밝기에 대한 설명으로 옳은 것은?

① A가 더 밝다.

② B가 더 밝다.

③ A와 B의 밝기가 같다.

④ A와 B의 밝기가 교대로 변한다.

⑤ A와 B 모두 켜지지 않는다.

정답 ③

해설 전구의 밝기는 전구의 저항과 전구 양쪽에 걸리는 전압에 의해 결정된다.

A, B는 동일한 전구이므로 저항은 같고, 직렬연결에서 저항이 같으면 전구 양쪽에 동일한 크기의 전압이 걸리므로 두 전구의 밝기(소비전력)는 같다.

내용요소	학교급	초등 5	예상 정답률	40 %
	단 원	전기회로 꾸미기		
평가목표	직렬연결과 병렬연결을 구분할 수 있다.			

[문제 13] 다음 회로 중에서 병렬연결을 모두 고르시오.

①

②
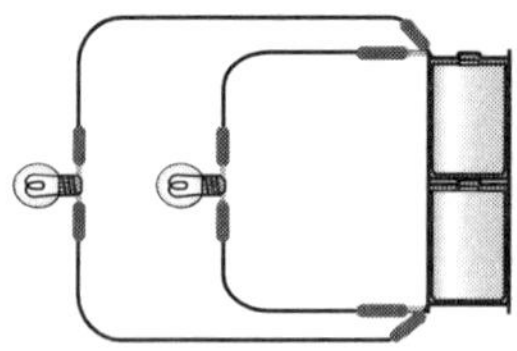
③
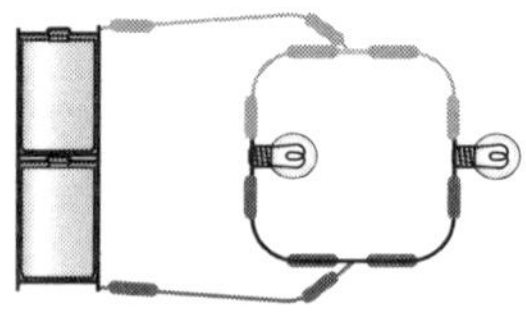
④
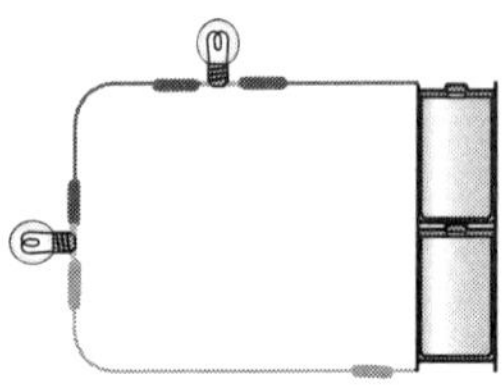
⑤
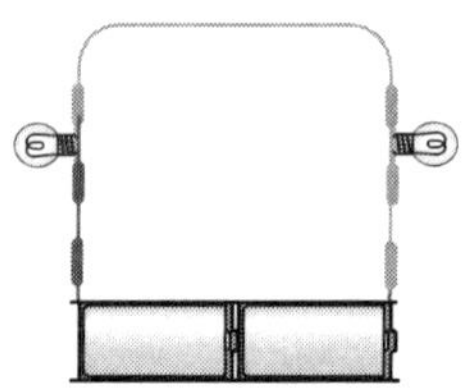
⑥
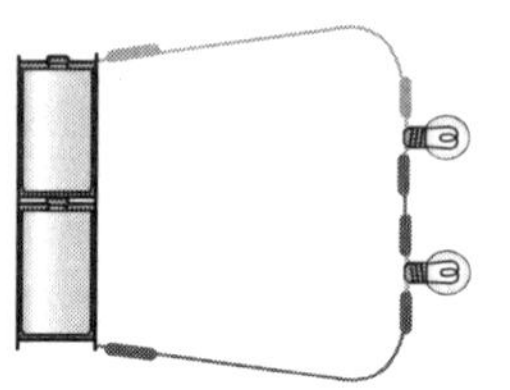

정답 ①, ②, ③

해설 병렬연결은 건전지에서 나온 전류가 두 개 이상의 도선으로 나누어져 흐르다가 다시 모여 건전지로 들어온다.

①, ②, ③은 병렬연결

②, ④, ⑥은 직렬연결

내용요소	학교급	초등 5	예상 정답률	80 %
	단 원	전기회로 꾸미기		
평가목표	전기부품의 기호를 알 수 있다.			

[문제 14] 전기 부품을 기호로 바르게 나타낸 것은 어느 것인가?

	①	②	③	④	⑤
전기 부품	전지	전구	전선	전동기	스위치
전기 기호	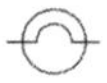	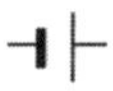			———

정답 ④

해설 ① 전구, ② 전지, ③ 스위치, ⑤ 전선

내용요소	학교급	초등 5	예상 정답률	50 %
	단 원	전기회로 꾸미기		
평가목표	병렬연결의 특징과 예를 알 수 있다.			

[문제 15] 다음 [보기]의 전기회로 연결방법은 무엇인지 쓰시오.

[보기]

1. 가정용 멀티콘센트의 전기회로
2. 전기기구를 많이 연결하면 누전사고의 위험이 있다.
3. 전기기구를 따로따로 작동시킬 수 있다.

정답 병렬연결

해설 병렬연결의 특징이다.
이 외에도, 각각의 전기기구에 필요한 전압이 똑같이 걸리므로 전기기구를 제대로 사용할 수 있다.

내용요소	학교급	초등 5	예상 정답률	80 %
	단 원	에너지		
평가목표	에너지의 뜻을 알 수 있다.			

[문제 16] 물체가 지니고 있는 일을 할 수 있는 능력, 즉 물체를 움직이게 하거나 물체에 어떤 변화를 주는 능력을 무엇이라 하는가?

① 이동거리 ② 속력 ③ 가속도
④ 힘 ⑤ 에너지

정답 ⑤

해설 ① 이동거리 : 처음위치에서 나중위치까지 실제 이동한 경로의 길이
② 속력 : 일정한 시간 동안 움직인 거리
③ 가속도 : 일정시간 동안 속도의 변화(시간에 따른 속도 변화의 비율)
④ 힘 : 정지하고 있는 물체를 움직이고, 움직이고 있는 물체의 속도나 운동 방향을 바꾸거나 물체의 형태를 변형시키는 작용.

내용요소	학교급	초등 5	예상 정답률	80 %
	단 원	에너지		
평가목표	전기 에너지의 특징을 알 수 있다.			

[문제 17] 발전소에서 가정까지 쉽게 전달되며, 다른 에너지로 쉽게 전환되는 에너지는 어느 것인가?

① 열에너지 ② 빛 에너지 ③ 전기 에너지
④ 운동 에너지 ⑤ 위치 에너지

정답 ③

해설 전기 에너지는 공해를 발생하지 않고, 가정까지의 전달이 쉬우며 다른 에너지로의 전환이 용이하고 사용하기 편리하다는 장점이 있으나, 저장이 어렵고 송전비용이 많이 들며 감전사고 위험 등의 단점이 있다.

내용요소	학교급	초등 5	예상 정답률	70 %
	단 원	에너지		
평가목표	석탄 · 석유 등 화석 에너지의 장단점을 알 수 있다.			

[문제 18] 다음은 어떤 에너지의 장단점을 나타낸 것이다. 이 에너지는 무엇인가?

채굴은 쉬우나 매장량이 한정되어 있고, 이산화탄소를 배출하여 환경오염을 일으킨다.

① 열에너지 ② 석탄 · 석유 에너지
③ 전기 에너지 ④ 풍력 에너지
⑤ 태양열 에너지

정답 ②

해설 석탄 · 석유는 매장량이 한정되어 있고, 이산화탄소를 내보내 환경오염을 일으킨다.

내용요소	학교급	초등 5	예상 정답률	70 %
	단 원	에너지		
평가목표	에너지가 전환된다는 것을 알 수 있다.			

[문제 19] 다음 ( ) 안에 알맞은 에너지를 [보기]에서 골라 순서대로 써 넣으시오.

[보기]

① 열에너지 ② 빛 에너지 ③ 전기 에너지
④ 운동 에너지 ⑤ 위치 에너지

(1) 전기 포트에 전기를 공급하게 되면 몇 분 후에 물이 끓기 시작합니다.
이것은 ( )가 ( )로 전환되어 물을 끓게 만드는 것입니다.

(2) 미끄럼틀에서 미끄러져 내려올 때 ( )는 증가하고, ( )는 감소합니다.

정답 (1) ③, ①, (2) ④, ⑤

해설 (1) 전기 포트에 전기를 공급하게 되면 몇 분 후에 물이 끓기 시작합니다. 이것은 (전기 에너지)가 (열에너지)로 전환되어 물을 끓게 만드는 것입니다

(2) 미끄럼틀을 내려오면 (운동 에너지)는 증가하고, (위치 에너지)는 감소합니다.

내용요소	학교급	초등 5	예상 정답률	60 %
	단 원	에너지		
평가목표	핵에너지를 제외한 다른 에너지의 근원이 태양임을 알 수 있다.			

[문제 20] 다음 중에서 태양이 근원이 아닌 에너지는?

① 핵에너지 ② 화학 에너지
③ 전기 에너지 ④ 운동 에너지
⑤ 풍력 에너지

정답 ①

해설 핵에너지는 원자핵의 변환 과정에서 생기는 에너지로 ‘원자 에너지’라고도 부른다.

<table>
<tr><td rowspan="2">내용요소</td><td>학교급</td><td>초등 5</td><td rowspan="2">예상
정답률</td><td rowspan="2">30 %</td></tr>
<tr><td>단 원</td><td>용해와 용액</td></tr>
<tr><td>평가목표</td><td colspan="4">용해의 뜻을 알 수 있다.</td></tr>
</table>

[문제 21] 다음 [보기]의 ㄱ, ㄴ, ㄷ에서 공통적으로 일어나는 현상을 무엇이라 하는가?

[보기]

ㄱ. 물에 넣은 소금은 양이 줄어들다가 나중에는 보이지 않게 된다. 소금이 녹은 물은 투명하고 색깔이 없다.

ㄴ. 시트르산을 아세톤에 넣었더니, 액체가 투명하고 바닥에 가루가 보이지 않고 모두 녹았다.

ㄷ. 아세톤에 유성잉크를 넣었더니 잉크가 골고루 퍼지면서 섞인다.

① 응고 ② 증발 ③ 번짐

④ 용해 ⑤ 용액

정답 ④

해설 물질이 액체에 녹는 현상을 '용해'라 한다.

<table>
<tr><td rowspan="2">내용요소</td><td>학교급</td><td>초등 5</td><td rowspan="2">예상
정답률</td><td rowspan="2">30 %</td></tr>
<tr><td>단 원</td><td>용해와 용액</td></tr>
<tr><td>평가목표</td><td colspan="4">고체 · 액체 물질을 물과 아세톤 등에 녹여보고, 녹는 물질과 녹이는 물질을 연결 지을 수 있다.</td></tr>
</table>

[문제 22] 물과 아세톤에 가루를 녹여 보았다. 용해되는 물질에는 ○를, 용해되지 않는 물질에는 ×로 표시하였다. 표의 빈칸을 채우시오.

용매 \ 용질	설탕	시트르산	나프탈렌	탄산칼슘
물에 넣었을 때	○	(①)	(②)	×
아세톤에 넣었을 때	×	○	○	(③)

① ( ) ② ( ) ③ ( )

정답 ① ○, ② ×, ③ ×

해설 물에 용해되는 물질이라도 아세톤에는 용해되지 않을 수 있으며, 물에 용해되지 않는 물질이 아세톤에는 용해될 수 있는 등 각 액체마다 용해되는 물질이 서로 다르다.

내용요소	학교급	초등 5	예상 정답률	40 %
	단 원	용해와 용액		
평가목표	용액의 뜻을 알 수 있다.			

[문제 23] 다음 중 용액이라고 할 수 있는 것은 무엇인가?

① 아세톤과 설탕의 혼합물
② 아세톤과 소금의 혼합물
③ 물과 탄산칼슘의 혼합물
④ 물과 나프탈렌의 혼합물
⑤ 물과 소금의 혼합물

정답 ⑤

해설 용액은 물질이 액체에 녹아 있는 현상을 의미한다. 소금은 물에서 녹기 때문에 용액이라 할 수 있다.

내용요소	학교급	초등 5	예상 정답률	80 %
	단 원	용해와 용액		
평가목표	잉크의 용해를 알 수 있다.			

[문제 24] 실험 중 유성잉크가 옷에 묻었다. 지울 수 있는 방법은 무엇인가?

① 물로 닦는다.
② 아세톤으로 닦는다.
③ 소금으로 문지른다.
④ 맨손으로 문지른다.
⑤ 수성잉크로 닦는다.

정답 ②

해설 유성잉크는 아세톤에는 녹으나 물에는 녹지 않는다.

<table>
<tr><td rowspan="2">내용요소</td><td>학교급</td><td>초등 5</td><td rowspan="2">예상
정답률</td><td rowspan="2">50 %</td></tr>
<tr><td>단 원</td><td>용해와 용액</td></tr>
<tr><td>평가목표</td><td colspan="4">용액의 뜻을 알 수 있다.</td></tr>
</table>

[문제 25] 물과 아세톤에 각각 수성잉크와 유성잉크를 넣어보았다. 일어나는 변화로 올바른 것끼리 줄로 이어보시오.

① 물

② 아세톤

· ㉠ 수성잉크만 용해된다.

· ㉡ 유성잉크만 용해된다.

· ㉢ 수성잉크와 유성잉크 모두 용해된다.

· ㉣ 수성잉크와 유성잉크 모두 용해되지 않는다.

정답 ① - ㉠, ② - ㉡

해설 수성잉크는 물에 녹으나 아세톤에는 녹지 않고, 유성잉크는 물에는 녹으나 아세톤에는 녹지 않는다.

<table>
<tr><td rowspan="2">내용요소</td><td>학교급</td><td>초등 5</td><td rowspan="2">예상
정답률</td><td rowspan="2">30 %</td></tr>
<tr><td>단 원</td><td>용액의 진하기</td></tr>
<tr><td>평가목표</td><td colspan="4">여러 가지 진한 용액에서 결정을 얻어낼 수 있다.</td></tr>
</table>

[문제 26] 진한 소금물에서 소금 결정을 얻어내는 실험을 하였다. 다음 과정들을 보고 소금 결정 만드는 과정을 차례대로 나열하시오.

[소금 결정 만드는 순서]

ㄱ. 소금 포화 용액의 윗부분만 페트리 접시에 반쯤 옮긴다.

ㄴ. 비커의 소금 용액을 가열하면서 더 이상 녹지 않을 때까지 녹인다.

ㄷ. 물이 천천히 증발하도록 하기 위해서 페트리 접시의 소금 용액을 종이로 덮어둔다.

ㄹ. 비커 1/2 정도의 뜨거운 물에 소금을 조금씩 넣어가며 유리 막대로 저어 진한 소금 용액을 만든다.

(→ → →)

정답 ㄹ → ㄴ → ㄱ → ㄷ

해설 소금 결정을 만들 때에는 소금 포화 용액을 만든 후, 물을 증발시키는 방법을 사용한다.

내용요소	학교급	초등 5	예상 정답률	40 %
	단 원	용액의 진하기		
평가목표	여러 가지 진한 용액에서 결정을 얻어낼 수 있다.			

※ **[문제 27~28]** 문제를 읽고, [보기]에서 알맞은 말을 고르시오.

[보기]

(A) 증발 (B) 가열 (C) 냉각 (D) 포화 (E) 불포화

[문제 27] 다음 괄호에 알맞은 말은 무엇인가?

소금을 물에 조금 넣으면 모든 소금이 용해되지만, 소금을 물에 많이 넣으면 어느 정도 이상 녹아 들어가지 않게 된다. 이와 같이 주어진 조건에서 일정량의 물에 소금이 최대한 많이 녹아 있는 용액을 ( )용액이라고 한다.

정답 (D)

해설 일정한 양의 물에 소금이 최대한 많이 녹아 있는 상태를 '포화용액'이라고 한다.

[문제 28] 다음 괄호에 알맞은 말은 무엇인가?

시간이 지남에 따라 물이 ( )하여, 물에 녹았던 소금이 결정이 된 것이다.

정답 (A)

해설 소금 결정은 소금 포화용액에서 물이 증발하여, 물에 녹았던 소금이 결정이 된다.

내용요소	학교급	초등 5	예상 정답률	90 %
	단 원	용액의 진하기		
평가목표	용액의 진하기에 따라 성질이 다름을 알 수 있다.			

[문제 29] 흑설탕물의 진하기의 순서를 알 수 있는 방법이 아닌 것은 어느 것인가?

① 맛

② 색깔

③ 촉감

④ 진하기를 재는 기구 사용

⑤ 메추리알을 넣었을 때 떠오르는 정도

정답 ③

해설 용액의 진하기를 알 수 있는 방법에는 맛을 보거나, 색깔의 진한 정도, 진하기를 재는 기구 사용, 메추리알을 넣었을 때 떠오르는 정도 등이 있다.

내용요소	학교급	초등 5	예상 정답률	70 %
	단 원	용액의 진하기		
평가목표	물의 온도와 붕산이 녹는 양과의 관계를 알 수 있다.			

[문제 30] 찬물에 붕산을 계속 녹이다가 더 이상 녹지 않는 상태가 되었다. 붕산을 더 녹일 수 있는 방법을 다음에서 모두 고르면?

(A) 냉각한다.	(B) 가열한다.
(C) 붕산을 더 넣는다.	(D) 물을 더 넣는다.

정답 (B), (D)

해설 물의 온도가 높을수록 녹는 양은 많아진다. 또한 물의 양이 많을수록 더 많은 붕산이 녹는다.

내용요소	학교급	초등 5	예상 정답률	30 %
	단 원	용액의 성질		
평가목표	산성 용액과 염기성 용액에서 리트머스 종이와 페놀프탈레인 용액의 색 변화를 말할 수 있다.			

[문제 31] 다음 표에서 빈칸에 들어갈 알맞은 말을 [보기]에서 고르면?

용액	붉은색 리트머스 종이	푸른색 리트머스 종이	페놀프탈레인 용액의 색 변화
묽은 염산	아무 변화 없음	붉게 변함	아무 변화 없음
묽은 수산화나트륨	푸르게 변함	아무 변화 없음	(③)
식초	아무 변화 없음	(②)	아무 변화 없음
사이다	아무 변화 없음	붉게 변함	아무 변화 없음
비눗물	푸르게 변함	아무 변화 없음	붉게 변함
묽은 암모니아수	(①)	아무 변화 없음	붉게 변함

[보기]

(A) 붉게 변함 (B) 푸르게 변함 (C) 아무 변화 없음

① ( )

② ( )

③ ( )

정답 ① (B), ② (A), ③ (A)

해설 묽은 암모니아수는 염기성으로 붉은색 리트머스 종이를 붉게 변화시키고, 식초는 산성으로 푸른색 리트머스 종이를 붉게 변화시킨다. 묽은 수산화나트륨 용액은 페놀프탈레인 용액을 붉게 변화시키는 염기성이다.

<table>
<tr><td rowspan="2">내용요소</td><td>학교급</td><td>초등 5</td><td rowspan="2">예상
정답률</td><td rowspan="2">40 %</td></tr>
<tr><td>단 원</td><td>용액의 성질</td></tr>
<tr><td>평가목표</td><td colspan="4">산성 용액과 염기성 용액에서 리트머스 종이와 페놀프탈레인 용액의 색 변화를 말할 수 있다.</td></tr>
</table>

[문제 32] 아래 문장을 읽고 빈칸에 알맞은 말을 [보기]에서 고르면?

> 붉은색 리트머스 종이의 색깔을 푸르게 변화시키고 페놀프탈레인 용액을 넣었을 때 색깔이 붉게 변하는 용액은 (   )용액입니다.

[보기]

(A) 산성 (B) 중성 (C) 염기성

정답 (C)

해설 산성 용액 – 푸른색 리트머스 종이의 색깔을 붉게 변화시키고, 페놀프탈레인 용액을 넣었을 때 색깔이 변하지 않음.

염기성 용액 – 붉은색 리트머스 종이의 색깔을 푸르게 변화시키고 페놀프탈레인 용액을 넣었을 때 색깔이 붉게 변함.

<table>
<tr><td rowspan="2">내용요소</td><td>학교급</td><td>초등 5</td><td rowspan="2">예상
정답률</td><td rowspan="2">40 %</td></tr>
<tr><td>단 원</td><td>용액의 성질</td></tr>
<tr><td>평가목표</td><td colspan="4">자주색 양배추를 이용하여 지시약을 만들 수 있다.</td></tr>
</table>

[문제 33] 다음 내용의 괄호 안에 들어갈 말을 [보기]에서 고르시오.

> 자주색 양배추를 이용하여 지시약을 만들었다. 식초에 넣으면 (①)색으로 변하고, 비눗물에 넣으면 (②)색으로 변한다.

[보기]

(A) 붉은 (B) 푸른 (C) 보라

① (   )

② (   )

정답 ① (A), ② (B)

해설 양배추로 만든 지시약은 산성 용액에는 붉은색으로, 염기성 용액에는 푸른색이나 연한 녹색으로 변한다.

내용요소	학교급	초등 5	예상 정답률	60 %
	단 원	용액의 성질		
평가목표	지시약의 용도를 알 수 있다.			

[문제 34] 다음 내용은 [보기] 중 무엇을 설명하는 것인가?

- 용액이 어떤 성질을 가지고 있는지 확인할 때 사용한다.
- 장미꽃이나 양배추를 이용하여 만들 수도 있다.

[보기]

(A) 산성 용액　(B) 염기성 용액　(C) 중성 용액　(D) 지시약　(E) 검사약

정답 (D)

해설 지시약은 용액의 성질을 알아보는 데 사용하며, 장미꽃이나 양배추를 이용하여 만들 수 있다.

내용요소	학교급	초등 5	예상 정답률	50 %
	단 원	용액의 성질		
평가목표	산성, 염기성, 중성 용액을 구분할 수 있다.			

[문제 35] 다음 용액들의 성질을 (A) 산성, (B) 중성, (C) 염기성으로 구분하시오.

① 물 (　　　)　　② 사이다 (　　　)

③ 비눗물 (　　　)　　④ 오렌지 주스 (　　　)

정답 ① 물 ((B) 중성), ② 사이다 ((A) 산성)
③ 비눗물 ((C) 염기성), ④ 오렌지 주스 ((A) 산성)

해설 물은 중성, 사이다와 오렌지 주스는 산성, 비눗물은 염기성을 띤 물질이다.

<table>
<tr><td rowspan="2">내용요소</td><td>학교급</td><td>초등 5</td><td rowspan="2">예상 정답률</td><td rowspan="2">70 %</td></tr>
<tr><td>단 원</td><td>용액의 반응</td></tr>
<tr><td>평가목표</td><td colspan="4">산성 용액과 금속이 반응하면 기체와 열이 발생하는 것을 알 수 있다.</td></tr>
</table>

[문제 36] 산성 용액과 금속이 반응하면 무엇과 무엇이 발생하는가?

① 기포와 열 ② 기포와 연기 ③ 기포와 산
④ 기포와 염기 ⑤ 기포와 용액

정답 ①

해설 철과 마그네슘 같은 금속 조각은 산성 용액과 반응하여 기체와 열을 내며, 다른 물질로 변한다.

<table>
<tr><td rowspan="2">내용요소</td><td>학교급</td><td>초등 5</td><td rowspan="2">예상 정답률</td><td rowspan="2">80 %</td></tr>
<tr><td>단 원</td><td>용액의 반응</td></tr>
<tr><td>평가목표</td><td colspan="4">산성 용액과 염기성 용액을 서로 섞으면 중성이 된다는 것을 알 수 있다.</td></tr>
</table>

※ [문제 37~38] 물음을 읽고 [보기]에서 알맞은 것을 골라라.

[보기]
(A) 산성 용액 (B) 염기성 용액
(C) 중성 용액 (D) 산성과 염기성 용액

[문제 37] 산성 용액과 염기성 용액을 섞으면 어떤 성질의 용액이 만들어지는가?

정답 (C)

해설 산성 용액과 염기성 용액을 알맞게 섞으면 용액은 '중성'이 된다.

[문제 38] 개미에게 물리면 따끔거리는데, 이것은 개미의 침 속에 있는 산성 물질 때문이다. 그렇다면 개미에게 물렸을 때 어떤 성질의 물질을 바르는 것이 좋은가?

정답 (B)

해설 산성 물질인 개미의 침에 염기성 용액을 바르면 중성이 되어 치료가 쉽다.

내용요소	학교급	초등 5	예상 정답률	75 %
	단 원	용액의 반응		
평가목표	산성비의 원인과 피해, 산성비의 피해를 줄일 수 있는 방법을 알 수 있다.			

[문제 39] 산성비에 의한 피해와 관련 없는 것은 무엇인가?

① 호수와 강의 물고기가 죽는다.

② 식물이 병들어 잘 자라지 못한다.

③ 지구 온난화 현상이 일어나 농작물이 죽는다.

④ 금속이나 대리석으로 만들어진 문화재나 건축물이 부식된다.

⑤ 사람이 맞으면 가려움증, 피부병, 머리카락이 빠지는 등의 증상이 발생한다.

정답 ③

해설 산성비는 호수와 강의 물고기를 죽이며, 식물이 병들어 잘 자라지 못하게 하고, 금속이나 대리석으로 만들어진 문화재나 건축물을 부식시킨다. 또한, 사람이 맞으면 가려움증, 피부병, 머리카락이 빠지는 등의 증상이 발생한다.

내용요소	학교급	초등 5	예상 정답률	60 %
	단 원	용액의 반응		
평가목표	산성 용액과 금속이 반응하면 기체와 열이 발생하는 것을 알 수 있다.			

[문제 40] 산성비의 피해를 줄이는 방법이 잘못된 것은 무엇인가?

① 되도록 자동차를 많이 이용한다.

② 대중교통 수단을 이용한다.

③ 화석 연료의 사용을 줄인다.

④ 새로운 대체 에너지를 만들어야 한다.

⑤ 태양열 자동차를 개발하여, 매연을 줄인다.

정답 ①

해설 산성비의 원인 중 하나인 석유 같은 화석 연료의 사용을 줄이고, 자동차의 매연이 나오지 않도록 새로운 에너지를 개발하여야 한다.

내용요소	학교급	초등 5	예상 정답률	70 %
	단 원	꽃		
평가목표	꽃의 생김새를 관찰하여 각각 어떤 일을 하는지 말할 수 있다.			

[문제 41] 다음 그림은 꽃의 구조를 알아보기 위해서 분해한 것이다. 각 구성 요소의 이름을 [보기]에서 골라 답을 써라

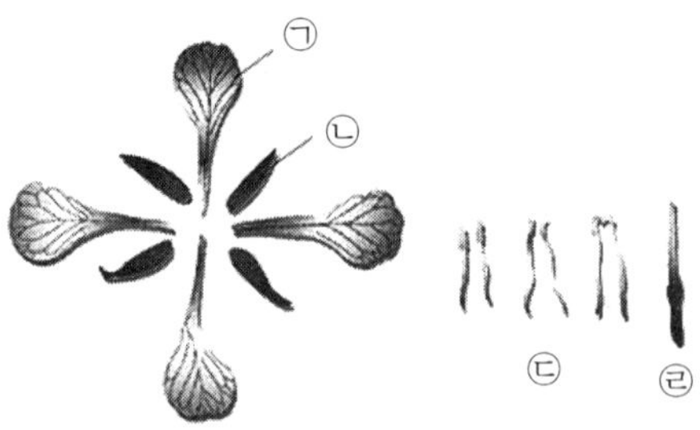

[보기]

① 수술　　② 암술　　③ 꽃받침　　④ 꽃잎

㉠ (　　　)　　㉡ (　　　)

㉢ (　　　)　　㉣ (　　　)

정답 ㉠ ④, ㉡ ③, ㉢ ①, ㉣ ②

해설 꽃은 꽃잎, 꽃받침, 암술, 수술로 이루어져 있다.

내용요소	학교급	초등 5	예상 정답률	75 %
	단 원	꽃		
평가목표	꽃의 생김새를 관찰하여 각각 어떤 일을 하는지 말할 수 있다.			

[문제 42] 꽃가루를 받아들여 열매를 맺는 것은?

① 꽃잎　　② 꽃받침　　③ 암술

④ 수술　　⑤ 뿌리

정답 ③

해설 꽃잎 : 암술과 수술을 보호한다.

꽃받침 : 씨방과 밑씨를 보호한다.

암술 : 꽃가루를 받아들여 열매를 맺는다.

수술 : 꽃가루를 만든다.

<table>
<tr><td rowspan="2">내용요소</td><td>학교급</td><td>초등 5</td><td rowspan="2">예상
정답률</td><td rowspan="2">70 %</td></tr>
<tr><td>단 원</td><td>꽃</td></tr>
<tr><td>평가목표</td><td colspan="4">식물의 종류에 따라 수분이 이루어지는 방법이 다름을 알 수 있다.</td></tr>
</table>

[문제 43] 식물의 수분이 이루어지는 방법으로 볼 수 <u>없는</u> 것은?

① 곤충을 통한 방법
② 바람을 통한 방법
③ 물을 통한 방법
④ 흙을 통한 방법
⑤ 새를 통한 방법

정답 ④

해설 식물의 수분 방법에는 곤충을 통한 방법(충매화), 바람을 통한 방법(풍매화), 새를 통한 방법(조매화), 물을 통한 방법(수매화), 그리고 사람이 인공적으로 하는 방법 등이 있다.

<table>
<tr><td rowspan="2">내용요소</td><td>학교급</td><td>초등 5</td><td rowspan="2">예상
정답률</td><td rowspan="2">75 %</td></tr>
<tr><td>단 원</td><td>식물의 잎이 하는 일</td></tr>
<tr><td>평가목표</td><td colspan="4">식물이 빛을 이용하여 광합성을 하고 그 결과 녹말이 형성됨을 알 수 있다.</td></tr>
</table>

[문제 44] 식물의 잎이 햇빛의 에너지를 가지고 광합성 작용을 하여 만드는 양분은 무엇인가?

① 녹말 ② 단백질 ③ 지방
④ 비타민 ⑤ 무기염류

정답 ①

해설 식물은 햇빛을 받아 양분인 녹말을 만든다.

<table>
<tr><td rowspan="2">내용요소</td><td>학교급</td><td>초등 5</td><td rowspan="2">예상
정답률</td><td rowspan="2">60 %</td></tr>
<tr><td>단 원</td><td>식물의 잎이 하는 일</td></tr>
<tr><td>평가목표</td><td colspan="4">식물이 빛을 이용하여 광합성을 하고 그 결과 녹말이 형성됨을 알 수 있다.</td></tr>
</table>

[문제 45] 다음 중 요오드 용액을 떨어뜨리면 색깔이 청남색으로 변하는 것은?

① 포도　② 물　③ 꽃즙

④ 설탕물　⑤ 고구마

정답 ⑤

해설 요오드 반응이란 요오드 용액과 녹말이 반응하여 청남색으로 변하는 것을 말한다. 고구마에는 녹말이 들어 있기 때문에 요오드 용액을 떨어뜨리면 청남색으로 변한다.

<table>
<tr><td rowspan="2">내용요소</td><td>학교급</td><td>초등 5</td><td rowspan="2">예상
정답률</td><td rowspan="2">75 %</td></tr>
<tr><td>단 원</td><td>식물의 잎이 하는 일</td></tr>
<tr><td>평가목표</td><td colspan="4">환경 조건에 따라 증산작용이 일어나는 정도가 달라짐을 말할 수 있다.</td></tr>
</table>

[문제 46] 증산작용이 활발하게 일어나는 조건을 모두 고르시오.

① 온도가 높을 때

② 온도가 낮을 때

③ 습도가 높을 때

④ 잎의 수가 많을 때

⑤ 잎의 수가 적을 때

정답 ①, ④

해설 잎의 수가 많을수록, 햇빛을 많이 받을수록, 온도가 높을수록, 습도가 낮을수록 증산작용이 잘 일어난다.

내용요소	학교급	초등 5	예상 정답률	70 %
	단 원	식물의 잎이 하는 일		
평가목표	식물을 현미경으로 관찰함으로써 증산작용하는 현상을 설명할 수 있다.			

[문제 47] 오른쪽 그림은 현미경으로 잎의 일부를 본 것이다. 기공과 공변세포를 순서대로 나열한 것은 어느 것인가?

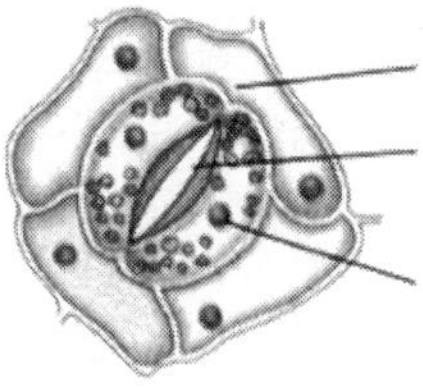

① ㉠, ㉡　② ㉠, ㉢　③ ㉡, ㉢　④ ㉢, ㉡　⑤ ㉡, ㉠

정답 ③

해설 식물은 공변세포를 통해 식물의 몸속에 있는 수분의 양을 조절하며, 물을 내보낼 때 공변세포의 기공이 열리게 된다.

내용요소	학교급	초등 5	예상 정답률	75 %
	단 원	작은 생물		
평가목표	물에 사는 작은 생물의 생김새와 특징을 관찰하여 설명할 수 있다.			

[문제 48] 다음과 같은 특징을 가진 생물의 이름은 무엇인가?

- 탁하게 고인 물이나 웅덩이에서 산다.
- 크기는 1 cm 정도
- 머리, 가슴, 배로 되어 있다.
- 자라서 모기가 된다.

① 지렁이　② 장구벌레　③ 쥐며느리　④ 플라나리아　⑤ 해캄

정답 ②

해설 장구벌레는 모기의 애벌레로 물속의 미생물을 먹고 산다. 물 표면에 꼬리를 내놓고 호흡을 하며 머리와 꼬리가 맞닿는 동작을 계속하면서 움직인다.

<table>
<tr><td rowspan="2">내용요소</td><td>학교급</td><td>초등 5</td><td rowspan="2">예상 정답률</td><td rowspan="2">60 %</td></tr>
<tr><td>단 원</td><td>작은 생물</td></tr>
<tr><td>평가목표</td><td colspan="4">땅 위에 사는 작은 생물의 생김새와 특징을 관찰하여 설명할 수 있다.</td></tr>
</table>

[문제 49] 솔이끼에 대한 설명 중 <u>틀린</u> 것은 어느 것인가?

① 색깔은 녹색이다.

② 마치 솔잎처럼 생겼다.

③ 그늘지고 축축한 곳에서 산다.

④ 잎과 줄기가 구분되지 않는다.

⑤ 암그루 끝에는 포자주머니가 달려 있다.

정답 ④

해설 솔이끼와 우산이끼는 땅 위 부분은 녹색이고 땅속은 실 모양의 흰 뿌리인 점이 비슷하다. 그런데 솔이끼는 줄기와 잎이 구분되는 반면, 우산이끼는 구분되지 않는다.

<table>
<tr><td rowspan="2">내용요소</td><td>학교급</td><td>초등 5</td><td rowspan="2">예상 정답률</td><td rowspan="2">80 %</td></tr>
<tr><td>단 원</td><td>작은 생물</td></tr>
<tr><td>평가목표</td><td colspan="4">땅 위에 사는 작은 생물의 생김새와 특징을 관찰하여 설명할 수 있다.</td></tr>
</table>

[문제 50] 다음 중 이끼와 곰팡이가 사는 곳은?

① 햇빛이 잘 드는 모래밭

② 바람이 잘 통하는 곳

③ 차고 건조한 곳

④ 미지근한 물속

⑤ 그늘지고 습기가 많은 곳

정답 ⑤

해설 그늘지고 습한 곳에서 곰팡이가 이끼가 잘 생기기 때문에, 음식에 곰팡이가 피지 못하게 하기 위해서는 햇빛에서 습기를 건조시킨 후 보관하거나, 냉장고에 넣어두면 된다.

<table>
<tr><td rowspan="2">내용요소</td><td>학교급</td><td>초등 5</td><td rowspan="2">예상
정답률</td><td rowspan="2">85 %</td></tr>
<tr><td>단 원</td><td>환경과 생물</td></tr>
<tr><td>평가목표</td><td colspan="4">환경 조건이 생물의 생활에 미치는 영향을 말할 수 있다.</td></tr>
</table>

[문제 51] 온도가 낮아지는 겨울에는 겨울잠을 자는 동물들이 있다. 다음 중 겨울잠을 자는 동물이 <u>아닌</u> 것은?

① 곰 ② 개구리 ③ 뱀
④ 박쥐 ⑤ 사자

정답 ⑤

해설 개구리, 뱀 등은 땅속에서 겨울잠을 자고 박쥐, 곰 등은 굴속에서 겨울잠을 잔다.

<table>
<tr><td rowspan="2">내용요소</td><td>학교급</td><td>초등 5</td><td rowspan="2">예상
정답률</td><td rowspan="2">75 %</td></tr>
<tr><td>단 원</td><td>환경과 생물</td></tr>
<tr><td>평가목표</td><td colspan="4">환경 조건이 생물의 생활에 미치는 영향을 말할 수 있다.</td></tr>
</table>

[문제 52] 눈이 퇴화되었지만, 귀가 발달하여 초음파를 통해 앞에 있는 물체와의 거리를 알 수 있는 생물은?

① 박쥐 ② 반딧불이 ③ 까치
④ 나방 ⑤ 잠자리

정답 ①

해설 빛이 적은 동굴에서 살아가는 박쥐는 눈은 퇴화되었지만 귀가 발달되어 있고 초음파를 사용하여 먹이를 잡아먹는다.

내용요소	학교급	초등 5	예상 정답률	85 %
	단 원	환경과 생물		
평가목표	환경 조건에 따라 적응된 동·식물의 몸 색깔과 형태를 비교할 수 있다.			

[문제 53] 다음 중 적응하는 환경이 다른 생물은 어느 것인가?

① 붕어　② 오리　③ 선인장
④ 돌고래　⑤ 부레옥잠

정답 ③

해설 다른 생물들은 물에서 살기 알맞게 적응된 반면, 선인장은 사막에서 적응하는 생물로서 잎이 가시로 변해 물이 증발하는 것을 막고 줄기에 많은 물을 포함하고 있다.

내용요소	학교급	초등 5	예상 정답률	80 %
	단 원	환경과 생물		
평가목표	환경 조건에 따라 적응된 동·식물의 몸 색깔과 형태를 비교할 수 있다.			

[문제 54] 낙타가 사막에서도 잘 살아갈 수 있는 이유 중 틀린 설명은?

① 등의 혹에 지방이 저장되어 있다.
② 콧구멍을 막을 수 있다.
③ 귀 주위의 털이 길어서 먼지를 막아준다.
④ 발굽이 넓적해서 모래에 잘 빠지질 않는다.
⑤ 서 있을 때 한쪽 다리를 들어 올려 뜨거운 열을 적게 받는다.

정답 ⑤

해설 낙타는 물이 부족하면 등의 혹에 저장된 지방을 분해하여 이용하며, 코와 귀가 모래를 막을 수 있도록 발달되어 있다. 도마뱀은 사막에서 서 있을 때 한쪽 다리를 들어 올려 뜨거운 열을 적게 받는다.

<table>
<tr><td rowspan="2">내용요소</td><td>학교급</td><td>초등 5</td><td rowspan="2">예상
정답률</td><td rowspan="2">80 %</td></tr>
<tr><td>단 원</td><td>환경과 생물</td></tr>
<tr><td>평가목표</td><td colspan="4">환경 조건에 따라 적응된 동·식물의 몸 색깔과 형태를 조사하여 비교할 수 있다.</td></tr>
</table>

[문제 55] 주위의 환경과 몸의 색깔이 비슷하여 눈에 띄지 않는 생물은?

① 자벌레　② 파리　③ 붕어
④ 오리　⑤ 잠자리

정답 ①

해설 자벌레는 주변의 색뿐만 아니라 생김새도 비슷하여 적으로부터 자신의 몸을 지킨다.

<table>
<tr><td rowspan="2">내용요소</td><td>학교급</td><td>초등 5</td><td rowspan="2">예상
정답률</td><td rowspan="2">75 %</td></tr>
<tr><td>단 원</td><td>열매</td></tr>
<tr><td>평가목표</td><td colspan="4">식물이 자라는 과정과 씨와 열매가 식물의 번식을 위해 하는 역할을 이해한다.</td></tr>
</table>

[문제 56] 다음은 분꽃이 변하는 과정이다. (　) 안에 들어갈 알맞은 말은?

꽃봉오리가 생긴다 → 꽃이 핀다 → (　　　　) → 열매나 씨가 생긴다

① 꽃이 진다.　② 씨가 작아진다.　③ 열매가 작아진다.
④ 씨가 커진다.　⑤ 열매가 커진다.

정답 ①

해설 꽃이 변해 가는 과정 ① 꽃봉오리가 생긴다 ② 꽃이 핀다 ③ 꽃이 시든다 ④ 꽃이 지면 씨가 생긴다.

내용요소	학교급	초등 5	예상 정답률	65 %
	단 원	열매		
평가목표	식물이 자라는 과정과 씨와 열매가 식물의 번식을 위해 하는 역할을 이해한다.			

[문제 57] 다음 중 곤충에 의하여 꽃가루가 옮겨지는 꽃이 아닌 것은?

① 분꽃　② 물수세미꽃　③ 호박꽃
④ 장미꽃　⑤ 무궁화꽃

정답 ②

해설 물수세미꽃은 물을 통해서 꽃가루가 옮겨지는 수분이 일어난다.

내용요소	학교급	초등 5	예상 정답률	65 %
	단 원	열매		
평가목표	식물이 자라는 과정과 씨와 열매가 식물의 번식을 위해 하는 역할을 이해한다.			

[문제 58] 다음 중 동물에게 먹혀서 씨가 퍼지는 것은 어느 것인가?

① 민들레　② 억새　③ 수박
④ 버드나무　⑤ 콩

정답 ③

해설 동물에 먹혀서 씨나 열매가 퍼지는 식물은 수박, 참외, 토마토, 머루 등이 있다.

내용요소	학교급	초등 5	예상 정답률	70 %
	단 원	열매		
평가목표	씨와 열매가 우리 생활에 어떻게 이용되는지 알 수 있다.			

[문제 59] 식물의 씨와 열매는 식생활에서 기름에 이용되고 있다. 기름에 이용되는 데 적합하지 않은 식물은?

① 가지 ② 옥수수 ③ 동백나무
④ 콩 ⑤ 살구

정답 ①

해설 기름에 이용할 수 있는 식물은 옥수수, 동백나무, 콩, 해바라기, 살구 등이다.

내용요소	학교급	초등 5	예상 정답률	75 %
	단 원	열매		
평가목표	씨와 열매가 우리 생활에 어떻게 이용되는지 알 수 있다.			

[문제 60] 식물이 우리의 생활에 도움을 주는 내용으로 바르지 못한 설명은?

① 옷감 원료를 제공해 준다.
② 식물성 음식을 제공해 준다.
③ 집 짓는 데 필요한 목재를 제공해 준다.
④ 환경을 아름답게 해준다.
⑤ 이산화탄소만을 제공해 준다.

정답 ⑤

해설 식물은 낮에 광합성을 통해, 우리에게 산소를 공급해 준다.

내용요소	학교급	초등 5	예상 정답률	50 %
	단 원	기온과 바람		
평가목표	하루 동안의 기온 변화 그래프를 해석하여 일교차를 알아낼 수 있다.			

[문제 61] 오른쪽의 그래프는 어느 날 하루 동안의 기온 변화를 나타낸 것이다.

하루 중 최고 기온과 최저 기온의 차이를 일교차라고 할 때, 이 날의 일교차는 얼마인가?

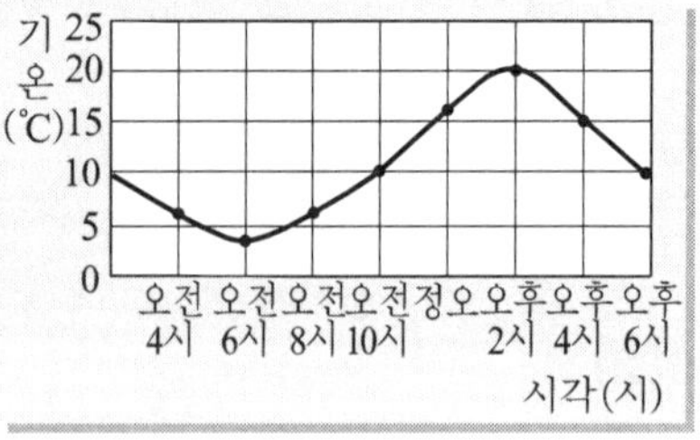

① 4 °C ② 6 °C
③ 12 °C ④ 16 °C
⑤ 20 °C

정답 ④

해설 이 날의 최고 기온은 20 °C이고 최저 기온은 4 °C이므로 일교차는 16 °C이다.

내용요소	학교급	초등 5	예상 정답률	50 %
	단 원	기온과 바람		
평가목표	모래와 물 중에서 어느 것이 온도가 더 빨리 변하는지 안다.			

[문제 62] 오른쪽의 그래프는 하루 동안의 지면과 수면의 온도 변화를 나타낸 것이다.

그래프로 생각해 보았을 때, 다음 중 햇빛을 받을 때 빨리 가열되고 햇빛을 받지 못할 때 빨리 식을 것으로 예상되는 것은 무엇인가?

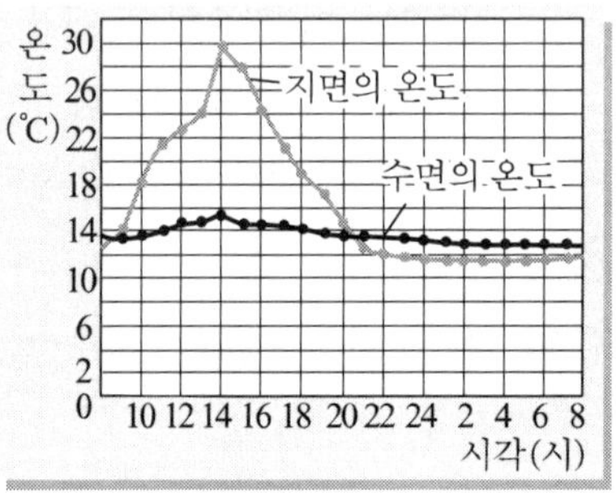

① 물 ② 공기
③ 모래 ④ 유리
⑤ 나무

정답 ③

해설 지면은 모래이고 수면은 물이다. 그러므로 온도 변화가 많은 지면, 즉 모래가 빨리 가열되고 빨리 식는다.

<table>
<tr><td rowspan="2">내용요소</td><td>학교급</td><td>초등 5</td><td rowspan="2">예상
정답률</td><td rowspan="2">30 %</td></tr>
<tr><td>단 원</td><td>기온과 바람</td></tr>
<tr><td>평가목표</td><td colspan="4">하루 동안의 지면과 수면의 온도 변화 그래프를 해석할 수 있다.</td></tr>
</table>

[문제 63] 다음 그래프는 하루 동안의 지면과 수면의 온도 변화를 나타낸 것이다.

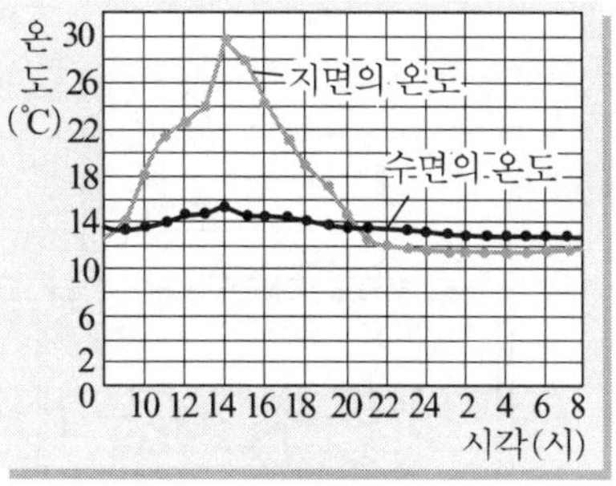

그래프를 옳게 설명한 것은 무엇인가?

① 지면의 온도는 일정하다.

② 수면의 온도 변화가 지면보다 심하다.

③ 밤에는 지면의 온도가 더 높다.

④ 지면과 수면의 온도는 같이 변한다.

⑤ 지면의 온도 변화가 수면보다 심하다.

정답 ⑤

해설 낮에는 지면의 온도가 높고 밤에는 수면보다 지면의 온도가 더 낮아, 지면이 온도 변화가 심하다.

<table>
<tr><td rowspan="2">내용요소</td><td>학교급</td><td>초등 5</td><td rowspan="2">예상
정답률</td><td rowspan="2">50 %</td></tr>
<tr><td>단 원</td><td>기온과 바람</td></tr>
<tr><td>평가목표</td><td colspan="4">공기의 온도차 때문에 바람이 생기는 것을 안다.</td></tr>
</table>

[문제 64] 다음은 모래와 얼음이 있는 대류 상자 안에 향을 피워 연기의 움직임을 관찰하는 실험이다. 이 실험에서 향 연기는 얼음이 있는 곳에서 모래 쪽으로 움직인 후 굴뚝을 통해 위로 올라가는 것을 볼 수 있다.

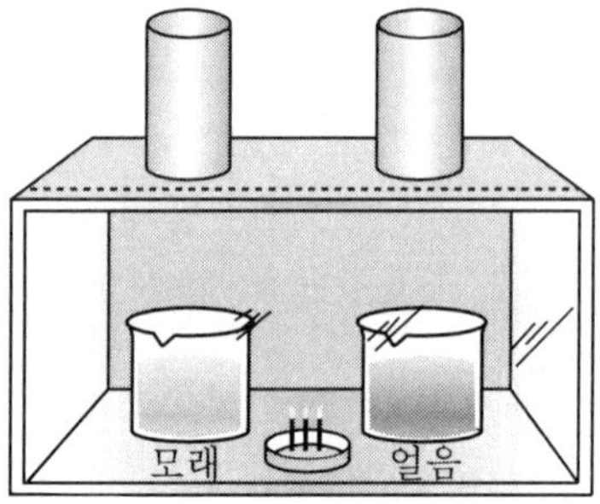

위의 실험에 대한 설명으로 옳은 것은 무엇인가?

① 공기는 찬 곳에서 따뜻한 곳으로 이동한다.

② 모래 위가 더 차가운 공기이다.

③ 공기는 따뜻한 곳에서 찬 곳으로 이동한다.

④ 얼음 위의 공기는 굴뚝으로 올라간다.

⑤ 향 연기는 대류 상자 안에서 사라진다.

정답 ①

해설 얼음 위의 찬 공기가 모래 위의 따뜻한 공기 쪽으로 이동한다.

내용요소	학교급	초등 5	예상 정답률	30 %
	단 원	기온과 바람		
평가목표	해륙풍에 관해 안다.			

[문제 65] 밤에 바닷가에 부는 바람에 대한 설명으로 옳지 <u>못한</u> 것은 무엇인가?

① 밤에는 육지보다 바다가 온도가 높다.

② 밤에는 바다가 육지보다 빨리 데워진다.

③ 밤에는 육지 쪽 공기가 상승한다.

④ 밤에는 육지에서 바다 쪽으로 바람이 분다.

⑤ 흙보다 물이 빨리 데워지지 않는다.

정답 ③

해설 밤에는 육지가 바다보다 빨리 식으므로 바다 쪽의 공기가 더 높아 육지 쪽의 찬 공기가 바다 쪽으로 이동해 가기 때문에 육지에서 바다로 바람이 분다.

내용요소	학교급	초등 5	예상 정답률	50 %
	단 원	물의 여행		
평가목표	공기 중의 수증기가 우리 생활에 미치는 현상을 안다.			

[문제 66] 다음 중 공기 속의 수증기가 많을 때의 현상은 어느 것인가?

① 빨래나 젖은 수건이 잘 마른다.

② 피부가 건조해진다.

③ 방 안에 가습기를 튼다.

④ 산불이 나기 쉽다.

⑤ 곰팡이가 잘 생긴다.

정답 ⑤

해설 공기 속의 수증기가 적을 때는 피부가 건조해지고 빨래가 잘 마르며, 산불이 나기도 쉽다. 방 안에 가습기를 틀어서 수증기를 보충해 주어야 한다. 또한 공기 중의 수증기가 많을 때에는 곰팡이가 잘 생기고 빨래가 잘 마르지 않는다.

내용요소	학교급	초등 5	예상 정답률	50 %
	단 원	물의 여행		
평가목표	습도계의 원리를 안다.			

[문제 67] 공기 중의 수증기가 많은 습한 날의 건습구습도계에 대한 설명으로 옳은 것은?

① 습구의 물이 많이 증발한다.

② 건구와 습구의 온도 차이가 크다.

③ 건조한 날보다 물이 증발하면서 열을 많이 빼앗아 간다.

④ 건구와 습구의 온도 차이가 작다.

⑤ 건조한 날보다 습한 날은 습도가 낮다.

정답 ④

해설 습한 날은 공기 중의 수증기가 많아서 증발이 잘 안 되어 습구와 건구의 온도차가 작다.

내용요소	학교급	초등 5	예상 정답률	50 %
	단 원	물의 여행		
평가목표	이슬이 어떻게 생기는지 설명한다.			

[문제 68] 이슬이 생기는 과정과 관계없는 현상은 무엇인가?

① 찬물이 담긴 컵 표면에 물방울이 생긴다.

② 추운 날 창문에 김이 서린다.

③ 냉장고 문을 열면 차가운 하얀 김이 생긴다.

④ 냉장고에서 꺼낸 음료수 캔 표면에 물방울이 생긴다.

⑤ 맑은 날 컵 속에 담아놓은 물이 증발한다.

정답 ⑤

해설 이슬은 공기 속의 수증기가 찬 물체의 표면에 달라붙어 생기는 것이다. 맑은 날 컵 속의 물이 증발하는 것은 물이 수증기가 되어 공기 속으로 가는 것이므로 이슬과 관계없는 것이다.

<table>
<tr><td rowspan="2">내용요소</td><td>학교급</td><td>초등 5</td><td rowspan="2">예상 정답률</td><td rowspan="2">50 %</td></tr>
<tr><td>단 원</td><td>물의 여행</td></tr>
<tr><td>평가목표</td><td colspan="4">안개와 구름의 형성 과정을 안다.</td></tr>
</table>

[문제 69] 구름이나 안개를 이루고 있는 것은 무엇인가?

① 수증기 ② 연기 ③ 물방울

④ 드라이아이스 ⑤ 소금

정답 ③

해설 구름이나 안개는 공기가 차가워지면서 공기 중의 수증기가 작은 물방울이 되어 공기 중에 떠 있는 것이다.

<table>
<tr><td rowspan="2">내용요소</td><td>학교급</td><td>초등 5</td><td rowspan="2">예상 정답률</td><td rowspan="2">50 %</td></tr>
<tr><td>단 원</td><td>물의 여행</td></tr>
<tr><td>평가목표</td><td colspan="4">공기 중의 수증기가 지표면으로 돌아오는 과정을 설명할 수 있다.</td></tr>
</table>

[문제 70] 다음은 물이 순환하는 과정을 간단하게 나타낸 것이다. ( ) 안에 들어갈 말로 올바른 것은 무엇인가?

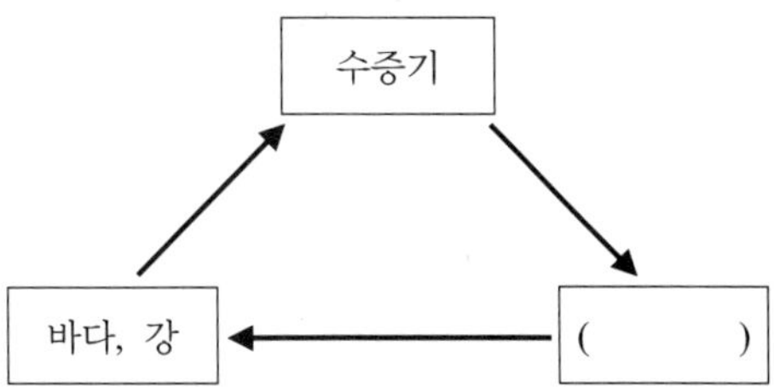

① 비나 눈 ② 바닷물 ③ 수돗물

④ 바람 ⑤ 알코올

정답 ①

해설 바다나 강에서 물이 증발하여 수증기가 되고 수증기가 모여 물방울이 되어 구름이 된다. 점점 커진 물방울이 비나 눈이 되어 다시 바다나 강, 육지로 간다.

내용요소	학교급	초등 5	예상 정답률	30 %
	단 원	화산과 암석		
평가목표	화산 분출 모형 실험과 실제 화산 폭발 과정을 연결하여 알 수 있다.			

[문제 71] 다음은 화산 분출 모형 실험에 대한 설명이다.

> ㉠ 상자 가운데에 모래를 파헤쳐 중크롬산암모늄을 10 g 정도 넣고, 불이 잘 붙도록 헝겊으로 된 심지를 모래에 박습니다.
> ㉡ 중크롬산암모늄이 보이지 않도록 모래를 살짝 덮어 편평하게 한 뒤, 중크롬산암모늄을 넣은 곳에 석유를 약간 붓습니다.
> ㉢ 박은 심지에 불을 붙입니다.
> ㉣ 땅의 모습이 어떻게 되는지를 관찰합니다.

화산 분출 모형과 실제 화산 폭발의 같은 점을 바르게 짝지은 것은 무엇인가?

① 중크롬산암모늄이 타서 재가 쌓일 때까지 걸린 시간 – 화산이 폭발해서 마그마가 분출하는 시간
② 중크롬산암모늄의 재가 쌓인 모양 – 실제 분화구의 모습
③ 중크롬산암모늄 – 화산이 분출하기 전의 지하의 마그마
④ 모래로 덮은 편평한 지형 – 화산이 폭발한 후의 지형
⑤ 중크롬산암모늄이 타면서 나오는 불꽃 – 화산재의 불꽃

정답 ②

해설 화산이 분출하는 모습을 관찰하기 위한 모형 실험을 통하여 지표면이 어떻게 변해 가는지를 알아보는 실험이다. 고체 중크롬산암모늄은 타면서 불꽃을 내며 화산의 분화구 모습처럼 재가 쌓이게 된다.

내용요소	학교급	초등 5	예상 정답률	70 %
	단 원	화산과 암석		
평가목표	화산과 화산이 아닌 산의 모양을 비교하여 차이점을 설명한다.			

[문제 72] 다음 중 화산의 특징에 대해 바르게 설명한 것은 어느 것인가?

① 멀리에서 보면 삿갓을 엎어놓은 것(원뿔 모양)처럼 보인다.

② 다른 산들과 이어져 있다.

③ 산등성이, 골짜기, 봉우리가 있다.

④ 봉우리가 뾰족하거나 볼록하다.

⑤ 주로 화강암으로 되어 있다.

정답 ①

해설 화산은 삿갓을 엎어놓은 모양이고, 산봉우리가 하나이며, 꼭대기가 움푹 패어 있다.

내용요소	학교급	초등 5	예상 정답률	50 %
	단 원	화산과 암석		
평가목표	마그마와 용암의 차이를 알 수 있다.			

[문제 73] 다음 중 마그마와 용암에 대한 설명으로 바른 것은 어느 것인가?

① 여러 가지 가스가 포함되어 있는 것이 용암이다.

② 마그마는 지표면 가까이에서 흐른 것이다.

③ 용암은 식어서 뜨겁지 않다.

④ 마그마는 땅속 깊은 곳에 녹아 있는 물질이다.

⑤ 마그마가 땅속 깊은 곳에서 식으면 현무암이 된다.

정답 ④

해설 마그마는 땅속 깊은 곳에서 녹아 있는 물질이고 용암은 마그마가 지표면을 뚫고 나와 흐르는 것을 말한다. 마그마가 지표면으로 나오면 가스 성분은 날아가 용암이 된다. 또한 마그마가 땅속에서 식어서 굳어져 만들어진 암석은 대부분 화강암이고 지표면 밖으로 흘러나온 용암이 굳어진 암석은 대부분 현무암이다.

내용요소	학교급	초등 5	예상 정답률	30 %
	단 원	화산과 암석		
평가목표	현무암과 화강암의 생성 과정과 특징을 안다.			

[문제 74] 그림은 화산 활동에 의해 암석이 생기는 곳을 나타낸 것이고 [보기]는 암석의 특징을 설명한 것이다.

그림의 ㉠에 생기는 암석에 대한 설명을 [보기]에서 찾아 바르게 묶은 것은 어느 것인가?

[보기]

ⓐ 마그마가 천천히 식어서 암석이 된다.
ⓑ 겉 표면에 크고 작은 구멍이 많이 뚫려 있는 것도 있다.
ⓒ 알갱이의 크기가 대체로 큰 편이다.
ⓓ 알갱이의 크기가 맨눈으로 볼 수 없을 정도로 작다.
ⓔ 마그마가 빨리 식어서 암석이 된다.
ⓕ 밝은색 바탕에 검은색이나 회색의 큰 반점이 있다.

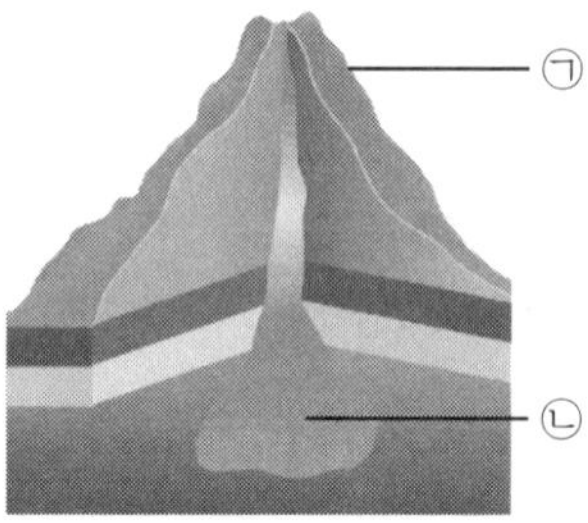

① ⓐ, ⓒ, ⓕ　② ⓐ, ⓑ, ⓓ　③ ⓑ, ⓓ, ⓔ
④ ⓑ, ⓒ, ⓕ　⑤ ⓒ, ⓔ, ⓕ

정답 ③

해설 지표 부근인 ㉠에서는 마그마가 빨리 식어서 알갱이가 작은 현무암 같은 것이 만들어진다. 현무암 중에는 가스가 지표면 밖으로 빠져나간 자국이 남아 구멍이 뚫려 있는 것도 있다.

<table>
<tr><td rowspan="2">내용요소</td><td>학교급</td><td>초등 5</td><td rowspan="2">예상 정답률</td><td rowspan="2">70 %</td></tr>
<tr><td>단 원</td><td>화산과 암석</td></tr>
<tr><td>평가목표</td><td colspan="4">화산 활동이 우리에게 주는 영향을 안다.</td></tr>
</table>

[문제 75] 다음 중 화산 활동에 의해 일어나는 현상이 <u>아닌</u> 것은 무엇인가?

① 온천이 생긴다.

② 바다에서 섬이 만들어진다.

③ 산사태나 산불이 나기도 한다.

④ 화산재가 하늘에 올라가 햇빛을 차단하기도 한다.

⑤ 지하에 석회암 동굴을 만든다.

정답 ⑤

해설 지하에 만들어지는 석회암 동굴은 지하수에 이산화탄소가 녹아 석회암을 녹이기 때문에 만들어진다.

<table>
<tr><td rowspan="2">내용요소</td><td>학교급</td><td>초등 5</td><td rowspan="2">예상 정답률</td><td rowspan="2">70 %</td></tr>
<tr><td>단 원</td><td>태양의 가족</td></tr>
<tr><td>평가목표</td><td colspan="4">태양계를 이루는 행성을 안다.</td></tr>
</table>

[문제 76] 다음 중 지구와 태양 사이에 있는 행성은 무엇인가?

① 금성 ② 화성 ③ 목성

④ 토성 ⑤ 해왕성

정답 ①

해설 태양계를 이루고 있는 행성은 태양에서 가까운 순서로 수성, 금성, 지구, 화성, 목성, 토성, 천왕성, 해왕성이다.

<table>
<tr><td rowspan="2">내용요소</td><td>학교급</td><td>초등 5</td><td rowspan="2">예상 정답률</td><td rowspan="2">50 %</td></tr>
<tr><td>단 원</td><td>태양의 가족</td></tr>
<tr><td>평가목표</td><td colspan="4">태양 관찰 방법을 안다.</td></tr>
</table>

[문제 77] 태양을 관찰할 때 주의해야 할 점으로 바르지 않은 것은 무엇인가?

① 눈을 보호하기 위해서 맨눈으로 관찰하지 않는다.

② 태양 빛이 가장 강한 낮 12시 부근에 관찰한다.

③ 폐필름, 짙은 색 셀로판지 등을 이용하여 눈을 보호한다.

④ 눈을 다칠 염려가 있으므로 잠깐 쳐다본다.

⑤ 태양이 없는 어두운 밤에는 관찰할 수 없다.

정답 ②

해설 태양 빛이 강하지 않은 아침이나 저녁때가 태양을 관찰하기 더 좋다.

<table>
<tr><td rowspan="2">내용요소</td><td>학교급</td><td>초등 5</td><td rowspan="2">예상 정답률</td><td rowspan="2">50 %</td></tr>
<tr><td>단 원</td><td>태양의 가족</td></tr>
<tr><td>평가목표</td><td colspan="4">태양의 특징을 안다.</td></tr>
</table>

[문제 78] 다음 글은 무엇에 대한 설명인가?

- 지구에서 1억 5,000만 km 떨어져 있다.
- 둥근 모양이다.
- 생명체가 살아가는 데 필요한 에너지를 공급해준다.

① 수성　② 목성　③ 토성

④ 태양　⑤ 은하

정답 ④

해설 태양은 지구의 모든 에너지의 근원이고 지구에서 1억 5,000만 km 떨어져 있다.

<table>
<tr><td rowspan="2">내용요소</td><td>학교급</td><td>초등 5</td><td rowspan="2">예상 정답률</td><td rowspan="2">50 %</td></tr>
<tr><td>단 원</td><td>태양의 가족</td></tr>
<tr><td>평가목표</td><td colspan="4">태양계의 행성의 크기를 비교한다.</td></tr>
</table>

[문제 79] 다음은 지구의 반지름을 1로 보았을 때 다른 행성들의 크기를 나타낸 것이다.

행성	반지름	행성	반지름	행성	반지름
수성	0.4	화성	0.5	천왕성	4.0
금성	0.9	목성	11.2	해왕성	3.9
지구	1	토성	9.4		

태양계의 행성들 중 지구보다 큰 행성이 <u>아닌</u> 것은 무엇인가?

① 화성 ② 목성 ③ 토성
④ 천왕성 ⑤ 해왕성

정답 ①

해설 지구보다 작은 행성은 수성, 금성, 화성이고 지구보다 큰 행성은 목성, 토성, 천왕성, 해왕성이다.

<table>
<tr><td rowspan="2">내용요소</td><td>학교급</td><td>초등 5</td><td rowspan="2">예상 정답률</td><td rowspan="2">30 %</td></tr>
<tr><td>단 원</td><td>태양의 가족</td></tr>
<tr><td>평가목표</td><td colspan="4">태양계를 이루는 행성들의 특징을 안다.</td></tr>
</table>

[문제 80] 다음 중 태양계의 행성과 그 특징을 연결한 것으로 옳지 <u>못한</u> 것은 무엇인가?

① 수성 – 태양에서 가장 가까운 행성이다.
② 지구 – 물이 있고 생명체가 살고 있다.
③ 화성 – 지구에서 가장 가까운 행성이다.
④ 목성 – 태양계에서 가장 큰 행성이다.
⑤ 토성 – 태양계에서 가장 작은 행성이다.

정답 ③

해설 가장 가까운 행성은 금성이다.

표준화 검사 문항 [지식]

초등학교 6학년

<table>
<tr><td colspan="5">[영재 판별을 위한 표준화 검사도구 개발]
문 항 카 드</td></tr>
<tr><td rowspan="2">내용요소</td><td>학교급</td><td>초등 6</td><td rowspan="2">예상
정답률</td><td rowspan="2">70 %</td></tr>
<tr><td>단 원</td><td>전자석</td></tr>
<tr><td>평가목표</td><td colspan="4">전사석의 세기에 영향을 주는 요인을 알고 센 전자석을 만들 수 있다.</td></tr>
</table>

[문제 1] 전자석을 만들 때 가장 센 전자석을 만들기 위한 방법으로 옳은 것을 [보기]에서 모두 고르면?

[보기]

ㄱ. 전지를 직렬로 연결한다.
ㄴ. 에나멜선을 많이 감는다.
ㄷ. 철로 된 물체를 심으로 이용한다.

① ㄱ
② ㄱ, ㄴ
③ ㄴ, ㄷ
④ ㄱ, ㄷ
⑤ ㄱ, ㄴ, ㄷ

정답 ⑤

해설 솔레노이드의 자기장은 전류의 세기가 클수록, 코일의 감은 수가 많을수록, 철심을 쓸수록 자기장의 세기가 커진다.

내용요소	학교급	초등 6	예상 정답률	50 %
	단 원	전자석		
평가목표	쇠못으로 전자석을 만드는 과정을 알고 전자석을 만들 수 있다.			

[문제 2] [보기]는 쇠못으로 전자석을 만드는 과정을 순서 없이 나타낸 것이다. 전자석을 만드는 과정을 순서에 맞게 그 기호를 바르게 나열한 것은?

[보기]

ㄱ. 쇠못을 불에 달구었다가 서서히 식힌다.

ㄴ. 에나멜선을 촘촘히 감는다.

ㄷ. 전기회로에 연결한다.

ㄹ. 에나멜선의 양 끝을 벗긴다.

ㅁ. 쇠못에 종이를 감고 풀로 붙인다.

① ㄱ-ㄷ-ㄹ-ㄴ-ㅁ
② ㄱ-ㅁ-ㄹ-ㄴ-ㄷ
③ ㄴ-ㄷ-ㄱ-ㅁ-ㄱ
④ ㄷ-ㄱ-ㄹ-ㄴ-ㅁ
⑤ ㄷ-ㄹ-ㄴ-ㄱ-ㄷ

정답 ②

해설 쇠못을 불에 달구어 천천히 식혀 연철로 만든 후 철심으로 사용한다.

내용요소	학교급	초등 6	예상 정답률	70 %
	단 원	전자석		
평가목표	전자석의 특징을 설명할 수 있다.			

[문제 3] 다음 설명 중 전자석에 대한 설명으로 옳지 <u>않은</u> 것은?

① 전자석은 전류의 방향에 따라 극이 바뀐다.

② 전자석은 전류가 흐를 때만 자석이 되는 일시 자석이다.

③ 전자석은 막대자석과 같이 양극이 있고 자기력선이 있다.

④ 전류가 흐르지 않을 때도 자석이 되는 영구 전자석도 있다.

⑤ 전자석의 성질을 이용한 기구에는 전종, 선풍기, 전화 등이 있다.

정답 ④

해설 '전자석'이란 전류가 흐를 때만 자석이 되는 자석을 말한다.

내용요소	학교급	초등 6	예상 정답률	50 %
	단 원	전자석		
평가목표	전자석을 만들어 자석과의 성질을 비교하여 말할 수 있다.			

[문제 4] 그림과 같이, 불에 달궜다가 식혀 U 자형으로 구부린 철사에 종이를 감고 에나멜선을 같은 방향으로 한쪽에 50번 정도씩 이어 감고 에나멜선의 양쪽 끝의 에나멜을 벗기어 전지에 연결한 것이 있다. 나침반을 구부린 양쪽 끝에 가까이 가져갔을 때 나침반이 가리키는 방향으로 가능한 것을 모두 고르면?

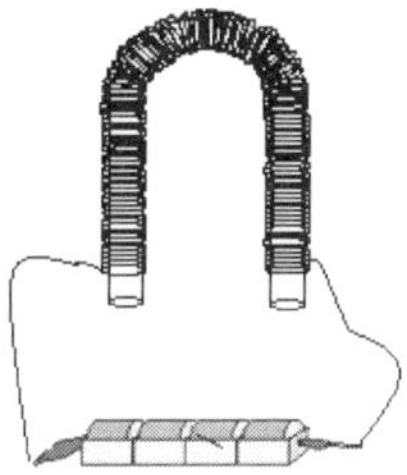

① 

② 

③ 

④ 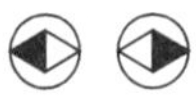

⑤ 

정답 ①, ③

해설 전지의 연결(+), (−)에 따라 나침반의 방향이 서로 반대로 나타난다.

내용요소	학교급	초등 6	예상 정답률	50 %
	단 원	편리한 도구		
평가목표	지레를 사용하여 물체를 들 때 힘의 크기를 비교하여 지레의 원리를 이해한다.			

[문제 5] 그림과 같이 장치를 하고 모래주머니의 위치와 손으로 잡은 위치를 달리할 때 사람의 손에 느껴지는 힘의 크기를 바르게 비교한 것은?

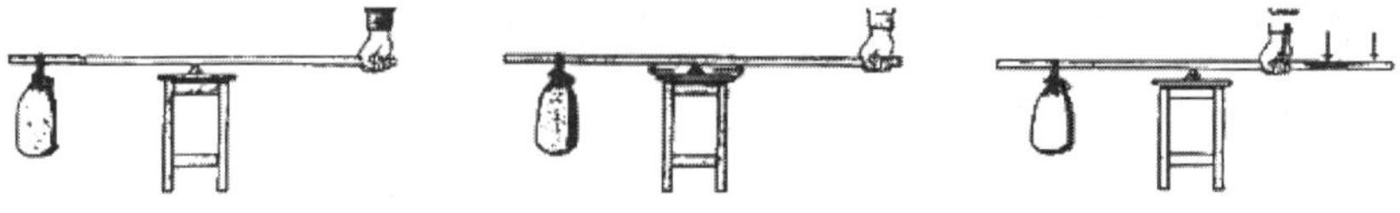

(A) (B) (C)

① A = B = C　② B < A = C　③ A < B < C

④ B < A < C　⑤ C < A < B

정답 ④

해설 받침점으로부터 멀어질수록 힘의 효과는 커진다.

내용요소	학교급	초등 6	예상 정답률	30 %
	단 원	편리한 도구		
평가목표	생활 속의 지레를 찾아 힘점, 작용점, 받침점을 표시할 수 있다.			

[문제 6] 사진은 생활에서 이용되는 지레들을 나타낸 것이다. 이들 중 작은 힘으로 큰 힘을 낼 때 사용하는 지레를 모두 고르면?

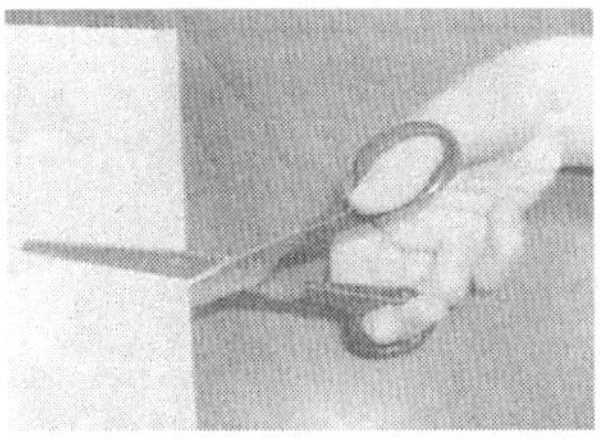

(가)

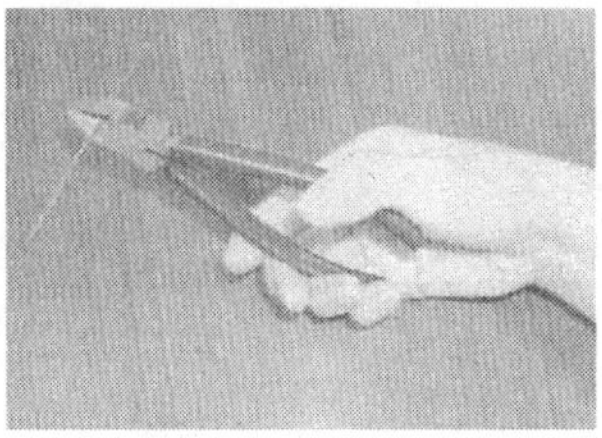

(나)

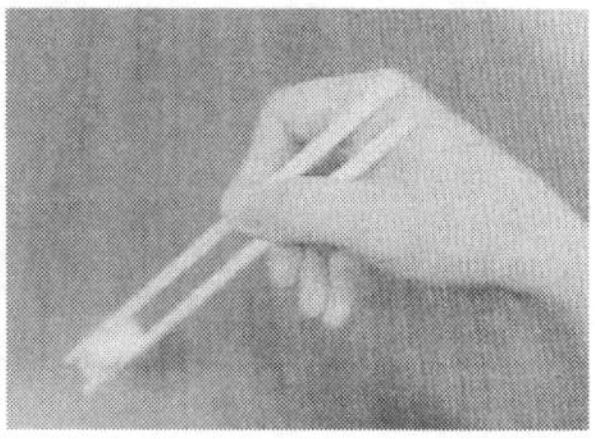

(다)

① (가) ② (가), (나) ③ (나), (다)
④ (가), (다) ⑤ (가), (나), (다)

정답 ②

해설 (가), (나)는 작용점-받침점-힘점으로 작은 힘으로 큰 힘을 얻을 수 있지만 (다)는 작용점-힘점-받침점으로 필요한 힘보다 실제 도구를 사용할 때 더 큰 힘이 필요하다. 세밀한 작업이 필요할 때 이용되는 도구이다.

내용요소	학교급	초등 6	예상 정답률	50 %
	단 원	편리한 도구		
평가목표	생활 속의 지레를 찾아 힘점, 작용점, 받침점을 표시하고 힘의 효과를 말할 수 있다.			

[문제 7] 사진은 생활에서 이용되는 지레를 나타낸 것이다. 이들 지레를 설명한 것으로 옳지 않은 것은?

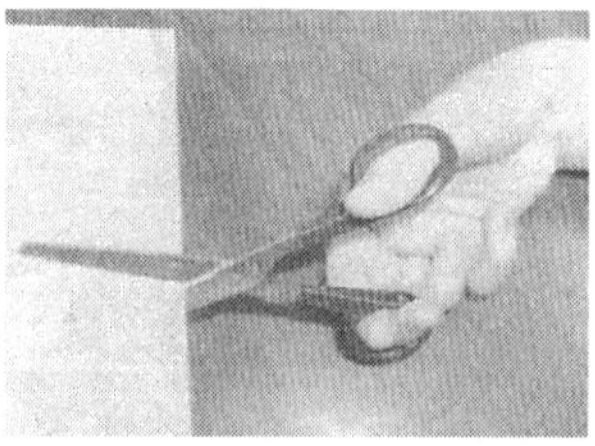

(가)

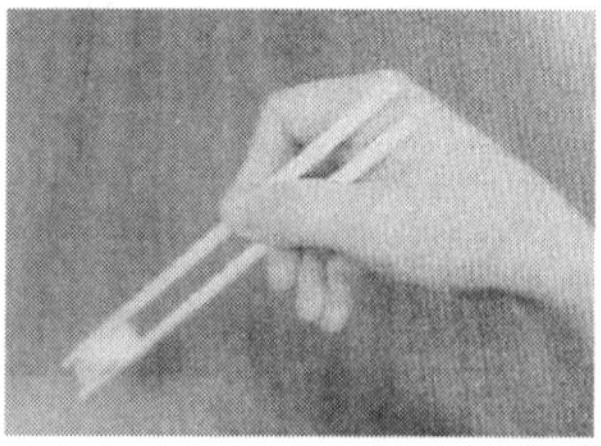

(나)

① (가)는 작은 힘으로 큰 힘을 낼 때 사용하는 지레이다.

② (나)는 도구를 사용하면 실제 필요한 힘보다 더 큰 힘이 든다.

③ (가)는 작용점-받침점-힘점의 순서로 되어 있다.

④ (나)는 작용점-힘점-받침점의 순서로 되어 있다.

⑤ (가), (나) 모두 힘의 이득을 얻기 위한 도구이다.

정답 ⑤

해설 (가), 작용점-받침점-힘점으로 작은 힘으로 큰 힘을 얻을 수 있지만 (나)는 작용점-힘점-받침점으로 필요한 힘보다 실제 도구를 사용할 때 더 큰 힘이 필요하다. 세밀한 작업이 필요할 때 이용되는 도구이다.

내용요소	학교급	초등 6	예상 정답률	70 %
	단　원	편리한 도구		
평가목표	생활 속 도구들의 원리를 구분할 수 있다.			

[문제 8] 생활에서 이용되는 도구 중에서 축바퀴의 원리를 이용한 것은?

① 가위　　② 젓가락　　③ 병따개

④ 운전대　　⑤ 도끼

정답 ④

해설 ①, ②, ③은 지레, ⑤는 빗면을 이용한 도구이다.

내용요소	학교급	초등 6	예상 정답률	50 %
	단　원	편리한 도구		
평가목표	축바퀴의 원리를 알아 힘의 효과를 말할 수 있다.			

[문제 9] 다음 생활 속의 도구들에 대한 설명으로 옳지 않은 것은?

① 나사못은 빗면의 원리를 이용한 도구이다.

② 고정 도르래를 사용하면 힘은 반으로 줄어든다.

③ 가위는 지레의 원리를 이용해 힘의 이득을 얻는다.

④ 병따개, 핀셋, 젓가락은 같은 원리를 이용한 도구들이다.

⑤ 축바퀴는 큰 바퀴의 반지름이 클수록 작은 힘으로 큰 힘을 낼 수 있다.

정답 ②

해설 고정 도르래는 힘의 이득은 없고 힘의 방향을 바꿀 수 있다.

내용요소	학교급	초등 6	예상 정답률	50 %
	단 원	편리한 도구		
평가목표	생활 속 도구들의 원리를 바르게 구분할 수 있다.			

[문제 10] 다음 중 생활 속의 도구와 도구의 원리가 바르게 짝지어진 것은?

① 문의 손잡이 – 지레
② 젓가락 – 빗면
③ 운전대 – 도르래
④ 나사못 – 축바퀴
⑤ 가위 – 지레

정답 ⑤

해설 문의 손잡이–축바퀴, 젓가락–지레, 운전대–축바퀴, 나사못–빗면을 이용한 도구이다.

내용요소	학교급	초등 6	예상 정답률	50 %
	단 원	편리한 도구		
평가목표	생활 속의 도구 중 힘의 효과를 알 수 있다.			

[문제 11] 다음 중 힘의 이득이 없는 것을 모두 고르면?

① 고정 도르래
② 운전대
③ 가위
④ 핀셋
⑤ 나사못

정답 ①, ④

해설 고정 도르래와 핀셋은 힘의 이득이 없다. 핀셋은 필요한 힘보다 도구를 이용하면 더 큰 힘이 필요하다. 작은 것을 세밀하게 다룰 때 이용하는 도구이다.

<table>
<tr><td rowspan="2">내용요소</td><td>학교급</td><td>초등 6</td><td rowspan="2">예상
정답률</td><td rowspan="2">50 %</td></tr>
<tr><td>단 원</td><td>물속에서의 무게와 압력</td></tr>
<tr><td>평가목표</td><td colspan="4">물속에서 물체의 무게 변화를 알 수 있다.</td></tr>
</table>

[문제 12] 다음은 물속에 물체를 넣었을 때 나타나는 현상을 설명한 것이다. 이들 설명 중 옳지 않은 것은?

① 물체가 물에 많이 잠길수록 무게는 가벼워진다.

② 물에 잘 뜨는 물체는 무게에 비해 부피가 크기 때문이다.

③ 물체마다 물속에서 가벼워진 정도는 부피가 같으면 같다.

④ 물속에서 물체를 들 때가 공기 중에서 물체를 들 때보다 더 가볍다.

⑤ 물체가 완전히 잠길 때 물속에 잠기는 방향과 위치에 따라 물체의 무게는 달라진다.

정답 ⑤

해설 물체가 완전히 잠기면 물체의 부피에 해당하는 물의 무게만큼 가벼워지므로 위치, 방향과 관계없다.

<table>
<tr><td rowspan="2">내용요소</td><td>학교급</td><td>초등 6</td><td rowspan="2">예상
정답률</td><td rowspan="2">50 %</td></tr>
<tr><td>단 원</td><td>물속에서의 무게와 압력</td></tr>
<tr><td>평가목표</td><td colspan="4">접촉한 면적에 따라 물체의 압력이 달라지는 경우를 비교할 수 있다.</td></tr>
</table>

[문제 13] 다음의 접촉한 면적에 따라 압력이 달라지는 것을 이용한 예들 중 그 이용 방법이 다른 것은?

① 칼날은 물체를 쉽게 자른다.

② 축구화를 신어 잘 미끄러지지 않았다.

③ 주사기 바늘은 가늘어서 살갗을 잘 뚫는다.

④ 눈 오는 날 설피를 신어 발이 빠지지 않았다.

⑤ 얼음을 쪼갤 때 송곳을 사용하면 쉽게 쪼갤 수 있다.

정답 ④

해설 설피는 접촉면을 넓혀 단위면적당 압력을 작게 한 경우이고 다른 네 경우는 접촉면을 좁혀 압력을 크게 한 것이다.

<table>
<tr><td rowspan="2">내용요소</td><td>학교급</td><td>초등 6</td><td rowspan="2">예상 정답률</td><td rowspan="2">50 %</td></tr>
<tr><td>단 원</td><td>물속에서의 무게와 압력</td></tr>
<tr><td>평가목표</td><td colspan="4">물의 깊이에 따라 압력이 달라지는 것을 알 수 있다.</td></tr>
</table>

[문제 14] 다음은 물의 깊이에 따라 압력이 달라지는 것을 알아보기 위한 [실험 방법]과 실험 장치를 나타낸 그림이다.

[실험 방법]

ㄱ. 빨대를 10 ~ 15 cm 정도로 자른다.
ㄴ. 빨대의 양 끝에 클립을 끼운다.
ㄷ. 양 끝의 클립을 다른 클립으로 연결하고 몇 개 더 끼운다.
ㄹ. 물이 든 투명한 플라스틱 병에 빨대를 넣어 약간 떠오르게 한다.
ㅁ. 투명한 플라스틱 병의 뚜껑을 닫는다.
ㅂ. 투명한 플라스틱 병의 양옆을 두 손으로 잡고 세게 눌렀다 놓아 본다.
ㅅ. 빨대가 떠 있을 때와 가라앉아 있을 때 빨대 속의 물 높이를 비교한다.

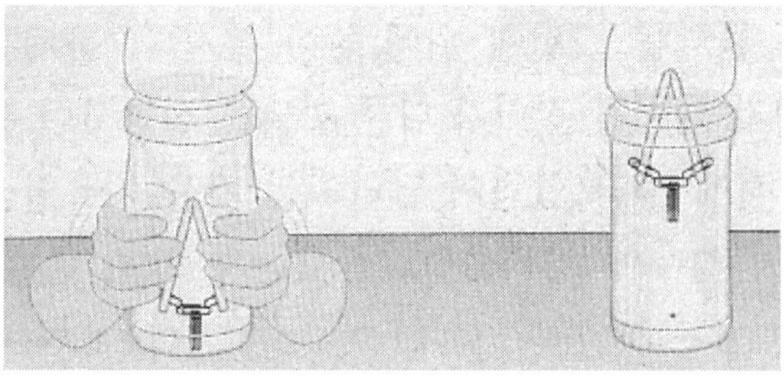

이에 대한 설명으로 옳지 <u>않은</u> 것은?

① 투명한 플라스틱 병을 손으로 누르면 빨대가 가라앉는다.
② 물이 빨대 속에 더 많이 들어가면 빨대가 무거워져 가라앉는다.
③ 물의 압력은 누르는 힘 때문이지 물의 높이 차이와는 관계가 없다.
④ 손으로 누르면 압력이 커져 빨대 속에 물이 더 많이 들어간다.
⑤ 투명한 플라스틱 병을 누르던 손을 떼면 빨대가 다시 위로 떠오른다.

정답 ③

해설 물의 압력은 물의 높이 차이 때문에 나타난다.

<table>
<tr><td rowspan="2">내용요소</td><td>학교급</td><td>초등 6</td><td rowspan="2">예상
정답률</td><td rowspan="2">70 %</td></tr>
<tr><td>단 원</td><td>물속에서의 무게와 압력</td></tr>
<tr><td>평가목표</td><td colspan="4">물속에 잠긴 모양에 따라 물체의 무게가 어떻게 달라지는지를 설명할 수 있다.</td></tr>
</table>

[문제 15] 철수는 물속에 잠긴 상태에 따라 물체의 무게가 어떻게 달라지는지를 알아보기 위해 아래와 같은 방법으로 실험을 해 보았다. 실험 결과로 옳은 것은?

[실험 방법]

ㄱ. 물체를 완전히 잠기게 하고 바로 넣을 때와 눕혀서 넣을 때를 비교한다.
ㄴ. 물체를 완전히 잠기게 하고 깊게 넣을 때와 얕게 넣을 때를 비교한다.
ㄷ. 물체가 반만 잠길 때와 전체가 잠길 때를 비교한다.

① ㄱ의 결과만 똑같이 가벼워진다.
② ㄴ의 결과만 똑같이 가벼워진다.
③ ㄱ, ㄴ의 결과만 똑같이 가벼워진다.
④ ㄴ, ㄷ의 결과만 똑같이 가벼워진다.
⑤ ㄱ, ㄴ, ㄷ의 결과 모두 똑같이 가벼워진다.

정답 ③

해설 물속에 잠긴 물체의 부피에 해당하는 물의 무게만큼 물체의 무게는 가벼워진다.

<table>
<tr><td rowspan="2">내용요소</td><td>학교급</td><td>초등 6</td><td rowspan="2">예상
정답률</td><td rowspan="2">50 %</td></tr>
<tr><td>단 원</td><td>물속에서의 무게와 압력</td></tr>
<tr><td>평가목표</td><td colspan="4">물속에 넣었을 때 물체의 무게와 물체가 밀어낸 물의 무게를 비교하여 설명할 수 있다.</td></tr>
</table>

[문제 16] 다음 표는 어떤 물체를 공기 중에서 잰 무게와 물속에서의 무게를 나타낸 것이다.

공기 중에서의 무게	물속에서의 무게
300 g	263 g

이에 대한 설명으로 옳지 <u>않은</u> 것은?

① 밀어낸 물의 무게는 37 g이다.

② 물속에서 물체의 무게와 밀어낸 물의 무게는 같다.

③ 물체가 완전히 잠기지 않으면 무게는 263 g보다 더 나간다.

④ 물속에 넣었을 때 줄어든 물체의 무게는 밀어낸 물의 무게와 같다.

⑤ 부피가 같다면 무게가 다른 물체라도 물속에서의 무게는 똑같이 37 g씩 줄어든다.

정답 ②

해설 물속에서 물체의 무게는 밀어낸 물의 무게만큼 가벼워진다.

<table>
<tr><td rowspan="2">내용요소</td><td>학교급</td><td>초등 6</td><td rowspan="2">예상
정답률</td><td rowspan="2">50 %</td></tr>
<tr><td>단 원</td><td>물속에서의 무게와 압력</td></tr>
<tr><td>평가목표</td><td colspan="4">물속에서는 공기 중에서보다 무게가 가벼워짐을 안다.</td></tr>
</table>

[문제 17] 다음 표는 여러 가지 물체를 공기 중과 물속에서의 무게를 비교한 것이다.

여러 가지 물체	공기 중에서의 무게(g)	물속에서의 무게(g)
A	360	220
B	220	120
C	190	95
D	50	20
E	50	42

이에 대한 설명으로 옳지 <u>않은</u> 것은?

① 물체의 무게는 공기 중에서보다 물속에서 더 가벼워진다.

② 물속에서는 물체의 무게가 가벼워진다.

③ 물체의 부피가 가장 작은 것은 E이다.

④ 물체의 부피가 가장 큰 것은 A이다.

⑤ 같은 부피라면 D가 E보다 무겁다.

정답 ⑤

해설 각각의 부피는 A : 140, B : 100, C : 95, D : 30, E : 8이므로 같은 부피일 때 E가 더 무겁다.

내용요소	학교급	초등 6	예상 정답률	50 %
	단 원	물속에서의 무게와 압력		
평가목표	물속에서 줄어든 물체의 무게와 밀어낸 물의 무게를 비교하여 설명할 수 있다.			

[문제 18] 철수는 얼음 덩어리를 용수철저울에 매달아 공기 중에서 무게를 잰 다음, 물이 가득 찬 수조에 담그고 물속에서 무게를 재어 보았다. 이 실험 결과를 설명한 것으로 옳지 않은 것은?

① 같은 부피라면 얼음은 물보다 무겁다.
② 물속에서 얼음 덩어리의 무게는 0 g이다.
③ 흘러넘친 물의 무게는 공기 중에서 얼음 덩어리의 무게와 같다.
④ 물에 뜨는 물체는 공기 중에서의 무게와 물속에서 밀어낸 물의 무게가 같다.
⑤ 얼음 덩어리가 밀어낸 물의 무게는 얼음 덩어리를 물속에 넣었을 때 줄어든 물의 무게와 같다.

정답 ①

해설 밀어낸 물의 부피만큼 물속에서 물체의 무게는 가벼워지며 같은 부피라면 얼음이 더 가볍다.

내용요소	학교급	초등 6	예상 정답률	50 %
	단 원	기체의 성질		
평가목표	온도에 따른 기체의 용해도를 알 수 있다.			

[문제 19] 비커에 얼음물, 실온의 물, 더운물을 넣고 시험관에 사이다를 같은 양씩 넣어서 마개를 한 것과 마개를 하지 않은 것을 각각 비커에 담가 준비한다. 가장 공기 방울이 많이 올라오는 것과 가장 적게 올라오는 것을 순서대로 바르게 나열한 것은?

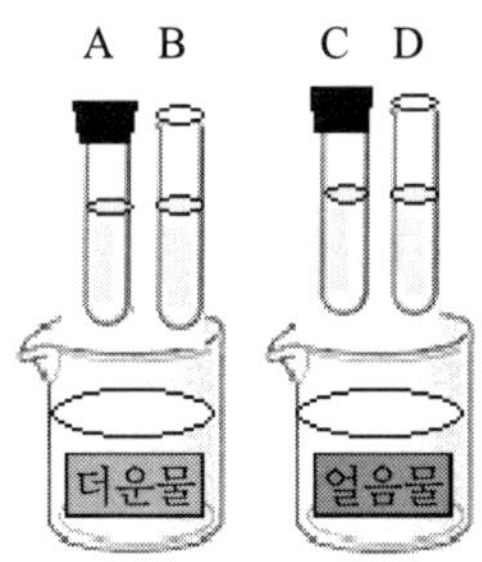

① A, C　　② A, D
③ B, C　　④ B, D
⑤ C, B

정답 ③

해설 기체의 용해도는 온도가 높을수록 낮아진다.

<table>
<tr><td rowspan="2">내용요소</td><td>학교급</td><td>초등 6</td><td rowspan="2">예상
정답률</td><td rowspan="2">70 %</td></tr>
<tr><td>단 원</td><td>기체의 성질</td></tr>
<tr><td>평가목표</td><td colspan="4">사이다에 용해되어 있는 기체가 무엇인지 알 수 있다.</td></tr>
</table>

[문제 20] 사이다를 따면 기체 방울이 생겨 위로 올라온다. 이때 나온 기체를 석회수에 넣어 보면 석회수가 뿌옇게 흐려진다. 사이다에 들어 있는 기체는 무엇인가?

① 산소　② 이산화탄소　③ 질소

④ 수증기　⑤ 공기

정답 ②

해설 석회수에 이산화탄소를 넣으면 뿌옇게 흐려진다.

<table>
<tr><td rowspan="2">내용요소</td><td>학교급</td><td>초등 6</td><td rowspan="2">예상
정답률</td><td rowspan="2">90 %</td></tr>
<tr><td>단 원</td><td>기체의 성질</td></tr>
<tr><td>평가목표</td><td colspan="4">공기의 성질을 알 수 있다.</td></tr>
</table>

[문제 21] 다음 중 공기의 성질로 바르지 못한 것은 무엇인가?

① 공기는 무게를 가지고 있다.

② 공기는 흰색의 기체이다.

③ 공기에 열을 가하면 부피가 늘어난다.

④ 공기에 압력을 가하면 부피가 줄어든다.

⑤ 공기에 압력을 작게 하면 부피가 늘어난다.

정답 ②

해설 공기는 무색투명의 기체이다.

내용요소	학교급	초등 6	예상 정답률	80 %
	단 원	기체의 성질		
평가목표	공기의 성질을 알 수 있다.			

[문제 22] 일상생활에서 공기가 있음을 알 수 있는 경우가 아닌 것은 무엇인가?

① 연이 하늘 높이 난다.
② 바람이 불면 몸에 스치는 것이 있다.
③ 부채질을 하면 머리카락이 흩날린다.
④ 인간은 계속 숨을 들이쉬고 내쉰다.
⑤ 물을 끓이면 수증기가 생겨난다.

정답 ⑤

해설 물을 끓여 수증기가 생겨나는 것은 공기가 있음과는 별다른 상관이 없다.

내용요소	학교급	초등 6	예상 정답률	50 %
	단 원	기체의 성질		
평가목표	기체에 힘을 가했을 때 부피가 줄어드는 것을 알 수 있다.			

※ **[문제 23~24]** 빈칸에 알맞은 말을 [보기]에서 고르시오.

[보기]
(A) 줄어든다 (B) 늘어난다 (C) 변함없다

[문제 23] 공기가 들어 있는 주사기의 피스톤을 밀면 부피가 (   ).

정답 (A)

해설 기체에 힘을 가하면 부피 변화가 생긴다.

[문제 24] 물이 들어 있는 주사기의 피스톤을 밀면 부피가 (   ).

정답 (C)

해설 액체에는 힘을 가하여도, 부피에 큰 변화가 생기지 않는다.

<table>
<tr><td rowspan="2">내용요소</td><td>학교급</td><td>초등 6</td><td rowspan="2">예상
정답률</td><td rowspan="2">40 %</td></tr>
<tr><td>단 원</td><td>기체의 성질</td></tr>
<tr><td>평가목표</td><td colspan="4">기체가 물에 녹는다는 것을 알 수 있다. 사이다에 녹아 있는 기체의 종류를 알 수 있다.</td></tr>
</table>

[문제 25] 다음과 같이 장치하고 사이다에서 나오는 기체를 모았다. 집기병에 모아진 기체는 무엇인가?

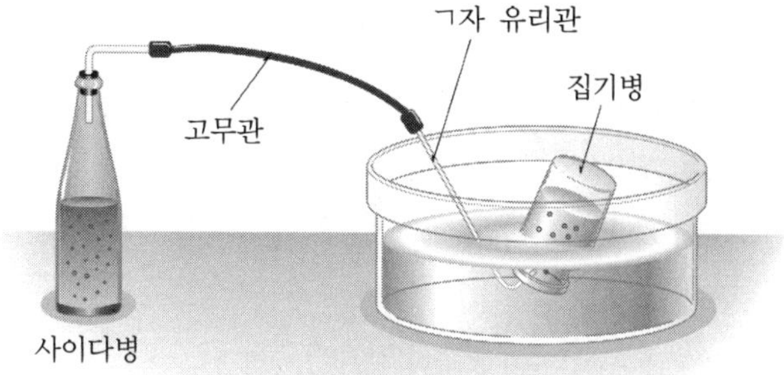

① 산소　② 질소　③ 헬륨
④ 수소　⑤ 이산화탄소

정답 ⑤

해설 사이다 속에 녹아 있는 기체는 이산화탄소이다.

<table>
<tr><td rowspan="2">내용요소</td><td>학교급</td><td>초등 6</td><td rowspan="2">예상
정답률</td><td rowspan="2">30 %</td></tr>
<tr><td>단 원</td><td>기체의 성질</td></tr>
<tr><td>평가목표</td><td colspan="4">기체가 물에 녹는다는 것을 알 수 있다. 사이다에 녹아 있는 기체의 종류를 알 수 있다.</td></tr>
</table>

[문제 26] 다음 중 사이다를 관찰한 것으로 바르지 <u>않은</u> 것은 무엇인가?

① 사이다는 무색투명하다.
② 사이다에는 이산화탄소가 녹아 있다.
③ 사이다 병을 따면 기체 방울이 올라온다.
④ 사이다에 빨대를 넣으면 표면에 기체 방울이 생긴다.
⑤ 사이다에 단추를 넣으면 표면에 기체 방울이 생긴다.

정답 ②

해설 사이다에 이산화탄소가 녹아 있다는 것은 사이다를 관찰할 때 알 수 있는 사실이 아니다.

내용요소	학교급	초등 6	예상 정답률	50 %
	단 원	여러 가지 기체		
평가목표	산소가 우리 생활에 이용되는 예를 알 수 있다.			

[문제 27] 다음 중 우리 생활에서 산소가 쓰이는 곳을 잘못 말한 것은 어느 것인가?

① 생물이 숨 쉬는 데 필요하다.

② 공장에서 높은 온도를 얻는 데 이용한다.

③ 로켓을 발사할 때 연료를 연소시켜 추진력을 얻을 때 이용한다.

④ 나뭇잎이 영양분을 만드는 데 쓰인다.

⑤ 인간이 숨 쉬는 데 필요하다.

정답 ④

해설 나뭇잎의 광합성 작용에 쓰이는 기체는 이산화탄소이다.

내용요소	학교급	초등 6	예상 정답률	70 %
	단 원	여러 가지 기체		
평가목표	산소와 이산화탄소의 성질을 알 수 있다.			

[문제 28] 다음 중 산소와 이산화탄소의 공통점은 무엇인가?

① 공기보다 가볍다.

② 물에 잘 녹지 않는다.

③ 석회수를 뿌옇게 흐리게 한다.

④ 탄산음료를 만들 때 쓰인다.

⑤ 다른 물질이 잘 타게 도와준다.

정답 ②

해설 산소와 이산화탄소는 물에 잘 녹지 않아서, 기체를 모을 때 수상치환 방법을 이용한다.

<table>
<tr><td rowspan="2">내용요소</td><td>학교급</td><td>초등 6</td><td rowspan="2">예상 정답률</td><td rowspan="2">30 %</td></tr>
<tr><td>단 원</td><td>여러 가지 기체</td></tr>
<tr><td>평가목표</td><td colspan="4">이산화탄소의 성질을 알 수 있다.</td></tr>
</table>

※ [문제 29~30] 다음 그림은 이산화탄소 발생 장치이다. 물음에 답하시오.

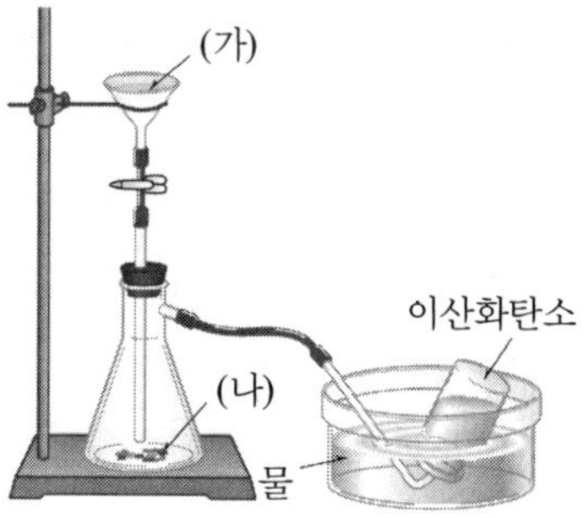

[문제 29] 다음 중 이산화탄소를 발생시킬 때 필요 없는 것은 무엇인가?

① 달걀껍데기 또는 조개껍데기
② 묽은 염산 또는 묽은 황산
③ 고무관
④ 깔때기
⑤ 이산화망간

정답 ⑤

해설 이산화망간은 산소 발생 실험 시 필요한 물질이다.

[문제 30] 실험에서 발생한 이산화탄소를 확인하기 위한 방법으로 옳은 것을 모두 고르면?

① 색깔을 확인한다.
② 냄새를 맡아 본다.
③ 공기와 섞어, 어느 것이 무거운지 본다.
④ 석회수를 통과시켜 본다.
⑤ 이산화탄소가 모아진 집기병에 타고 있는 촛불을 넣어 본다.

정답 ④, ⑤

해설 이산화탄소는 석회수를 뿌옇게 흐리는 성질과, 불을 끄게 하는 성질을 가지고 있다.

<table>
<tr><td rowspan="2">내용요소</td><td>학교급</td><td>초등 6</td><td rowspan="2">예상
정답률</td><td rowspan="2">80 %</td></tr>
<tr><td>단 원</td><td>여러 가지 기체</td></tr>
<tr><td>평가목표</td><td colspan="4">산소의 성질을 알 수 있다.</td></tr>
</table>

[문제 31] 다음 중 산소의 성질에 해당되는 것이 <u>아닌</u> 것은 무엇인가?

① 색깔이 없다.

② 냄새가 없다.

③ 물에 녹지 않는다.

④ 석회수를 뿌옇게 흐리게 한다.

⑤ 불이 잘 타게 한다.

정답 ④

해설 산소는 색깔과 냄새가 없으며, 물에 잘 녹지 않고 연소가 되는 과정에 필요하다. 석회수를 뿌옇게 흐리게 하는 성질을 가진 기체는 이산화탄소이다.

<table>
<tr><td rowspan="2">내용요소</td><td>학교급</td><td>초등 6</td><td rowspan="2">예상
정답률</td><td rowspan="2">30 %</td></tr>
<tr><td>단 원</td><td>여러 가지 기체</td></tr>
<tr><td>평가목표</td><td colspan="4">여러 가지 기체가 우리 생활에 이용되는 예를 알 수 있다.</td></tr>
</table>

[문제 32] 우리 주위에 있는 여러 가지 기체가 우리 생활에 이용되고 있는 것의 설명이 <u>잘못된</u> 것은 어느 것인가?

① 액화질소 – 음식의 급냉동

② 기체 질소 – 식품 포장

③ 헬륨 – 심해 잠수 작업용 호흡가스

④ 프로판 – 가정이나 음식점의 연료

⑤ 부탄가스 – 가정용 연료, 자동차 연료

정답 ⑤

해설 부탄가스는 휴대용 가스레인지에 이용되고, 가정용 연료로 이용되는 것은 메탄가스이다.

내용요소	학교급	초등 6	예상 정답률	60 %
	단 원	여러 가지 기체		
평가목표	여러 가지 기체가 우리 생활에 이용되는 예를 알 수 있다.			

[문제 33] 다음 [보기]에서 공기 오염과 관련된 기체를 모두 찾아 쓰시오.

[보기]

(A) 질소 (B) 일산화탄소 (C) 헬륨
(D) 오존 (E) 프로판가스 (F) 산소

정답 (B), (D)

해설 공기 오염에 관련된 기체는 일산화탄소, 오존 등이다.

내용요소	학교급	초등 6	예상 정답률	90 %
	단 원	연소와 소화		
평가목표	연소의 의미를 알 수 있다.			

[문제 34] 다음 중 초가 타는 모습을 통해 관찰할 수 있는 사실이 아닌 것은?

① 촛농이 흐른다.
② 초가 작아진다.
③ 그을음이 생긴다.
④ 바람에 촛불이 흔들린다.
⑤ 시간이 지날수록 촛불이 커진다.

정답 ⑤

해설 초가 타면서, 촛불의 크기는 시간에 따라 변하는 것이 아니다.

내용요소	학교급	초등 6	예상 정답률	60 %
	단 원	연소와 소화		
평가목표	초가 연소하면 이산화탄소와 물이 생긴다는 것을 알 수 있다.			

※ [문제 35~36] 다음은 초의 연소 실험이다. 물음에 답하시오.

[문제 35] 초가 연소하면 어떤 물질이 생기는지 모두 고르시오.

① 물 ② 이산화탄소
③ 산소 ④ 공기
⑤ 수소

정답 ①, ②

해설 초가 연소하면 물과 이산화탄소가 생긴다.

[문제 36] 다음 빈칸에 알맞은 말을 [보기]에서 고르시오.

> 실험이 끝나고 핀셋을 이용하여 푸른색 염화코발트 종이를 비커 안쪽에 대어보니, 염화코발트 종이가 ( )색으로 변하였다.

[보기]

(A) 붉은 (B) 초록 (C) 보라

정답 (A)

해설 염화코발트 종이는 물이 묻으면 붉은색으로 변화한다.

<table>
<tr><td rowspan="2">내용요소</td><td>학교급</td><td>초등 6</td><td rowspan="2">예상
정답률</td><td rowspan="2">50 %</td></tr>
<tr><td>단 원</td><td>연소와 소화</td></tr>
<tr><td>평가목표</td><td colspan="4">연소할 때 필요한 조건을 알 수 있다.</td></tr>
</table>

[문제 37] 연소의 조건에 해당되는 것을 모두 골라라.

① 탈 물질을 제거한다.

② 공기가 있어야 한다.

③ 탈 물질을 제공해 준다.

④ 온도를 발화점 이하로 낮춘다.

⑤ 발화점 이상으로 온도를 높여 준다.

정답 ②, ③, ⑤

해설 연소할 때에는 탈 물질과 공기(산소), 발화점 이상의 온도의 조건에 만족하여야 한다.

<table>
<tr><td rowspan="2">내용요소</td><td>학교급</td><td>초등 6</td><td rowspan="2">예상
정답률</td><td rowspan="2">45 %</td></tr>
<tr><td>단 원</td><td>연소와 소화</td></tr>
<tr><td>평가목표</td><td colspan="4">연소할 때 필요한 조건을 알 수 있다.</td></tr>
</table>

[문제 38] 알코올램프의 뚜껑, 담요 또는 모래로 덮으면 불이 꺼지는 직접적인 이유는 무엇인가?

① 공기 중의 산소를 차단하기 때문에

② 탈 물질이 없어지기 때문에

③ 발화점 이상의 온도가 되지 않기 때문에

④ 산소가 공급되기 때문에

⑤ 이산화탄소가 공급되기 때문에

정답 ①

해설 알코올램프의 뚜껑이나 담요 등으로 불을 덮으면 공기 중의 산소가 차단되어 불이 꺼진다.

<table>
<tr><td rowspan="2">내용요소</td><td>학교급</td><td>초등 6</td><td rowspan="2">예상
정답률</td><td rowspan="2">30 %</td></tr>
<tr><td>단 원</td><td>연소와 소화</td></tr>
<tr><td>평가목표</td><td colspan="4">간이 소화기의 원리를 알 수 있다.</td></tr>
</table>

[문제 39] 다음 중 간이 소화기를 만들 수 있는 물질로 짝지어진 것은 어느 것인가?

① 이산화망간, 묽은 염산

② 이산화망간, 묽은 과산화수소수

③ 식초, 탄산수소나트륨

④ 식초, 묽은 과산화수소수

⑤ 마그네슘, 묽은 염산

정답 ③

해설 식초와 탄산수소나트륨을 이용하여 이산화탄소를 만들 수 있다.

<table>
<tr><td rowspan="2">내용요소</td><td>학교급</td><td>초등 6</td><td rowspan="2">예상
정답률</td><td rowspan="2">80 %</td></tr>
<tr><td>단 원</td><td>연소와 소화</td></tr>
<tr><td>평가목표</td><td colspan="4">소화의 조건을 이해할 수 있다.</td></tr>
</table>

[문제 40] 화재가 나면 소방관들이 물을 이용하여 불을 끈다. 물을 사용하면 불이 꺼지는 이유로 알맞은 것은 어느 것인가?

① 탈 물질이 공급되기 때문에

② 탈 물질이 없어지기 때문에

③ 발화점 이상의 온도가 되지 않기 때문에

④ 산소가 공급되기 때문에

⑤ 이산화탄소가 공급되기 때문에

정답 ③

해설 물로 불을 끄는 이유는 연소하는 물체의 온도를 낮추고, 신선한 공기의 공급을 막기 때문이다.

<table>
<tr><td rowspan="2">내용요소</td><td>학교급</td><td>초등 6</td><td rowspan="2">예상
정답률</td><td rowspan="2">80 %</td></tr>
<tr><td>단 원</td><td>우리 몸의 생김새</td></tr>
<tr><td>평가목표</td><td colspan="4">운동하기 전과 후의 우리 몸의 변화를 관찰한 후 그 원인을 이해할 수 있다.</td></tr>
</table>

[문제 41] 운동을 하고 난 후 몸에서 일어나는 일이 <u>아닌</u> 것은?

① 몸에 열이 나 덥다.

② 갈증이 난다.

③ 땀이 난다.

④ 심장 박동이 느려진다.

⑤ 호흡이 빨라진다.

정답 ④

해설 운동 후 호흡이 빨라지는 까닭은 필요한 산소를 빨리 공급하기 위해서이고 심장 박동이 빨라지는 까닭은 혈액을 빨리 공급하기 위해서이다. 또한 운동 후 체온을 조절하고, 노폐물을 배설하기 위해서 피부에서 땀이 나며 이렇게 빠져나간 땀 속의 수분과 염분 때문에 몸에서는 갈증이 난다.

<table>
<tr><td rowspan="2">내용요소</td><td>학교급</td><td>초등 6</td><td rowspan="2">예상
정답률</td><td rowspan="2">70 %</td></tr>
<tr><td>단 원</td><td>우리 몸의 생김새</td></tr>
<tr><td>평가목표</td><td colspan="4">뼈의 생김새와 하는 일을 이해할 수 있다.</td></tr>
</table>

[문제 42] 활처럼 휘어진 12쌍의 뼈로, 좌우로 둥글게 연결되어 있어 허파와 심장을 보호하는 것은?

① 머리뼈 ② 갈비뼈 ③ 등뼈

④ 팔뼈 ⑤ 다리뼈

정답 ②

해설 우리 몸에는 머리뼈, 갈비뼈, 등뼈, 팔뼈, 다리뼈, 손뼈, 발뼈 등이 있으며, 그 중 갈비뼈는 여러 개의 뼈들이 좌우로 둥글게 연결되어 큰 공간을 이루면서 허파와 심장을 보호한다.

<table>
<tr><td rowspan="2">내용요소</td><td>학교급</td><td>초등 6</td><td rowspan="2">예상
정답률</td><td rowspan="2">70 %</td></tr>
<tr><td>단 원</td><td>우리 몸의 생김새</td></tr>
<tr><td>평가목표</td><td colspan="4">근육이 우리 몸에서 하는 일을 이해할 수 있다.</td></tr>
</table>

[문제 43] 뼈와 함께 우리 몸의 형태를 유지하고, 뼈를 움직이게 하여 우리가 일을 할 수 있게 해 주는 것은 무엇인가?

① 혈관 ② 피부 ③ 척수
④ 뼈마디 ⑤ 근육

정답 ⑤

해설 끈같이 생긴 힘줄에 의해 뼈에 붙어 있는 근육은 수축과 이완을 하면서 뼈를 움직이게 하여, 굽히거나 펴는 등 우리 몸을 자유롭게 움직일 수 있게 해준다.

<table>
<tr><td rowspan="2">내용요소</td><td>학교급</td><td>초등 6</td><td rowspan="2">예상
정답률</td><td rowspan="2">70 %</td></tr>
<tr><td>단 원</td><td>우리 몸의 생김새</td></tr>
<tr><td>평가목표</td><td colspan="4">우리가 먹은 음식물이 소화되는 과정을 알 수 있다.</td></tr>
</table>

[문제 44] 음식물이 소화되어서 배출되기까지의 과정을 옳게 배열한 것은 어느 것인가?

① 입 → 식도 → 위 → 작은창자 → 십이지장 → 큰창자 → 항문
② 입 → 식도 → 위 → 십이지장 → 작은창자 → 큰창자 → 항문
③ 입 → 식도 → 십이지장 → 위 → 작은창자 → 큰창자 → 항문
④ 입 → 식도 → 십이지장 → 작은창자 → 큰창자 → 위 → 항문
⑤ 입 → 식도 → 작은창자 → 큰창자 → 위 → 십이지장 → 항문

정답 ②

해설 소화란 음식물에 포함되어 있는 여러 가지 영양소가 몸에 흡수될 수 있도록 잘게 분해되는 과정으로, 입 → 식도 → 위 → 십이지장 → 작은창자 → 큰창자 → 항문의 과정을 거친다.

내용요소	학교급	초등 6	예상 정답률	65 %
	단 원	우리 몸의 생김새		
평가목표	우리가 먹은 음식물이 소화되는 과정을 알 수 있다.			

[문제 45] 각 소화 기관의 하는 일을 설명한 것이다. 맞는 설명을 고르시오.

① 입 : 수분이 흡수된다.

② 큰창자 : 대부분의 영양소가 흡수된다.

③ 위 : 주로 단백질을 분해한다.

④ 식도 : 음식물이 분해되기 쉽도록 잘게 만든다.

⑤ 작은창자 : 분해하지는 못하나 음식물이 운반되는 통로이다.

정답 ③

해설 입에서 음식물을 잘게 부수고 침과 고루 섞어 입과 위를 연결하는 부분인 식도로 보낸다. 위는 주머니 모양으로 단백질을 소화시키고, 십이지장에서 쓸개즙과 이자액이 모여 음식물과 섞인다. 작은창자는 배의 대부분이며, 주름이 있고 융털에서 영양소를 흡수하고, 소화의 마지막 단계인 큰창자에서 주로 물을 흡수하고, 찌꺼기는 항문으로 배출된다.

내용요소	학교급	초등 6	예상 정답률	75 %
	단 원	우리 몸의 생김새		
평가목표	배설 과정과 배설기관이 하는 일을 알 수 있다.			

※ [문제 46~47] 다음 그림은 배설기관을 나타낸 것이다.

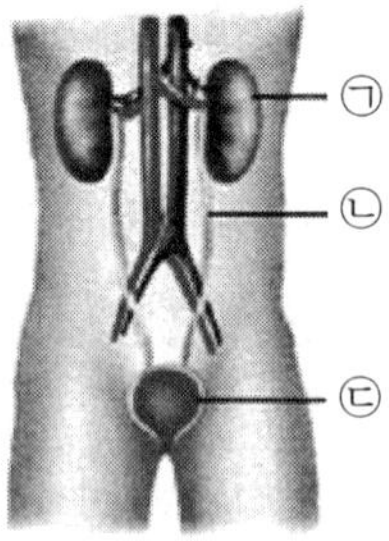

[문제 46] ㉠, ㉡, ㉢의 명칭을 순서대로 적은 것은?

① 수뇨관 – 신장 – 방광
② 신장 – 방광 – 요도
③ 수뇨관 – 요도 – 신장
④ 신장 – 수뇨관 – 방광
⑤ 방광 – 수뇨관 – 신장

[문제 47] ㉠에 대한 설명으로 옳은 것을 고르시오.

① 소화를 하도록 도와주는 역할을 한다.
② 혈액 속의 이산화탄소를 배출한다.
③ 노폐물을 걸러서 오줌으로 만든다.
④ 오줌을 모으고 있는 장소이다.
⑤ 체온을 조절하는 역할을 한다.

정답 46. ④ 47. ③

해설 46~47

신장 : 혈액 속에 포함되어 있는 노폐물을 걸러 오줌으로 만든다.
수뇨관 : 신장과 방광을 연결하는 통로이다.
방광 : 오줌을 모으는 곳이다.
요도 : 방광에서 몸 밖으로 이르는 오줌의 통로이다.

내용요소	학교급	초등 6	예상 정답률	65 %
	단 원	우리 몸의 생김새		
평가목표	호흡할 때 몸의 변화를 이해한다.			

[문제 48] 숨을 들이쉴 때 우리 몸의 변화를 모두 고르시오.

① 가슴 속이 좁아져 폐 속의 공기가 나간다.

② 갈비뼈가 올라간다.

③ 갈비뼈가 내려간다.

④ 가로막이 올라간다.

⑤ 가로막이 내려간다.

정답 ②, ⑤

해설 숨을 들이쉴 때(들숨) 갈비뼈는 올라가고 가로막이 내려가면서 가슴통이 넓어져 공기가 허파로 들어가 허파가 부풀어 오른다. 숨을 내쉴 때(날숨) 갈비뼈는 내려가고, 가로막이 올라가면서 가슴통이 좁아져 허파 속의 공기가 나와 허파가 줄어든다.

내용요소	학교급	초등 6	예상 정답률	70 %
	단 원	우리 몸의 생김새		
평가목표	심장의 생김새를 이해하고, 심장과 혈액이 하는 일을 알 수 있다.			

[문제 49] 심장에 대한 설명이다. <u>틀린</u> 것을 고르시오.

① 위치는 왼쪽 가슴 아래에 있다.

② 우심실, 우심방, 좌심실, 좌심방으로 되어 있다.

③ 심방과 심실 사이에는 판막이 있다.

④ 심방으로 혈액이 나가고, 심실에서 혈액이 들어온다.

⑤ 펌프 작용을 통해 온몸으로 혈액을 순환시킨다.

정답 ④

해설 왼쪽 가슴 아래에 위치하고 있는 심장은 펌프 작용을 하면서 우리 몸에 필요한 혈액을 온몸에 퍼져 있는 혈관을 통해 순환시킨다. 우심실, 우심방, 좌심실, 좌심방으로 되어 있고, 심방과 심실 사이에는 판막이 있으며 심방으로 혈액이 들어오고 심실에서 혈액이 나가게 된다.

내용요소	학교급	초등 6	예상 정답률	70 %
	단 원	주변의 생물		
평가목표	주변의 동물을 특징에 따라 분류할 수 있다.			

※ **[문제 50~52]** 다음 [보기]는 척추동물을 분류한 것이다. 설명에 해당하는 동물의 종류를 써라.

[보기]

① 포유류 ② 조류 ③ 파충류 ④ 양서류 ⑤ 어류

[문제 50] 몸은 머리, 몸통, 날개, 다리로 되어 있다. 온몸은 깃털로 싸여 있고, 정온 동물이며, 허파로 호흡한다.(　　　)

[문제 51] 어릴 때는 물속에서 살고 자라면 육지에서 산다. 물속에 알을 낳고 체외수정을 한다.(　　　)

[문제 52] 몸은 유선형으로 되어 있어 물의 저항을 적게 받으며 비늘로 싸여 있고 지느러미와 아가미가 있다.(　　　)

정답 50. ② 51. ④ 52. ⑤

해설 50~52

등뼈가 있는 동물을 다음과 같이 분류할 수 있다.

1. 포유류 : 돌고래, 개, 토끼
2. 조류 : 닭, 제비, 비둘기
3. 파충류 : 뱀, 거북, 악어, 도마뱀
4. 양서류 : 개구리 두꺼비, 맹꽁이
5. 어류 : 붕어, 뱀장어, 잉어

* 포유류 : 새끼를 낳고 젖을 먹여 키우며 체온이 일정하다

* 파충류 : 폐로 호흡을 하며 육지에 알을 낳아 번식한다.

<table>
<tr><td rowspan="2">내용요소</td><td>학교급</td><td>초등 6</td><td rowspan="2">예상
정답률</td><td rowspan="2">75 %</td></tr>
<tr><td>단 원</td><td>주변의 생물</td></tr>
<tr><td>평가목표</td><td colspan="4">주변의 동물을 특징에 따라 분류할 수 있다.</td></tr>
</table>

[문제 53] 다음 중 환형동물에 속하는 것은?

① 지렁이　② 불가사리
③ 해파리　④ 플라나리아
⑤ 말미잘

정답 ①

해설 환형동물은 다리가 없고 몸이 긴 원통형으로 암수가 한 몸이며 알을 낳아 번식한다.

* 불가사리 – 극피동물
* 해파리 – 강장동물
* 플라나리아 – 편형동물
* 말미잘 – 강장동물

<table>
<tr><td rowspan="2">내용요소</td><td>학교급</td><td>초등 6</td><td rowspan="2">예상
정답률</td><td rowspan="2">70 %</td></tr>
<tr><td>단 원</td><td>주변의 생물</td></tr>
<tr><td>평가목표</td><td colspan="4">주변의 식물을 특징에 따라 분류할 수 있다.</td></tr>
</table>

[문제 54] 다음 중 식물을 분류할 때의 기준으로 적당하지 <u>않은</u> 것은 어느 것인가?

① 떡잎의 수에 따라
② 꽃이 피는지의 여부에 따라
③ 먹이에 따라
④ 열매의 모양에 따라
⑤ 사람이 이용하는 목적에 따라

정답 ③

해설 떡잎의 수에 따라, 꽃이 피는지 피지 않는지에 따라, 사람의 이용 목적에 따라, 잎·줄기·뿌리의 모양에 따라 식물을 분류한다. 그 밖에 살고 있는 장소, 번식 방법 등에 의해 식물을 분류할 수 있다.

내용요소	학교급	초등 6	예상 정답률	80 %
	단 원	쾌적한 환경		
평가목표	생산자와 소비자 사이의 양적 관계와 먹고 먹히는 관계에 의하여 생태계의 평형이 유지됨을 말할 수 있다.			

[문제 55] 살아가는 데 필요한 양분을 스스로 만드는 식물을 무엇이라고 하는가?

① 생산자　② 1차 소비자

③ 2차 소비자　④ 3차 소비자

⑤ 분해자

정답 ①

해설 양분을 스스로 만드는 생물과 다른 생물로부터 양분을 얻는 생물을 기준으로 생산자와 소비자로 나눌 수 있다.

내용요소	학교급	초등 6	예상 정답률	85 %
	단 원	쾌적한 환경		
평가목표	생산자와 소비자 사이의 양적 관계와 먹고 먹히는 관계에 의하여 생태계의 평형이 유지됨을 말할 수 있다.			

[문제 56] 먹이 연쇄의 관계를 바르게 나타낸 것은?

① 꽃(꿀) → 거미 → 나비 → 작은 새 → 독수리

② 꽃(꿀) → 나비 → 작은 새 → 거미 → 독수리

③ 꽃(꿀) → 거미 → 작은 새 → 나비 → 독수리

④ 꽃(꿀) → 나비 → 거미 → 작은 새 → 독수리

⑤ 꽃(꿀) → 나비 → 거미 → 독수리 → 작은 새

정답 ④

해설 생물들 사이의 먹고 먹히는 관계가 마치 사슬처럼 연결되어 있는 것을 먹이 연쇄라 한다. 꽃의 꿀을 나비가 먹고, 나비를 거미가 먹고, 거미를 작은 새가 먹고, 작은 새를 독수리가 잡아먹는다.

<table>
<tr><td rowspan="2">내용요소</td><td>학교급</td><td>초등 6</td><td rowspan="2">예상
정답률</td><td rowspan="2">65 %</td></tr>
<tr><td>단 원</td><td>쾌적한 환경</td></tr>
<tr><td>평가목표</td><td colspan="4">생산자와 소비자 사이의 양적 관계와 먹고 먹히는 관계에 의하여 생태계의 평형이 유지됨을 말할 수 있다.</td></tr>
</table>

[문제 57] 어느 연못의 먹이 연쇄이다. 돌말이 급격히 줄어들 때 나타나는 현상은?

돌말(생산자) - 붕어(1차 소비자) - 메기(2차 소비자)

① 붕어와 메기가 모두 줄어든다.

② 붕어와 메기가 모두 증가한다.

③ 붕어는 줄어들고 메기는 증가한다.

④ 붕어는 증가하고 메기는 줄어든다.

⑤ 붕어와 메기는 아무런 영향을 받지 않는다.

정답 ①

해설 생산자의 수가 적어지면 2차 소비자와 3차 소비자도 먹이가 부족하기 때문에 결국 그 수가 줄어들게 된다.

<table>
<tr><td rowspan="2">내용요소</td><td>학교급</td><td>초등 6</td><td rowspan="2">예상
정답률</td><td rowspan="2">80 %</td></tr>
<tr><td>단 원</td><td>쾌적한 환경</td></tr>
<tr><td>평가목표</td><td colspan="4">환경오염으로 인한 피해와 환경오염의 심각성을 말할 수 있다.</td></tr>
</table>

[문제 58] 쓰레기를 줄이기 위한 방법으로 옳지 않은 것은 무엇인가?

① 음식은 남기지 않도록 한다.

② 물자를 절약하여 사용한다.

③ 다시 쓸 수 있는 것은 재활용한다.

④ 적당한 양의 음식을 준비하도록 한다.

⑤ 일회용품의 사용이 권장되어야 한다.

정답 ⑤

해설 일회용품의 사용으로 쓰레기의 양이 대폭 늘어나게 되었다.

내용요소	학교급	초등 6	예상 정답률	70 %
	단 원	쾌적한 환경		
평가목표	환경오염으로 인한 피해와 환경오염의 심각성을 말할 수 있다.			

[문제 59] 일상생활에서 이용되고 있는 천연 자원이 아닌 것은?

① 석탄　② 석유　③ 전기

④ 지하수　⑤ 천연가스

정답 ③

해설 전기는 사람이 사용하기 편리하도록 가공·변형해서 만든 것이다.

내용요소	학교급	초등 6	예상 정답률	70 %
	단 원	쾌적한 환경		
평가목표	환경오염으로 인한 피해와 환경오염의 심각성을 말할 수 있다.			

[문제 60] 오염된 물이 시간이 경과되면서 차츰 깨끗한 물로 돌아가는 현상을 무엇이라고 하는가?

① 자정작용　② 부영양화　③ 적조현상

④ 황사　⑤ 스모그

정답 ①

해설
- 적조현상 : 해수 중에 플랑크톤이 보통과는 다르게 발생하여 해수의 색이 붉은빛 등으로 변하는 현상
- 황사 : 모래 먼지가 지상 4~5 km 상공까지 도달한 후 먼 지역까지 확산되는 현상
- 스모그 : 도시의 매연을 비롯하여 대기 속의 오염물질이 안개 모양의 기체가 된 것
- 부영양화 : 강·바다·호수에서 미생물이 유기물을 분해함으로써 영양물질이 많아지는 현상

<table>
<tr><td rowspan="2">내용요소</td><td>학교급</td><td>초등 6</td><td rowspan="2">예상
정답률</td><td rowspan="2">70 %</td></tr>
<tr><td>단 원</td><td>지진</td></tr>
<tr><td>평가목표</td><td colspan="4">지진이 발생하여 생기는 피해를 안다.</td></tr>
</table>

[문제 61] 다음 중 지진이 주는 피해가 <u>아닌</u> 것은 무엇인가?

① 다리가 무너진다.
② 도로가 끊긴다.
③ 건물이 무너진다.
④ 해일이 일어난다.
⑤ 피부암에 걸린다.

정답 ⑤

해설 지진이 일어나면 땅이 흔들리면서 건물, 다리, 도로 등이 부서지고, 전기, 수도가 고장 나며, 화재가 난다. 바다에서 지진이 발생하면 해일(쓰나미)이 발생하기도 한다.

<table>
<tr><td rowspan="2">내용요소</td><td>학교급</td><td>초등 6</td><td rowspan="2">예상
정답률</td><td rowspan="2">50 %</td></tr>
<tr><td>단 원</td><td>지진</td></tr>
<tr><td>평가목표</td><td colspan="4">지진이 발생하는 곳을 세계지도에서 찾을 수 있다.</td></tr>
</table>

[문제 62] 다음 그림은 지난 30년간 큰 지진이 발생한 지역을 나타낸 세계지도이다. 지진이 가장 많이 발생하는 지역은 어디인가?

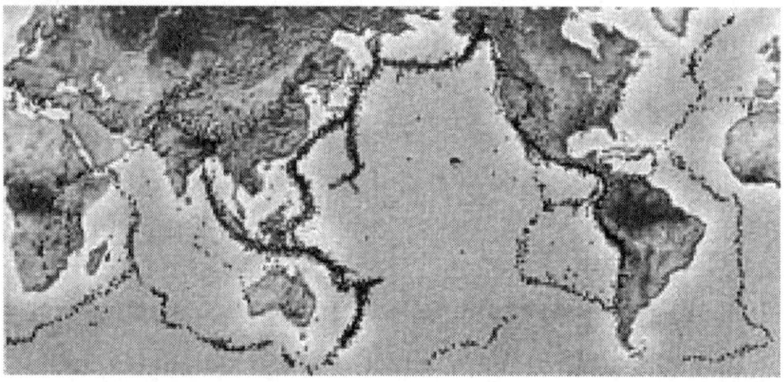

① 인도양 연안
② 태평양 연안
③ 대서양 연안
④ 남극해
⑤ 동해

정답 ②

해설 지진이 많이 발생하는 곳은 환태평양 지진대이다.

<table>
<tr><td rowspan="2">내용요소</td><td>학교급</td><td>초등 6</td><td rowspan="2">예상 정답률</td><td rowspan="2">50 %</td></tr>
<tr><td>단 원</td><td>지진</td></tr>
<tr><td>평가목표</td><td colspan="4">지진의 발생 횟수를 그래프로 알아본다.</td></tr>
</table>

[문제 63] 다음 그래프는 우리나라에서 지난 23년간 발생한 지진의 횟수를 나타낸 것이다. 지진이 가장 많이 발생한 해는 언제인가?

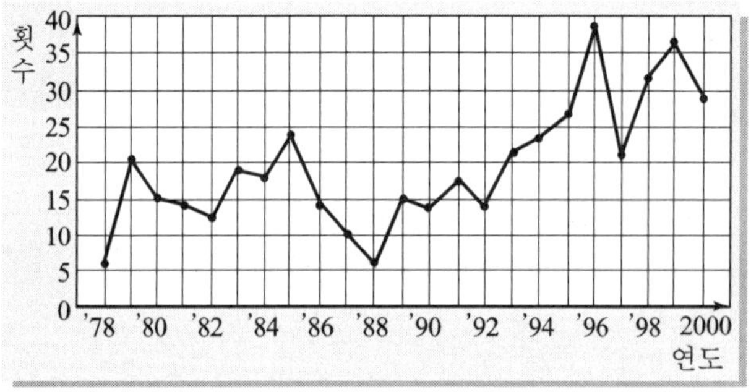

① 1978년 ② 1988년 ③ 1992년
④ 1996년 ⑤ 2000년

정답 ④

해설 1996년 약 40회의 지진이 발생했다.

<table>
<tr><td rowspan="2">내용요소</td><td>학교급</td><td>초등 6</td><td rowspan="2">예상 정답률</td><td rowspan="2">50 %</td></tr>
<tr><td>단 원</td><td>지진</td></tr>
<tr><td>평가목표</td><td colspan="4">지진이 발생하는 원인을 모형 실험으로 이해한다.</td></tr>
</table>

[문제 64] 다음의 모형 실험은 실제 자연에서 어떤 현상을 알아보기 위한 실험인가?

- 스티로폼의 양 끝을 잡고 구부려본다.
- 스티로폼이 끊어질 때, 손이 받은 느낌을 이야기하여 본다.

① 태풍 ② 천둥과 번개 ③ 퇴적암 생성 과정
④ 화산 폭발 ⑤ 단층과 지진

정답 ⑤

해설 스티로폼이 힘을 받아 끊어질 때와 실제 지층이 끊어지는 과정이 비슷하고, 지층이 끊어지면 단층이 만들어지고 끊어질 때의 흔들리는 느낌이 지진과 비슷하다.

<table>
<tr><td rowspan="2">내용요소</td><td>학교급</td><td>초등 6</td><td rowspan="2">예상
정답률</td><td rowspan="2">50 %</td></tr>
<tr><td>단 원</td><td>지진</td></tr>
<tr><td>평가목표</td><td colspan="4">지층이 휘어지거나 어긋나는 까닭을 안다.</td></tr>
</table>

[문제 65] 지층을 휘게 하거나 끊어지게 하는 원인은 무엇인가?

① 중력 ② 지구 내부의 힘
③ 물의 힘 ④ 공기의 힘
⑤ 식물 뿌리의 힘

정답 ②

해설 지구 내부에서 오랫동안 힘을 받으면 지층이 휘어지거나 끊어지게 된다.

<table>
<tr><td rowspan="2">내용요소</td><td>학교급</td><td>초등 6</td><td rowspan="2">예상
정답률</td><td rowspan="2">70 %</td></tr>
<tr><td>단 원</td><td>여러 가지 암석</td></tr>
<tr><td>평가목표</td><td colspan="4">변성암이 무엇인지 안다.</td></tr>
</table>

[문제 66] 암석 중에서 열과 힘으로 그 모양이나 성질이 변한 암석을 무엇이라고 하는가?

① 화성암 ② 퇴적암 ③ 변성암
④ 화강암 ⑤ 석회암

정답 ③

해설 열과 힘으로 그 모양이나 성질이 변한 암석을 통틀어 변성암이라고 한다.

내용요소	학교급	초등 6	예상 정답률	50 %
	단 원	여러 가지 암석		
평가목표	변성암의 특징을 알고 있다.			

[문제 67] 다음은 변성암, 화성암, 퇴적암에 대한 설명이다. 이 중에서 옳지 <u>못한</u> 것은 무엇인가?

① 퇴적암에는 층이 보이는 경우가 많다.

② 화성암은 단단한 느낌을 준다.

③ 변성암에는 줄무늬가 보이는 경우가 많다.

④ 퇴적암에는 화석이 있다.

⑤ 변성암이 가장 덜 단단하다.

정답 ⑤

해설 퇴적암이 가장 덜 단단하고 퇴적암이 한 번 더 열과 힘을 받아 변하는 변성암은 퇴적암보다 더 단단한 경우가 많다.

내용요소	학교급	초등 6	예상 정답률	50 %
	단 원	여러 가지 암석		
평가목표	변성되기 전과 후의 암석의 차이점을 알 수 있다.			

[문제 68] 열과 압력을 받아 변화하기 전과 후의 암석이 바르게 연결된 것은 무엇인가?

① 사암 – 규암 ② 석회암 – 편마암 ③ 사암 – 대리암

④ 화강암 – 규암 ⑤ 화강암 – 대리암

정답 ①

해설 변성 전과 후의 암석을 연결해 보면 사암–규암, 석회암–대리암, 화강암–편마암이다.

<table>
<tr><td rowspan="2">내용요소</td><td>학교급</td><td>초등 6</td><td rowspan="2">예상
정답률</td><td rowspan="2">30 %</td></tr>
<tr><td>단 원</td><td>여러 가지 암석</td></tr>
<tr><td>평가목표</td><td colspan="4">편마암의 줄무늬가 생긴 까닭을 알 수 있다.</td></tr>
</table>

[문제 69] 다음은 편마암의 줄무늬가 생기는 과정을 알아보기 위한 모형 실험이다. 이 실험을 통해 편마암의 줄무늬가 생긴 까닭은 무엇이라고 생각되는가?

> • 찰흙 반대기로 둥근 모양의 분홍색 덩어리가 들어 있는 찰흙 반대기층 모형을 만들어 찰흙 반대기를 나무판으로 세게 눌러본다.
> • 찰흙 반대기 속의 고무 찰흙 덩어리는 찌그러져 줄무늬 모양으로 된다.

① 편마암의 크기 ② 편마암의 색
③ 물의 작용 ④ 누르는 힘
⑤ 찰흙 반대기의 크기

정답 ④

해설 누르는 힘(압력)에 의해서 찌그러져 줄무늬가 생긴다.

<table>
<tr><td rowspan="2">내용요소</td><td>학교급</td><td>초등 6</td><td rowspan="2">예상
정답률</td><td rowspan="2">70 %</td></tr>
<tr><td>단 원</td><td>여러 가지 암석</td></tr>
<tr><td>평가목표</td><td colspan="4">암석의 쓰임새와 특성을 안다.</td></tr>
</table>

[문제 70] 우리 주변에서 볼 수 있는 암석으로 색깔이 곱고 무른 성질을 이용하여 고급 장식재 조각용으로 많이 쓰이며 염산과 반응하는 것은 무엇인가?

① 화강암 ② 현무암 ③ 대리암
④ 편마암 ⑤ 이암

정답 ③

해설 대리암은 염산과 반응하여 기포를 만든다.

내용요소	학교급	초등 6	예상 정답률	50 %
	단 원	일기예보		
평가목표	일기도에 쓰이는 기호의 의미를 안다.			

[문제 71] 다음 그림은 일기도에 있는 기호이다. 이것으로 알 수 있는 것이 아닌 것은 무엇인가?

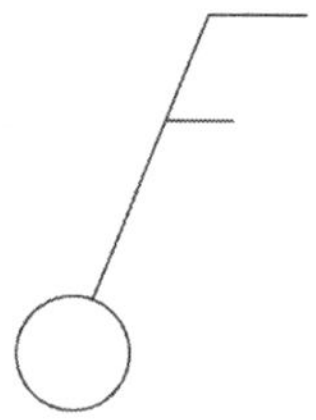

① 비의 양 ② 구름의 양 ③ 풍향

④ 풍속 ⑤ 바람의 세기

정답 ①

해설 일기기호로 풍향(바람의 방향), 풍속(바람의 세기), 구름의 양을 알 수 있다.

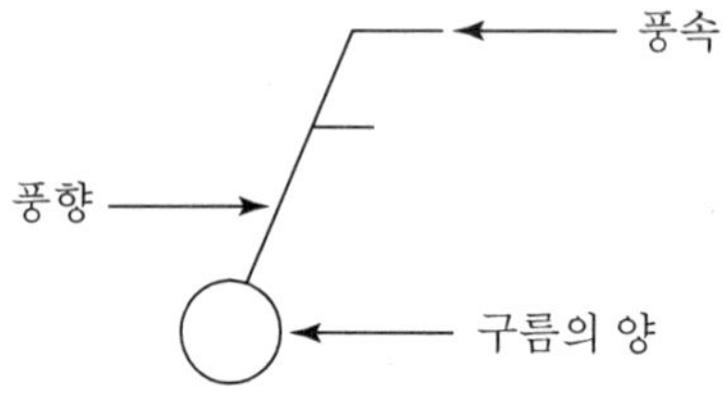

내용요소	학교급	초등 6	예상 정답률	30 %
	단 원	일기예보		
평가목표	주사기 실험으로 기압의 변화와 공기의 움직임을 알 수 있다.			

[문제 72] 손으로 주사기 구멍을 막고 피스톤을 밀고 당기면서 공기가 어떻게 이동하는지 알아보는 실험을 하였다. 이 실험에 대한 설명으로 옳지 않은 것은 무엇인가?

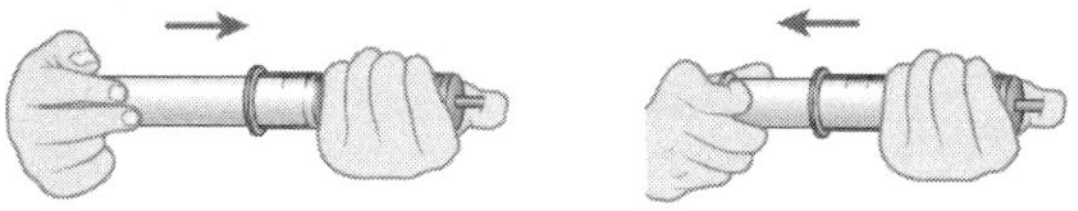

① 주사기를 밀면 밖보다 기압이 더 커진다.
② 주사기를 민 상태에서 막았던 손을 떼면 공기는 밖에서 안으로 들어온다.
③ 주사기를 당기면 밖보다 기압이 더 작아진다.
④ 주사기를 당긴 상태에서 막았던 손을 떼면 공기는 밖에서 안으로 들어온다.
⑤ 공기는 고기압에서 저기압으로 이동한다.

정답 ②

해설 주사기를 밀면 밖보다 안이 고기압이 되고 주사기를 막았던 손을 떼면 공기는 고기압에서 저기압으로, 즉 안에서 밖으로 이동하게 된다. 반대로 주사기를 당기면 밖보다 안이 저기압이 되고 손을 떼면 공기는 밖에서 안으로 이동하게 된다.

<table>
<tr><td rowspan="2">내용요소</td><td>학교급</td><td>초등 6</td><td rowspan="2">예상
정답률</td><td rowspan="2">30 %</td></tr>
<tr><td>단 원</td><td>일기예보</td></tr>
<tr><td>평가목표</td><td colspan="4">일기도를 보고 실제 날씨와 비교할 수 있다.</td></tr>
</table>

[문제 73] 우리나라 주변의 일기도가 그림과 같을 때 우리나라의 날씨에 관해 알 수 있는 사실이 아닌 것은 무엇인가?

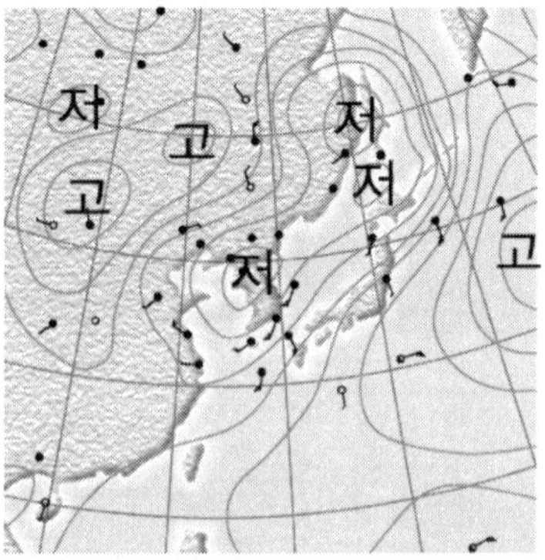

① 기온이 낮다.
② 바람이 분다.
③ 앞으로 맑아질 것이다.
④ 비나 눈이 올 수 있다.
⑤ 하늘에 구름이 많다.

정답 ①

해설 일기도에 기온은 적혀 있지 않다. 우리나라는 저기압 중심에 들어 있으므로 흐리고 비나 눈이 올 가능성이 높다. 그리고 서쪽에 고기압이 분포하므로 앞으로 맑아질 것이다. 일기기호에 풍속이 표시되어 있으므로 바람이 불고 있음을 알 수 있다.

<table>
<tr><td rowspan="2">내용요소</td><td>학교급</td><td>초등 6</td><td rowspan="2">예상
정답률</td><td rowspan="2">50 %</td></tr>
<tr><td>단 원</td><td>일기예보</td></tr>
<tr><td>평가목표</td><td colspan="4">우리나라의 여름과 겨울 날씨의 특징을 안다.</td></tr>
</table>

[문제 74] 다음은 우리나라의 여름철과 겨울철 날씨의 특징을 설명한 것이다. 올바르게 설명한 것은 무엇인가?

① 여름에는 북서쪽 바다 부근에 고기압이 위치한다.
② 겨울에는 남동쪽 육지 부근에 고기압이 위치한다.
③ 여름에는 남서풍이 분다.
④ 겨울에는 북동풍이 분다.
⑤ 겨울에는 차고 건조한 바람이 분다.

정답 ⑤

해설 겨울에는 싸늘한 육지(시베리아) 쪽이 고기압이 되어 차고 건조한 북서풍이 불고 여름에는 따뜻한 바다 쪽이 고기압이 되어 덥고 습한 남동풍이 분다.

<table>
<tr><td rowspan="2">내용요소</td><td>학교급</td><td>초등 6</td><td rowspan="2">예상
정답률</td><td rowspan="2">70 %</td></tr>
<tr><td>단 원</td><td>일기예보</td></tr>
<tr><td>평가목표</td><td colspan="4">기상청에서 일기예보를 하는 과정을 안다.</td></tr>
</table>

[문제 75] 다음은 일기예보를 하기까지의 과정이다. 순서대로 올바르게 연결한 것은 무엇인가?

> ㉠ 관측 자료를 수집한다.
> ㉡ 일기 자료를 분석하여 일기예보를 한다.
> ㉢ 기상을 관측한다.
> ㉣ 관측한 일기 자료를 처리하고 일기도를 작성한다.
> ㉤ 일기예보를 방송국, 신문사, 인터넷 등에 전달한다.

① ㉠→㉡→㉢→㉣→㉤

② ㉠→㉢→㉡→㉣→㉤

③ ㉡→㉢→㉠→㉣→㉤

④ ㉢→㉠→㉣→㉡→㉤

⑤ ㉢→㉣→㉠→㉡→㉤

정답 ④

해설 일기예보를 하려면 먼저 기상 관측→관측 자료 수집→관측 자료 처리, 일기도 작성→일기 분석, 일기예보→일기예보를 방송국, 신문사, 인터넷 등에 전달하는 과정을 거친다.

내용요소	학교급	초등 6	예상 정답률	50 %
	단 원	계절의 변화		
평가목표	하루 동안의 태양의 고도 변화를 알 수 있다.			

[문제 76] 하루 동안 태양의 고도가 얼마나 달라지는지 알기 위해서 다음과 같은 실험을 하였다. 다음 중 이 실험을 통하여 알 수 있는 것은 무엇인가?

- 널빤지에 막대를 수직으로 세우고 고정시킨 후 막대 끝에 실을 매단다.
- 햇빛이 잘 비치는 곳에 널빤지를 수평으로 놓은 다음, 막대의 그림자 끝을 실로 잇는다. 이때, 막대의 그림자와 실이 이루는 각도가 태양의 고도가 된다.

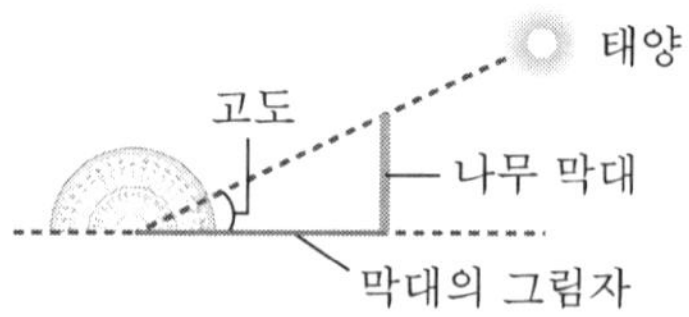

① 태양의 고도는 하루 중에서 2~3시경이 가장 높다.
② 태양의 고도가 높아지면 그림자의 길이는 점점 짧아진다.
③ 태양의 고도는 하루 종일 일정하다.
④ 태양의 고도는 나무 막대의 길이가 길수록 높아진다.
⑤ 태양의 고도와는 달리 기온은 하루 중 12시경이 가장 높다.

정답 ②

해설 태양은 동쪽에서 떠서 서울에서 약 12시 30분경에 머리 꼭대기 위에 오며 서쪽으로 진다. 태양의 고도를 측정해 보면 12시 30분경 고도가 가장 높고 그림자의 길이도 가장 짧다. 태양의 고도가 높아지면 따라서 그림자의 길이도 점점 짧아진다. 그렇지만 하루 동안의 기온 변화를 보면 오후 2시경의 기온이 가장 높다.

내용요소	학교급	초등 6	예상 정답률	50 %
	단 원	계절의 변화		
평가목표	태양의 고도와 기온과의 관계를 안다.			

[문제 77] 단위 넓이의 지면이 받는 태양 에너지의 양이 가장 많을 때의 태양의 고도는 다음 중 어느 것인가?

① 20°　② 30°　③ 45°
④ 60°　⑤ 80°

정답 ⑤

해설 고도가 높을수록 단위 넓이의 지면이 받는 태양 에너지의 양이 많아진다.

내용요소	학교급	초등 6	예상 정답률	30 %
	단 원	계절의 변화		
평가목표	계절별 태양의 남중고도 변화와 기온 관계를 안다.			

[문제 78] 다음 그림은 우리나라의 절기에 따라 태양이 지나가는 길을 나타낸 것이다. 낮의 길이가 길고 기온도 높을 때는 ㉠~㉢ 중 언제인가?

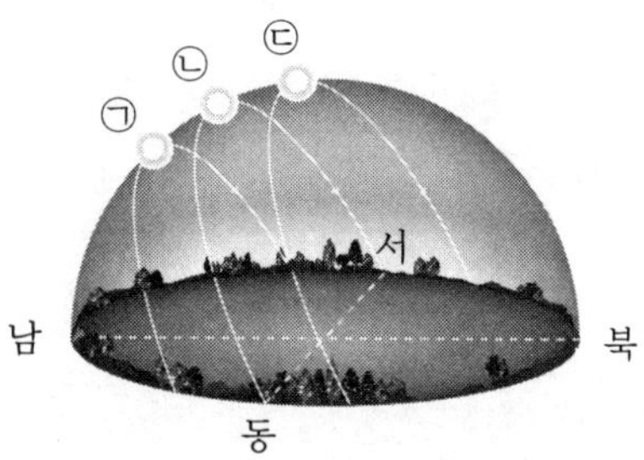

① ㉠　② ㉡　③ ㉢
④ ㉠, ㉢　⑤ 모두 같다.

정답 ③

해설 태양의 남중고도가 가장 높은 ㉢일 때, 낮의 길이가 길고 기온도 높다.

내용요소	학교급	초등 6	예상 정답률	50 %
	단 원	계절의 변화		
평가목표	위도별로 태양의 고도와 그림자의 길이, 기온이 변하는 것을 안다.			

[문제 79] 다음 중 북극 근처의 고위도 지역에서 받는 태양 에너지에 대해 옳게 설명한 것은 무엇인가?

① 저위도 지역보다 기온이 높다.
② 저위도 지역보다 태양의 고도가 낮다.
③ 저위도 지역보다 그림자가 짧다.
④ 남중고도가 1년 내내 똑같다.
⑤ 태양 에너지의 양이 저위도 지역보다 많다.

정답 ②

해설 고위도 지역은 저위도 지역보다 태양의 고도가 낮아 그림자의 길이가 길고 지면이 받는 태양 에너지의 양도 적다. 그러므로 저위도보다 기온이 낮다.

내용요소	학교급	초등 6	예상 정답률	30 %
	단 원	계절의 변화		
평가목표	계절의 변화가 생기는 까닭을 안다.			

[문제 80] 다음 그림은 1년간 지구의 공전 궤도를 나타낸 것이다. 우리나라에서 남중고도가 가장 높고 기온도 높을 때의 위치는 어디인가?

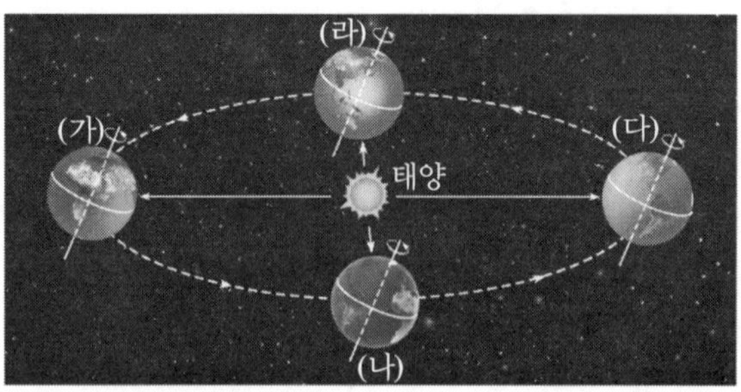

① (가)
② (나)
③ (다)
④ (라)
⑤ 모두 같다.

정답 ①

해설 자전축이 태양 쪽으로 기울어져 있을 때 북반구에는 남중고도가 높아지고 낮의 길이도 길어져 여름이 된다.

2 과학 탐구 능력 검사도구

과학에서 탐구 능력은 과학의 내용 못지않게 상당히 중요하게 다루고 있는 내용이다. 교육과정에서도 과학 탐구 능력을 강조하고 있다. 탐구 능력은 기본적 탐구 능력으로 관찰, 측정, 분류, 예상, 추리 등의 5가지 능력을 제시하고 있고, 통합적 탐구 능력으로 문제 인식, 가설 설정, 변인 통제, 자료 변환, 자료 해석, 결론 도출, 일반화 등의 5가지 능력을 갖추기를 권장하고 있다.

현재 많은 과학영재교육기관에서는 과학영재를 선발함에 있어 매번 새로운 문항을 개발하는 데 많은 노력과 자본을 낭비하고 있다. HASA 연구에서 개발된 영재의 판별은 1회성 판별이 아닌 다단계 판별로, 이 중에서 표준화 과학 탐구 능력 검사는 과학에서 탐구 능력을 얼마만큼 갖추고 있는지 판별하는 과정이다. 문제은행식으로 축적된 자료는 많은 영재 선발은 물론 정규 교육과정에서도 학생들의 과학 탐구 수준을 검사하는 데 활용될 수 있을 것이다.

본 책에서는 개발된 탐구 능력 영역 중에서 초급 영역으로 초등학교 4학년부터 6학년까지 3개년 학생들에 대한 탐구 능력을 측정하는 내용으로 78문항이 제시되었다.

표준화 검사 문항 (탐구)

초등학교 4~6학년

[영재 판별을 위한 표준화 검사도구 개발] **문 항 카 드**	
평가항목	관찰

[문제 1] 다음은 감나무를 나타낸 그림이다. 관찰한 사실을 바르게 기록한 것은 어느 것인가?

① 비바람이 세게 불어 감이 바닥에 떨어졌다.
② 바닥에 떨어진 감은 썩었기 때문에 먹지 못한다.
③ 감이 열려 있는 것으로 보아 가을이다.
④ 감이 감나무에도 있고, 바닥에도 있다.
⑤ 바닥에 떨어진 감은 물렁물렁해진 홍시이다.

정답 ④

해설 관찰한 사실과 추론한 사실을 구분할 수 있어야 한다.

[영재 판별을 위한 표준화 검사도구 개발] **문 항 카 드**	
평가항목	관찰

[문제 2] 영희는 운동장에서 사진과 같은 나뭇잎을 주웠다. 바르게 관찰한 것은 어느 것인가?

① 다른 나뭇잎보다 두껍다.
② 잎이 줄기에 붙어 있다.
③ 잎의 둘레가 매끄럽게 생겼다.
④ 잎에 줄이 나란히 있다.
⑤ 잎이 넓으므로 활엽수이다.

정답 ③

해설 관찰한 것과 그렇지 않은 것을 구별하여 객관적으로 표현해야 한다.

[영재 판별을 위한 표준화 검사도구 개발] **문 항 카 드**	
평가항목	관찰

[문제 3] 다음 사진을 보고 관찰한 사실을 [보기]와 같이 기록하였다. 바르게 기록한 것으로만 묶은 것은 어느 것인가?

[보기]

ㄱ. 오리 세 마리가 헤엄을 치고 있다.
ㄴ. 앞에 있는 오리는 뒤의 오리의 엄마일 것이다.
ㄷ. 오리의 시선이 물 밑을 향하고 있는 것을 보아 먹이를 찾고 있다.
ㄹ. 오리들은 엄마를 따라서 헤엄치는 방법을 배우고 있다.

① ㄱ　② ㄱ, ㄴ　③ ㄱ, ㄴ, ㄷ
④ ㄱ, ㄴ, ㄹ　⑤ ㄱ, ㄷ, ㄹ

정답 ①

<table>
<tr><td colspan="2">[영재 판별을 위한 표준화 검사도구 개발]
문 항 카 드</td></tr>
<tr><td>평가항목</td><td>관찰</td></tr>
</table>

[문제 4] 다음 사진을 보고 관찰한 사실은 어느 것인가?

① 나비가 꽃의 꿀을 빨아먹고 있다.
② 꽃이 피어 있는 것으로 보아 여름이다.
③ 나비가 꽃 위에 앉아 있다.
④ 이 나비는 암컷이다.
⑤ 나비는 알-애벌레-번데기-나비의 변태 과정을 거친다.

정답 ③

해설 사진에서 직접적으로 알 수 있는 내용과 추론한 내용을 구분하는 문제이다. 다른 것은 관찰한 결과는 아니고 추론한 것이라고 할 수 있다.

<table>
<tr><td colspan="2">[영재 판별을 위한 표준화 검사도구 개발]
문 항 카 드</td></tr>
<tr><td>평가항목</td><td>관찰</td></tr>
</table>

[문제 5] 다음 그림을 보고 관찰한 사실을 [보기]와 같이 기록하였다. 바르게 기록한 것으로만 묶은 것은 어느 것인가?

[보기]
ㄱ. 날아가고 있는 새는 1마리이다.
ㄴ. 다리가 보이는 새는 1마리이다.
ㄷ. 눈이 보이는 새는 4마리이다.
ㄹ. 나뭇가지에는 나뭇잎이 5장 붙어 있다.
ㅁ. 2마리는 어미 새이고, 3마리는 새끼 새이다.

① ㄱ, ㄴ, ㄷ ② ㄱ, ㄴ, ㄷ, ㄹ ③ ㄴ, ㄷ, ㄹ, ㅁ
④ ㄱ, ㄴ, ㄹ, ㅁ ⑤ ㄴ, ㄷ, ㄹ,

정답 ②

[영재 판별을 위한 표준화 검사도구 개발]

문 항 카 드

평가항목	관찰

[문제 6] 철수는 비커에 담긴 성질이 다른 두 용액을 섞었다. 그 결과가 아래 그림과 같다. 이 실험에서 관찰한 사실 중 맞는 것은 어느 것인가?

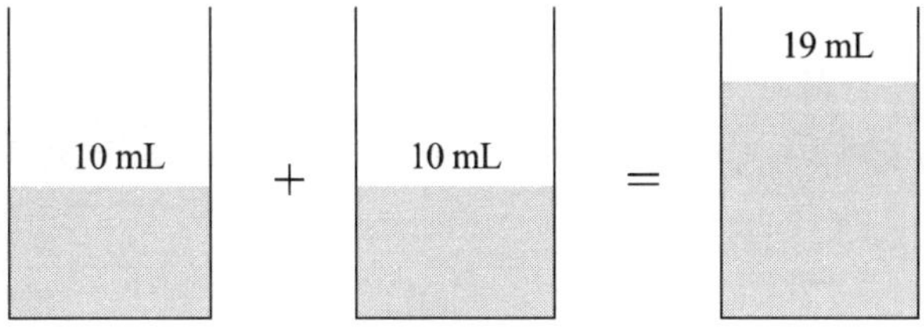

① 액체를 섞는 과정에서 증발이 일어나 부피가 줄어들었다.
② 성질이 다른 액체를 섞었더니 부피가 1 mL 줄어들었다.
③ 두 액체의 분자 간의 간격이 다르기 때문에 부피가 줄어들었다.
④ 만약 두 용액을 20 mL씩 섞는다면 섞은 후의 부피는 38 mL가 될 것이다.
⑤ 실험의 결과로 미루어 보아 두 액체는 물과 알코올일 것이다.

정답 ②

해설 추론과 예상으로 알 수 있는 것과 관찰한 것은 다르기 때문에 위 보기에서 관찰한 것은 ②뿐이다.

[영재 판별을 위한 표준화 검사도구 개발] **문 항 카 드**	
평가항목	관찰

[문제 7] 지완이는 동물원에서 사진의 뱀을 보았다. 바르게 관찰한 것은?

① 뱀은 1 m 길이이다.
② 뱀은 식사 후 휴식 중이다.
③ 뱀의 등에는 무늬가 있다.
④ 뱀의 혀는 가늘고 긴 편이다.
⑤ 뱀의 피부를 손으로 만지면 차가울 것이다.

정답 ③

해설 관찰한 사실과 추론한 사실을 구분할 수 있어야 한다.

[영재 판별을 위한 표준화 검사도구 개발] **문 항 카 드**	
평가항목	관찰

[문제 8] 지완이는 싱크대에서 사진과 같은 세제 거품을 보았다. 관찰한 내용만을 바르게 말한 것은 어느 것인가?

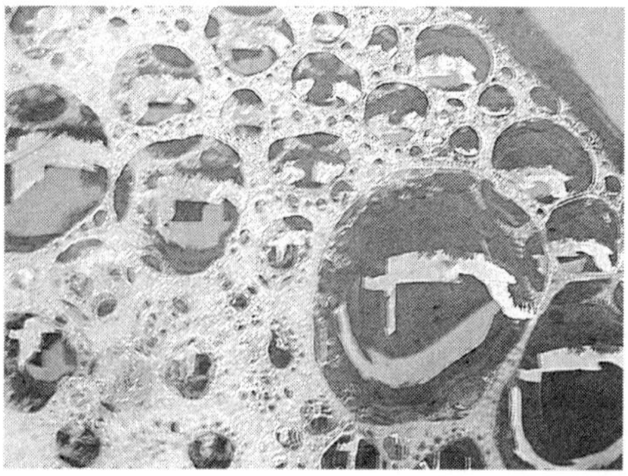

① 거품의 방울 크기는 다양하다.
② 세제 거품은 환경오염의 주범이다.
③ 거품은 물로 여러 번 헹궈야 닦인다.
④ 물에 세제를 풀면 거품을 만들 수 있다.
⑤ 거품은 온도에 따라 다른 색으로 보인다.

정답 ①

해설 관찰한 것과 그렇지 않은 것을 구별하여 객관적으로 표현해야 한다.

[영재 판별을 위한 표준화 검사도구 개발] **문 항 카 드**	
평가항목	관찰

[문제 9] 다음 사진을 보고 관찰한 사실을 [보기]와 같이 기록하였다. 바르게 기록한 것으로만 묶은 것은 어느 것인가?

[보기]

ㄱ. 두 사람이 배를 타고 있다.
ㄴ. 두 사람은 서로 이야기하고 있다.
ㄷ. 뱃머리의 방향을 보아, 사진 속의 정자로 가는 길이다.
ㄹ. 배경의 산이 무성한 것으로 보아 여름이다.

① ㄱ ② ㄱ, ㄴ ③ ㄱ, ㄴ, ㄷ
④ ㄱ, ㄴ, ㄹ ⑤ ㄱ, ㄷ, ㄹ

정답 ①

[영재 판별을 위한 표준화 검사도구 개발] **문 항 카 드**	
평가항목	관찰

[문제 10] 다음은 어느 식당의 약도이다. 바르게 관찰한 사실은 어느 것인가?

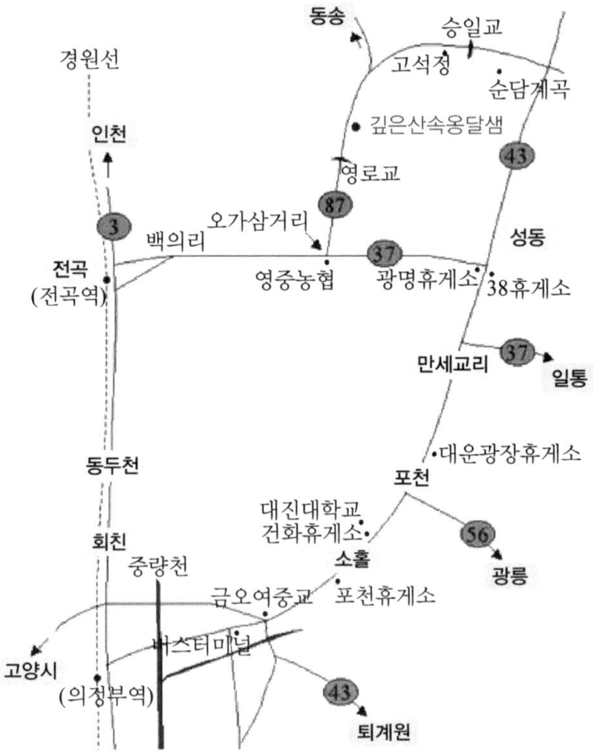

① 포천휴게소에서 포천 방향으로 가면 대운광장 휴게소가 나온다.

② 포천에서 성동으로 가는 기찻길이 있다.

③ 약도 속에는 총 4개의 휴게소가 표시되어 있다.

④ 이 약도가 있으면 포천휴게소에서 천안휴게소로 찾아갈 수 있다.

⑤ 약도 안에는 버스터미널이 표시되어 있지 않다.

정답 ①

[영재 판별을 위한 표준화 검사도구 개발] **문 항 카 드**	
평가항목	관찰

[문제 11] 연못에 사는 물벼룩처럼 아주 작은 생물을 관찰하기에 가장 좋은 방법은 어느 것인가?

① 어항에 넣고 눈으로 관찰한다.

② 비커에 넣고 얼린 후 돋보기로 관찰한다.

③ 유리판 위에 올려놓고 돋보기로 관찰한다.

④ 샬레에 넣되, 샬레를 흰 종이 위에 두고 돋보기로 관찰한다.

⑤ 어떤 방법을 써도 관찰할 수 없다.

정답 ④

[영재 판별을 위한 표준화 검사도구 개발] **문 항 카 드**	
평가항목	관찰

[문제 12] 지완이는 산에 갔다가 나뭇잎 2개를 주웠다. 두 나뭇잎을 바르게 관찰한 것은?

① 왼쪽 잎은 은행나무 잎이다.

② 왼쪽 잎은 아기 손을 닮았다.

③ 오른쪽 잎이 왼쪽 잎보다 크다.

④ 왼쪽 잎보다 오른쪽 잎의 두께가 두껍다.

⑤ 두 나뭇잎은 모양이 다른 것으로 보아 다른 나무에서 떨어졌을 것이다.

정답 ③

[영재 판별을 위한 표준화 검사도구 개발] **문 항 카 드**	
평가항목	관찰

[문제 13] 다음 사진은 배드민턴 경기에 사용하는 셔틀콕이다. 관찰한 사실을 바르게 기록한 것은 무엇인가?

① 셔틀콕은 날아가면서 공기의 저항을 많이 받을 것이다.
② 깃털 부분을 플라스틱으로 만든 셔틀콕도 있다.
③ 배드민턴을 치다 보면 깃털이 빠진다.
④ 깃털들을 실로 묶어서 단단하게 연결해 놓았다.
⑤ 깃털은 닭이나 오리의 깃털일 것이다.

정답 ④

[영재 판별을 위한 표준화 검사도구 개발] **문 항 카 드**	
평가항목	관찰

[문제 14] 다음 사진은 망원경을 이용하여 찍은 달의 모습이다. 관찰한 사실을 바르게 기록한 것은 어느 것인가?

① 많은 크레이터(분화구)들이 있다.
② 보름달에서 그믐달로 가는 중간의 모습이다.
③ 많은 크레이터(분화구)들이 있는 것으로 보아 달에는 대기가 없을 것이다.
④ 달은 지구보다 작을 것이다.
⑤ 내가 달에 간다면 나의 몸무게는 줄어들 것이다.

정답 ①

[영재 판별을 위한 표준화 검사도구 개발] **문 항 카 드**	
평가항목	관찰

[문제 15] 다음 사진을 바르게 관찰한 것은?

① 벌은 꽃에서 꿀을 따먹고 있는 중일 것이다.

② 벌의 몸통에는 작은 털이 많이 나 있다.

③ 벌은 꽃의 향기를 맡고 날아왔다.

④ 벌이 날아간 뒤에 꽃잎은 오므라들 것이다.

⑤ 꽃의 색이 지금은 흰색이지만 시간이 지나면 분홍색이 된다.

정답 ②

[영재 판별을 위한 표준화 검사도구 개발] **문 항 카 드**	
평가항목	분류

[문제 16] 영희는 시골에 있는 할머니 댁에 갔다. 그곳에서 여러 가지 식물의 잎을 보았는데, 그림과 같았다. 이 식물들을 잎의 특징에 따라 두 가지로 분류한다면 어떤 것이 가장 옳을까?

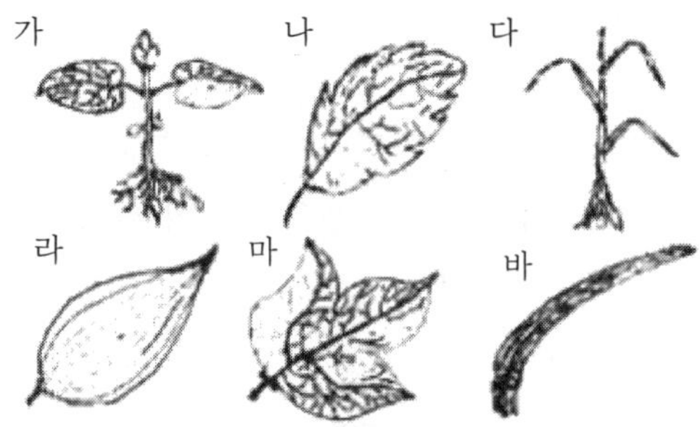

① 가, 나, 다 / 라, 마, 바

② 가, 나, 마 / 다, 라, 바

③ 가, 마, 바 / 나, 다, 라

④ 가, 마, 바 / 나, 다, 라

⑤ 가, 다, 마 / 나, 라, 바

정답 ②

해설 잎의 특징을 구별하여 그물맥과 나란히맥을 구분하여 분류한다.

[영재 판별을 위한 표준화 검사도구 개발]

문 항 카 드

평가항목	분류

[문제 17] 다음과 같은 여러 가지 물체를 분류하려고 한다. 이때 A에 속하는 물건은 다음 중 어느 것일까?

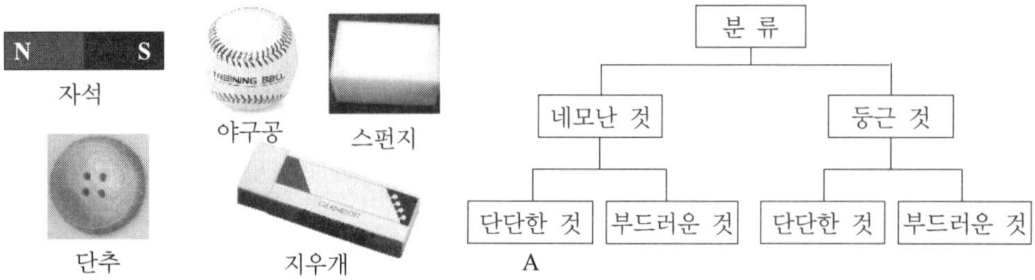

① 자석 ② 야구공 ③ 스펀지

④ 단추 ⑤ 지우개

정답 ①

[영재 판별을 위한 표준화 검사도구 개발]

문 항 카 드

평가항목	분류

[문제 18] 그림과 같이 여러 가지 모양을 두 가지로 분류하였다. 분류의 기준이 될 수 있는 것은 무엇인가?

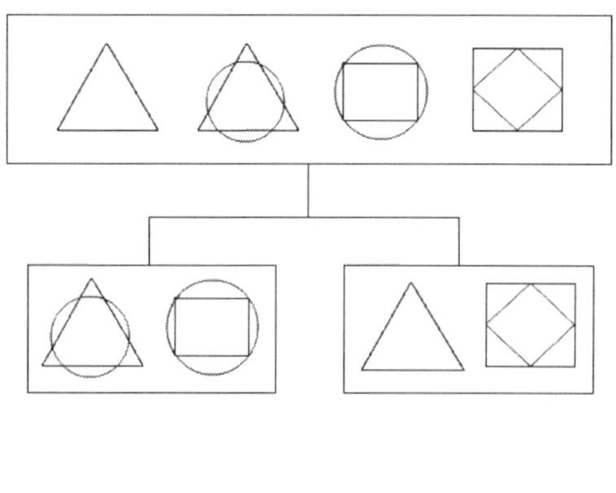

① 세모가 있는 것과 없는 것

② 네모가 있는 것과 없는 것

③ 원이 있는 것과 없는 것

④ 네모가 하나인 것과 그렇지 않은 것

⑤ 도형이 하나인 것과 그렇지 않은 것

정답 ③

<table>
<tr><td colspan="2">[영재 판별을 위한 표준화 검사도구 개발]
문 항 카 드</td></tr>
<tr><td>평가항목</td><td>분류</td></tr>
</table>

[문제 19] 다음 동물들을 두 마리씩 편을 나누려면, 어떻게 나누어야 할까?

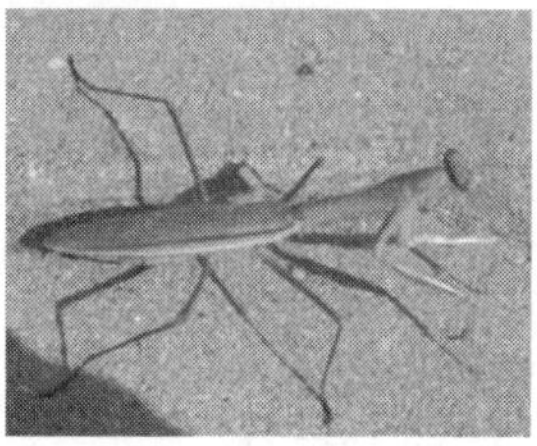

① 암컷과 수컷
② 털이 있는 것과 없는 것
③ 꼬리가 있는 것과 없는 것
④ 다리가 4개인 것과 6개인 것
⑤ 육지에 사는 것과 물에서 사는 것

정답 ②

[영재 판별을 위한 표준화 검사도구 개발]

문 항 카 드

평가항목	분류

[문제 20] 다음과 같이 분류했다면, 분류 기준은 무엇일까?

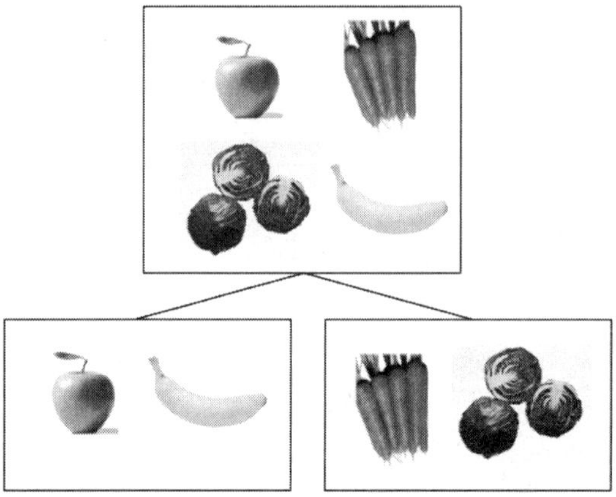

① 둥근 것과 길쭉한 것
② 큰 것과 작은 것
③ 껍질이 있는 것과 없는 것
④ 야채와 과일
⑤ 과일과 곡물

정답 ④

<table>
<tr><td colspan="2">[영재 판별을 위한 표준화 검사도구 개발]
문 항 카 드</td></tr>
<tr><td>평가항목</td><td>분류</td></tr>
</table>

[문제 21] 다음 동물들을 다리가 적은 순서대로 늘어놓은 것은 어느 것인가?

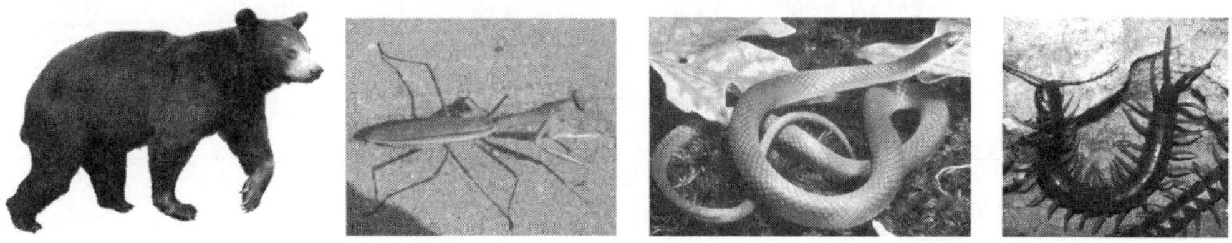

㉮ ㉯ ㉰ ㉱

① ㉮ – ㉯ – ㉰ – ㉱　② ㉮ – ㉯ – ㉱ – ㉰　③ ㉰ – ㉯ – ㉮ – ㉱

④ ㉰ – ㉮ – ㉯ – ㉱　⑤ ㉱ – ㉮ – ㉯ – ㉰

정답 ④

<table>
<tr><td colspan="2">[영재 판별을 위한 표준화 검사도구 개발]
문 항 카 드</td></tr>
<tr><td>평가항목</td><td>분류</td></tr>
</table>

[문제 22] 여러 도형을 다음과 같이 A와 B로 분류하였다. 보기 중 A에 속하는 것을 모두 고르시오.

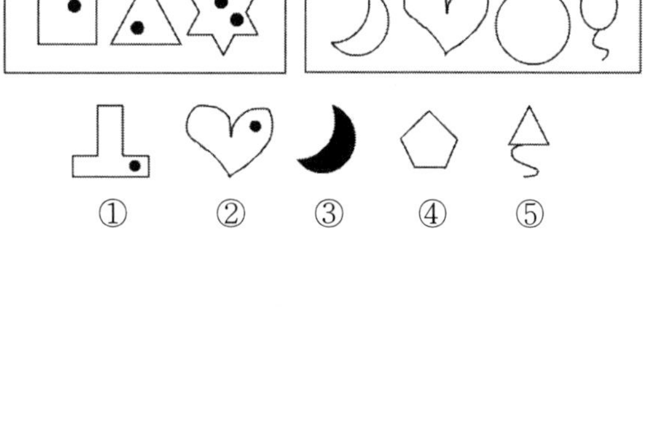

정답 ①, ②

[영재 판별을 위한 표준화 검사도구 개발] **문 항 카 드**	
평가항목	분류

[문제 23] 다음은 여러 학생들의 옷 색깔과 신발 색깔을 적은 표이다.

	철수	영희	선용	민아	강호
옷 색깔	회색	빨간색	흰색	파란색	검정색
신발 색깔	검정색	노란색	빨간색	흰색	녹색

아래의 분류표에서 A에 들어갈 학생은 누구인가?

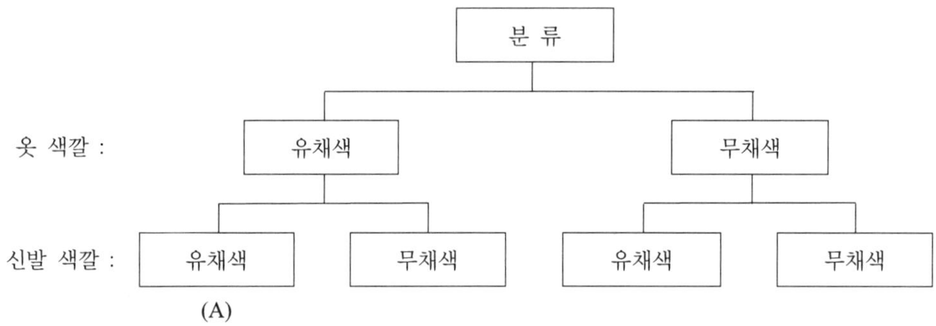

① 철수 ② 영희 ③ 선용

④ 민아 ⑤ 강호

정답 ②

[영재 판별을 위한 표준화 검사도구 개발] **문 항 카 드**	
평가항목	분류

[문제 24] 다음은 여러 물체들을 전기가 잘 통하는 것과 잘 통하지 않는 것으로 분류한 것이다. 잘못 분류된 것은 어느 것인가?

전기가 잘 통하는 것	전기가 잘 통하지 않는 것
연필심, 철 조각, 구리선, 플라스틱 자	나무토막, 책, 축구공, 유리컵

① 연필심 ② 구리선 ③ 플라스틱 자
④ 축구공 ⑤ 유리컵

정답 ③

[영재 판별을 위한 표준화 검사도구 개발] **문 항 카 드**	
평가항목	분류

[문제 25] 다음은 두 가지 기준에 따라 단어들을 분류한 것이다.

	(가)	(나)
(A)	농구공, 야구공, 축구공	안경, 귤, 배, 사과
(B)	재빠르다, 던지다, 달리다	먹다, 자라다, 붙이다

위와 같이 분류한 표를 잘못 설명한 것은 어느 것인가?

① (가)는 운동경기와 관계된 것들이다.
② (가)는 다시 명사와 명사가 아닌 것으로 나누었다.
③ (나)는 먹는 것과 관계된 것들이다.
④ (A)에 있는 단어들은 명사이다.
⑤ (나)의 (B)는 운동경기와 관계가 없는 것들 중에서 명사가 아닌 것이다.

정답 ③

해설 (나)의 모든 내용이 먹는 것과 관련된 것은 아니다.(예 : 안경, 자라다, 붙이다 등)

[영재 판별을 위한 표준화 검사도구 개발] **문 항 카 드**	
평가항목	측정

[문제 26] 손을 표준의 측정 장치로 사용하기는 부적합하다. 그 이유는 무엇일까?

① 사용하기에 편리하지 않기 때문이다.

② 사람마다 크기가 일정하지 않기 때문이다.

③ 시간이 지나면서 크기가 변하기 때문이다.

④ 손의 크기는 일반적으로 알려지지 않았기 때문이다.

⑤ 투명하지 않기 때문이다.

정답 ②

해설 측정 장치는 언제 어디서나 동일한 값을 나타내야 하는데 사람의 손은 사람마다 크기가 다르기 때문에 정확한 측정 장치로 사용하기 어렵다.

[영재 판별을 위한 표준화 검사도구 개발] **문 항 카 드**	
평가항목	측정

[문제 27] 다음은 우리 주위에서 물체를 측정하는 데 사용되는 기구들이다. 이 기구들은 무엇을 측정하는 데 사용되는 것인지 [보기]에서 고르시오.

1. 윗접시 저울	2. 미터 자
3. 눈금실린더	4. 앉은뱅이 저울

[보기]

① 온도 ② 질량 ③ 무게 ④ 부피 ⑤ 길이

정답 1. ②, 2. ⑤, 3. ④, 4. ③

[영재 판별을 위한 표준화 검사도구 개발] **문 항 카 드**	
평가항목	측정

[문제 28] 작은 물체의 질량(무게)을 재기 위하여 눈금이 그려진 저울을 사용하였다. 눈금이 아래 그림과 같이 화살표를 가리켰을 때, 이 물체의 질량(무게)은 얼마인가?

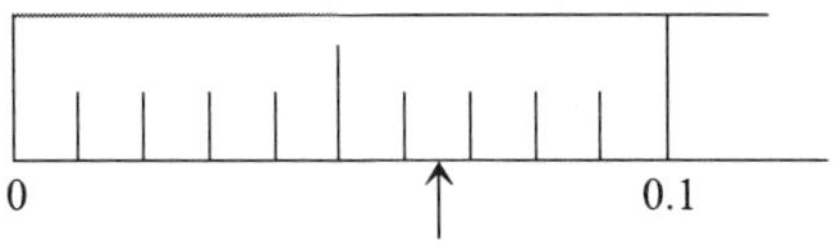

① 0.60 g ② 0.65 g ③ 0.06 g
④ 0.065 g ⑤ 0.075 g

정답 ④

[영재 판별을 위한 표준화 검사도구 개발] **문 항 카 드**	
평가항목	측정

[문제 29] 어떤 액체의 부피를 측정하기 위하여 눈금실린더에 넣었더니 그림과 같이 나타났다. 눈금실린더의 눈금을 읽어 이 액체의 부피가 얼마인지 고르시오.

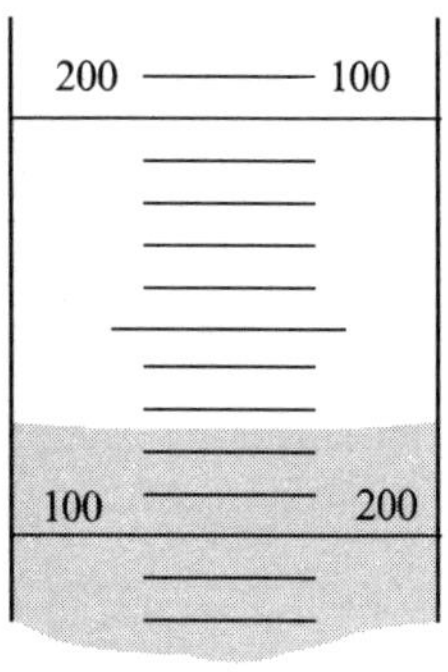

① 120 mL ② 125 mL
③ 150 mL ④ 225 mL
⑤ 250 mL

정답 ②

해설 눈금실린더의 눈금은 아래부터 위쪽으로 값이 커지므로 왼쪽의 눈금을 읽어야 한다.

[영재 판별을 위한 표준화 검사도구 개발] **문 항 카 드**	
평가항목	측정

[문제 30] 1원짜리 동전의 지름을 알기 위하여 그림과 같이 측정했다. 동전 하나의 지름은 약 몇 cm인가?

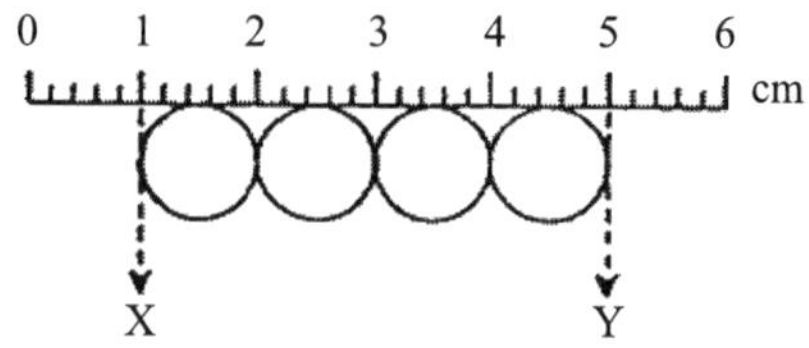

① 0.5　② 1
③ 1.25　④ 1.5
⑤ 4

정답 ②

[영재 판별을 위한 표준화 검사도구 개발] **문 항 카 드**	
평가항목	측정

[문제 31] 다음 중 1 cm의 크기를 가장 잘 추정한 것은?

① 옷핀의 길이　② 볼펜의 길이　③ 볼펜의 지름
④ 쌀알의 크기　⑤ 메추리알의 크기

정답 ③

[영재 판별을 위한 표준화 검사도구 개발] **문 항 카 드**	
평가항목	측정

[문제 32] 몇 개의 얼음조각을 물이 들어 있는 왼쪽 눈금실린더에 넣고 녹도록 방치해 두었더니 오른쪽 눈금실린더처럼 수면이 변했다. 얼음이 녹아 생긴 물의 부피는 몇 cm^3인가?

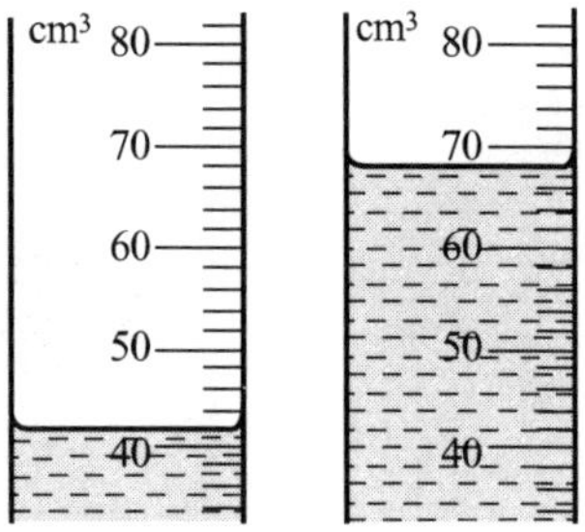

① 68　　② 64　　③ 42

④ 28　　⑤ 26

정답 ⑤

[영재 판별을 위한 표준화 검사도구 개발] **문 항 카 드**	
평가항목	측정

[문제 33] 방의 크기를 측정하고자 한다. 어떤 단위를 사용하는 것이 가장 좋겠는가?

① cm　　② mm　　③ m

④ km　　⑤ dm

정답 ③

[영재 판별을 위한 표준화 검사도구 개발] **문 항 카 드**	
평가항목	측정

[문제 34] 체리 한 그릇을 통째로 주방저울에 달았더니 320 g이었다. 지완이가 체리를 다 먹은 후 빈 그릇만 다시 저울에 달았더니 120 g이었다. 지완이는 약 몇 g의 체리를 먹었을까? (단, 체리 꼭지의 무게는 무시한다.)

① 120 ② 200 ③ 320
④ 440 ⑤ 500

정답 ②

[영재 판별을 위한 표준화 검사도구 개발] **문 항 카 드**	
평가항목	측정

[문제 35] 샬레에서 움직이고 있는 플라나리아의 몸 길이를 재려고 한다. 가장 간편하면서 좋은 방법은 무엇인가?

① 한 마리를 잡아서 유리판 위에 놓고 자로 잰다.
② 실을 플라나리아 길이만큼 잘라서 실의 길이를 자로 잰다.
③ 샬레 밑에 모눈종이를 깔고 모눈의 칸을 잰다.
④ 작은 자를 물속에 넣어 못 움직이게 하면서 잰다.
⑤ 눈대중으로 짐작한다.

정답 ③

[영재 판별을 위한 표준화 검사도구 개발]

문 항 카 드

평가항목	측정

[문제 36] 산 아래 나무가 있는 다음 그림을 보고, 산의 높이가 나무 높이의 대략 몇 배인지 추정해 보시오.

① 3

② 4

③ 5

④ 6

⑤ 7

정답 ③

[영재 판별을 위한 표준화 검사도구 개발]

문 항 카 드

평가항목	측정

[문제 37] 영희는 철수에게 막대 하나를 주면서 길이가 10.5 cm라고 하였다. 철수는 막대의 길이를 직접 측정해서 영희의 말이 사실인지 확인하려고 한다. 다음 중 철수에게 가장 적합한 자는 어느 것인가?

① 전체 길이가 30 cm이고, 눈금 간격이 1 cm인 자

② 전체 길이가 30 cm이고, 눈금 간격이 5 mm인 자

③ 전체 길이가 30 cm이고, 눈금 간격이 1 mm인 자

④ 전체 길이가 10 cm이고, 눈금 간격이 5 mm인 자

⑤ 전체 길이가 10 cm이고, 눈금 간격이 1 mm인 자

정답 ③

[영재 판별을 위한 표준화 검사도구 개발] **문 항 카 드**	
평가항목	측정

[문제 38] 다음은 어떤 용기를 설명한 것이다. 이 용기를 강수량을 측정하는 데 사용하기 어려운 이유를 고른다면?

ㄱ. 입구의 넓이가 바닥보다 넓다.	ㄴ. 투명하다.
ㄷ. 눈금이 있다.	ㄹ. 원통형이다.
ㅁ. 밑바닥이 평평하다.	

① ㄱ　② ㄴ　③ ㄷ　④ ㄹ　⑤ ㅁ

정답 ①

<table>
<tr><td colspan="2">[영재 판별을 위한 표준화 검사도구 개발]
문 항 카 드</td></tr>
<tr><td>평가항목</td><td>측정</td></tr>
</table>

[문제 39] 아래 사진은 책의 가로 길이를 mm 단위의 자를 이용하여 측정하는 모습이고, 오른쪽은 왼쪽 사진의 ① 부분을 확대한 것이다. 책의 가로 길이는 얼마인가?

① 12.50 cm　② 12.58 cm　③ 12.80 cm
④ 12.85 cm　⑤ 12.90 cm

정답 ④

[영재 판별을 위한 표준화 검사도구 개발] **문 항 카 드**	
평가항목	측정

[문제 40] 다음 그림은 어떤 액체를 눈금실린더에 담아 부피를 측정할 때의 모습을 나타낸 것이다. 이 액체의 부피는 얼마인가?

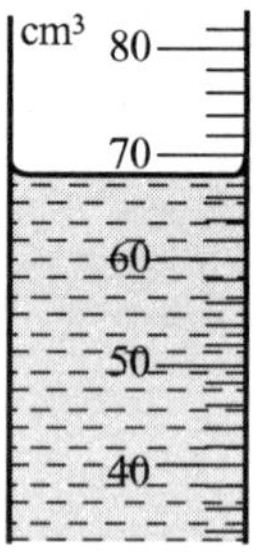

① 60 cm^3
② 64 cm^3
③ 68 cm^3
④ 70 cm^3
⑤ 72 cm^3

정답 ③

[영재 판별을 위한 표준화 검사도구 개발] **문 항 카 드**	
평가항목	측정

[문제 41] 다음 중에서 종이 1장의 두께를 가장 정확하게 측정할 수 있는 방법은?

① 똑같은 종이 1장의 두께를 자로 직접 잰다.
② 똑같은 종이 10장의 두께를 자로 잰 다음 10으로 나눈다.
③ 똑같은 종이 50장의 두께를 자로 잰 다음 50으로 나눈다.
④ 똑같은 종이 100장의 두께를 자로 잰 다음 100으로 나눈다.
⑤ 똑같은 종이 200장의 두께를 자로 잰 다음 200으로 나눈다.

정답 ⑤

[영재 판별을 위한 표준화 검사도구 개발]
문 항 카 드

평가항목	측정

[문제 42] 사각형 1개의 크기가 1 cm^2인 모눈종이에 잉크를 한 방울 떨어뜨렸더니 오른쪽 그림처럼 번졌다. 잉크 방울이 번진 영역의 넓이는 대략 얼마인가?

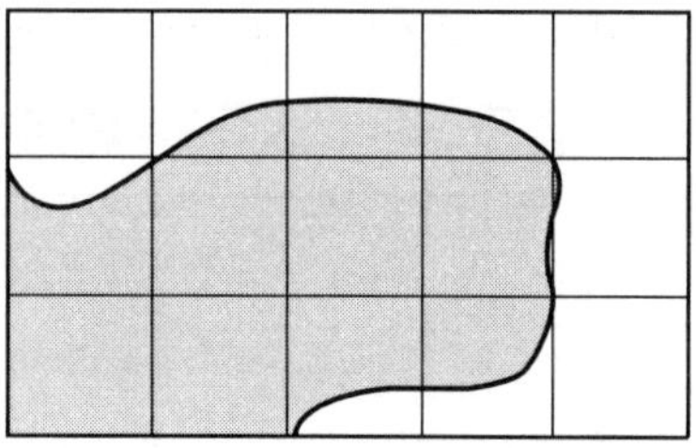

① 7 cm^2　② 8 cm^2
③ 9 cm^2　④ 10 cm^2
⑤ 11 cm^2

정답 ②

[영재 판별을 위한 표준화 검사도구 개발]
문 항 카 드

평가항목	예상

[문제 43] 아래의 그림을 보고 다음 [보기] 중에서 어떤 것이 예상한 것인지 바르게 묶은 것을 고르시오.

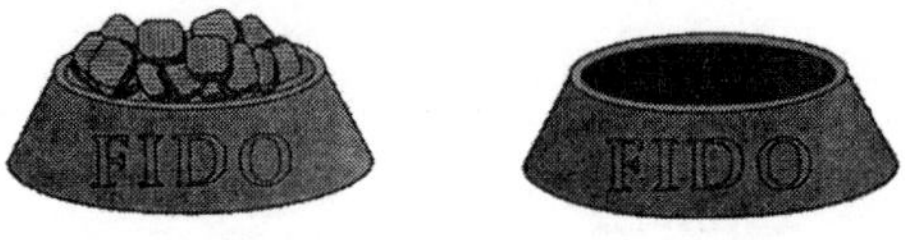

A. 9:00 am　B. 10:00 am

[보기]

A. 이 접시는 강아지의 밥을 담는 것이다.
B. 강아지는 오전 9시와 오전 10시 사이에 밥을 다 먹었다.
C. 이 접시는 다음날 오전 9시 이전에 다시 채워질 것이다.
D. 그림 B의 접시에는 물이 채워져 있다.

① A　② A, B　③ C
④ C, D　⑤ B, C, D

정답 ③

해설 A, B는 추리이다.

[영재 판별을 위한 표준화 검사도구 개발] **문 항 카 드**	
평가항목	예상

[문제 44] 목이 작은 통 속에 담긴 물을 쏟아 부었을 때 담긴 물의 양에 대해서 물이 완전히 비워지는 데 걸리는 시간이 아래 표와 같다.

물의 양(mL)	200	400	600	800
비워지는 데 걸리는 시간(초)	3.0	6.1	8.8	11.7

통 속에 물이 1200 mL만큼 담겨 있었다면 완전히 비우는 데 어느 정도 시간이 필요할까?

① 약 14초　② 약 16초　③ 약 18초
④ 약 20초　⑤ 약 22초

정답 ③

[영재 판별을 위한 표준화 검사도구 개발] **문 항 카 드**	
평가항목	예상

[문제 45] 다양한 개수의 나사를 고무줄에 달았을 때, 고무줄의 길이가 다음과 같았다. 나사를 12개 달면, 고무줄의 길이는 몇 cm이겠는가?

나사의 개수	고무줄의 길이(cm)
2	6
4	7
6	8
8	9
10	10

① 9　② 10　③ 11
④ 12　⑤ 13

정답 ③

[영재 판별을 위한 표준화 검사도구 개발] **문 항 카 드**	
평가항목	예상

[문제 46] 낮은 지역보다 높은 지역으로 올라갈수록 공기는 차가워진다. 다음 사진의 각 지점 중 가장 차가운 곳은?

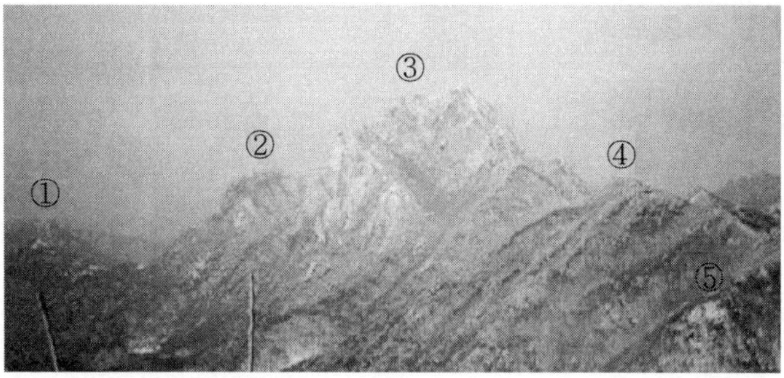

정답 ③

[영재 판별을 위한 표준화 검사도구 개발] **문 항 카 드**	
평가항목	예상

[문제 47] 다음 [보기]의 도형들의 순서를 볼 때, 마지막 물음표를 친 칸 안의 도형은 어떤 모습일까?

[보기]

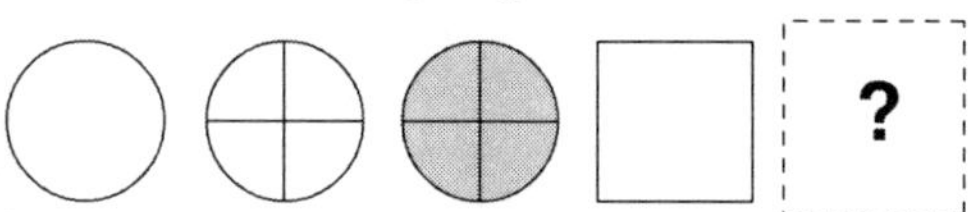

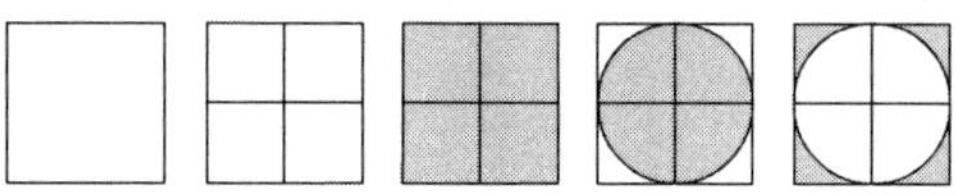

① ② ③ ④ ⑤

정답 ②

[영재 판별을 위한 표준화 검사도구 개발] **문 항 카 드**	
평가항목	예상

[문제 48] 어항 속의 생물들은 서로 먹고 먹히는 관계이다. 붕어는 녹색말과 물벼룩을 먹고, 물벼룩은 녹색말을 먹는다. 어항 속의 녹색말을 모두 없애버리면 어떻게 될까?

① 붕어의 수가 늘어난다.
② 물벼룩의 수가 갑자기 불어난다.
③ 물벼룩의 수가 줄어들다가 불어난다.
④ 물벼룩, 붕어의 수가 차차 줄어든다.
⑤ 물벼룩이 많아져 붕어의 먹이가 많아진다.

정답 ④

[영재 판별을 위한 표준화 검사도구 개발] **문 항 카 드**	
평가항목	예상

[문제 49] 사진은 망원경을 이용하여 찍은 달의 모습이다. 이 사진을 보고 바르게 예상한 것은 어느 것인가?

① 많은 크레이터(분화구)들이 있다.
② 햇빛이 비추는 부분만 찍힌 사진이다.
③ 많은 크레이터(분화구)들이 있는 것으로 보아 달에는 대기가 없다.
④ 달은 지구보다 작다.
⑤ 내가 달에 간다면 나의 몸무게는 줄어들 것이다.

정답 ⑤

해설 ①과 ②는 관찰, ③과 ④는 추리

[영재 판별을 위한 표준화 검사도구 개발] **문 항 카 드**	
평가항목	예상

[문제 50] 아래 사진은 물 밖의 곤충을 잡아먹고 사는 물총고기라고 부르는 물고기가 곤충을 노리는 모습이다. 이 사진을 보고 예상한 것으로 옳은 것은?

① 이 물총고기는 몸통의 길이가 짤막한 편이다.
② 곤충은 물총고기의 접근을 모르고 있다.
③ 물총고기가 입으로 물을 쏘아 곤충을 떨어뜨릴 것이다.
④ 물총고기는 열대지방에 사는 물고기임에 틀림없다.
⑤ 물속이 잘 보이는 것으로 보아 물총고기는 깨끗한 물에만 살 것이다.

정답 ③

해설 ①은 관찰, ②, ④, ⑤는 추리

<table>
<tr><td colspan="2">[영재 판별을 위한 표준화 검사도구 개발]
문 항 카 드</td></tr>
<tr><td>평가항목</td><td>관찰, 예상, 추리</td></tr>
</table>

※ 학교 앞에 있는 눈사람을 보고 학생들 5명이 다음과 같은 표현을 하였다. 이 표현이 관찰인지, 추리인지, 예상인지를 구분하시오.

[문제 51] 눈사람은 두 개의 큰 눈덩이로 만들어졌다.

[문제 52] 학교에 있는 학생들이 이 눈사람을 만들었다.

[문제 53] 눈사람은 하루가 지나면 녹을 것이다.

[문제 54] 눈사람은 목에 빨간 스카프를 하고 있다.

[문제 55] 눈사람은 오전 7시부터 10시 사이에 만들어졌다.

정답 51. 관찰, 52. 추리, 53. 예상, 54. 관찰, 55. 추리

[영재 판별을 위한 표준화 검사도구 개발] **문 항 카 드**	
평가항목	추리

[문제 56] 아래의 그림을 보고 다음 [보기] 중에서 어떤 것이 추리인지 바르게 묶은 것을 고르시오.

A. 9:00 am B. 10:00 am

[보기]

A. 초는 오전 9시와 오전 10시 사이에 꺼졌다.
B. 케이크에는 모두 초가 5개 있다.
C. 이것은 생일 케이크이다.
D. 이 케이크는 초콜릿 맛 케이크이다.
E. 초의 길이가 줄어들었다.

① A, B, C ② A, C, D ③ B, C, D
④ C, D, E ⑤ B, D, E

정답 ②

해설 그림에서 관찰하여 알 수 있는 것은 B와 E뿐이고 나머지는 추리한 것이다. 추리한 것은 맞을 수도 있고 틀릴 수도 있다.

<table>
<tr><td colspan="2">[영재 판별을 위한 표준화 검사도구 개발]
문 항 카 드</td></tr>
<tr><td>평가항목</td><td>추리</td></tr>
</table>

[문제 57] 다음 사진은 공기 중과 진공 중에서 깃털과 쇠구슬을 떨어뜨리는 실험이다. 다음 중에서 이 실험으로부터 추리한 것은 어느 것인가?

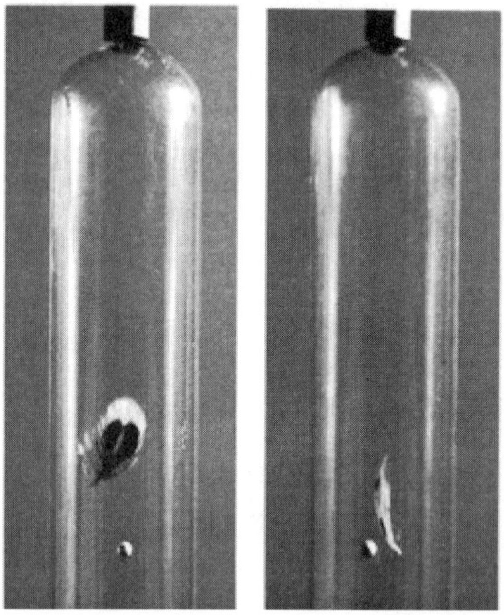

(가) 공기 중　　(나) 진공 중

① 공기 중에서는 깃털보다 쇠구슬이 빨리 떨어진다.

② 진공 중에서는 쇠구슬과 깃털이 같이 떨어진다.

③ 공기 중에서는 공기의 저항 때문에 깃털이 늦게 떨어진다.

④ 깃털은 쇠구슬보다 더 표면적이 넓다.

정답 ③

[영재 판별을 위한 표준화 검사도구 개발] **문 항 카 드**	
평가항목	추리

[문제 58] 두 물체(A, B)를 긴 방향으로 가까이 하였더니 서로 붙었다. 두 물체가 자석인지 아닌지 알아보기 위해서 긴 쪽을 다른 물체의 가운데로 가까이하였더니 아래 그림과 같이 A의 가운데는 붙었지만, B의 가운데는 붙지 않았다. A와 B는 자석일까 아닐까?

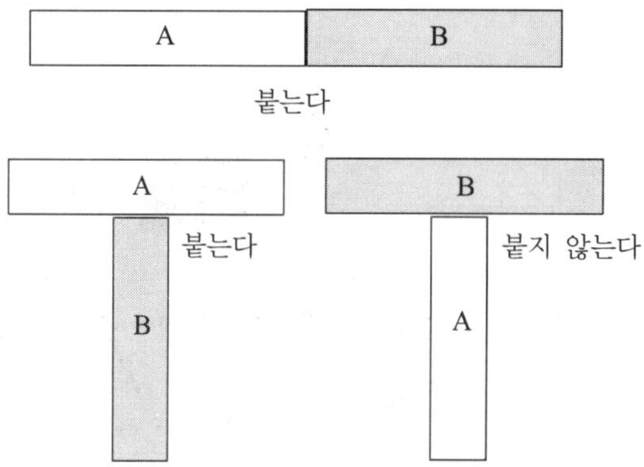

① A만 자석이다.

② B만 자석이다.

③ A, B 모두 자석이다.

④ A, B 모두 자석이 아니다.

⑤ 위 실험으로는 자석인지 아닌지 알 수 없다.

정답 ②

[영재 판별을 위한 표준화 검사도구 개발] **문 항 카 드**	
평가항목	추리

[문제 59] 아래의 그림과 같이 책상 위에는 얼음과 물, 망치 그리고 알코올램프가 있고, 왼쪽 벽에는 온도계가 걸려 있었다. 이 그림으로부터 추리할 수 있는 사실은 다음 중에서 어느 것인가?

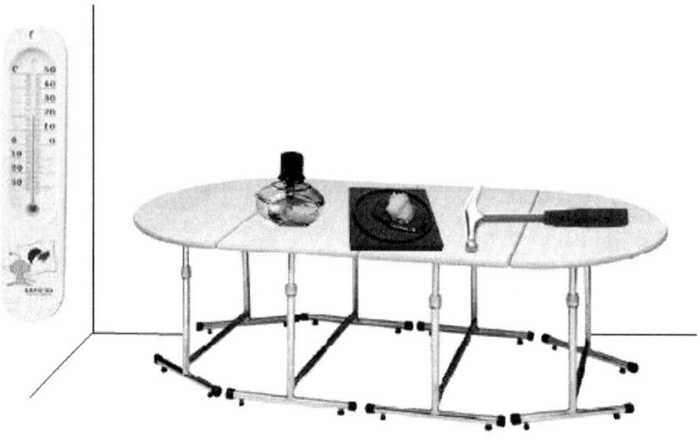

① 누군가 망치로 얼음을 부셨다.
② 누군가 얼음에 물을 쏟았다.
③ 알코올램프로 얼음을 가열하여 얼음을 녹였다.
④ 날이 따뜻하여 얼음이 녹았다.
⑤ 책상이 기울어져 얼음이 녹았다.

정답 ④

<table>
<tr><td colspan="2">[영재 판별을 위한 표준화 검사도구 개발]
문 항 카 드</td></tr>
<tr><td>평가항목</td><td>추리</td></tr>
</table>

[문제 60] 어느 날 다음과 같은 동물의 발자국을 발견하였다. 이 발자국과 관계가 없는 동물은 어느 것일까?

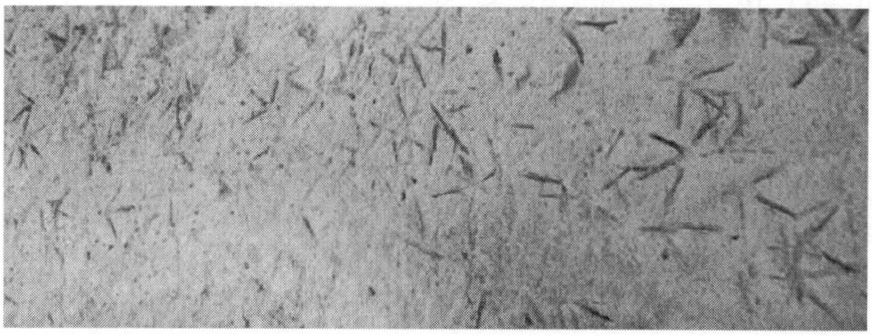

① ② ③ ④ ⑤

정답 ④

[영재 판별을 위한 표준화 검사도구 개발] **문 항 카 드**	
평가항목	추리

[문제 61] 태양은 지구보다 크고, 지구는 달보다 크다. 그런데 우리 눈에는 태양과 달의 크기가 비슷하게 보인다. 이 까닭을 알아보기 위해, 햇빛과 달빛이 태양과 달에서 지구까지 오는 시간을 조사하려고 한다. 이 조사는 어떤 가정을 바탕으로 하는가?

① 태양은 달보다 뜨거울 것이다.

② 태양은 달보다 차가울 것이다.

③ 태양은 달보다 가까이 있을 것이다.

④ 태양은 달보다 멀리 있을 것이다.

⑤ 태양과 달은 지구로부터 같은 거리에 있을 것이다.

정답 ④

[영재 판별을 위한 표준화 검사도구 개발] **문 항 카 드**	
평가항목	추리

[문제 62] 지완이는 화분에 씨를 심고 관찰하였다. 씨를 심은 지 1주일 후와 3주일 후의 식물 모습이 아래와 같았다면, 씨를 심은 지 2주일 후의 식물 모습은 어떠했었을까?

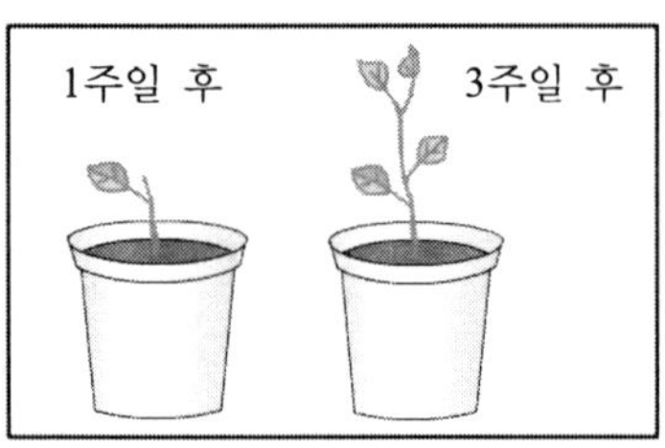

① ② ③ ④ ⑤

정답 ③

[영재 판별을 위한 표준화 검사도구 개발]

문 항 카 드

평가항목	추리

[문제 63] 다음 보드의 밑바닥은 가려져 있어 전선이 어떻게 연결되었는지 볼 수 없다. 그래서 꼬마전구와 건전지를 가지고 보드에 아래와 같이 여러 방법으로 연결해 보았더니 모두 불이 켜졌다. 이 결과로부터 추리할 수 <u>없는</u> 것은?

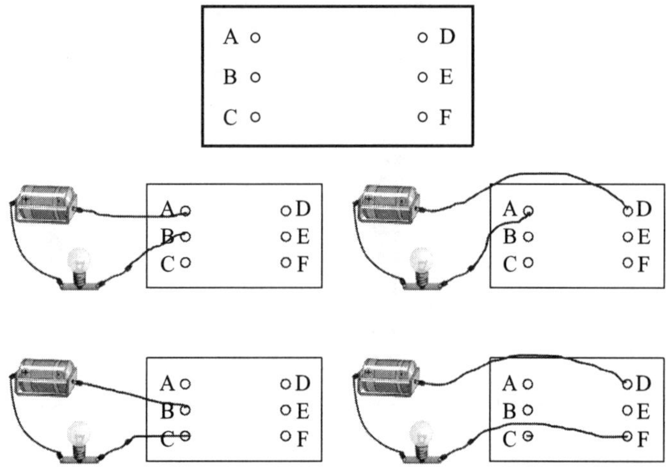

① A와 C는 연결되어 있다.

② A와 D는 연결되어 있다.

③ D와 F는 연결되어 있다.

④ A와 F는 연결되어 있다.

⑤ E와 F는 연결되어 있다.

정답 ⑤

해설 E단자에는 회로를 연결해 보지 않았기 때문에, E단자가 어느 단자와 연결되어 있는지 알 수 없다.

[영재 판별을 위한 표준화 검사도구 개발] **문 항 카 드**	
평가항목	추리

[문제 64] 다음은 눈 위에 나타난 동물의 발자국을 관찰하여 그린 것이다. 눈 위에서 일어났던 일을 올바르게 추리한 것은?

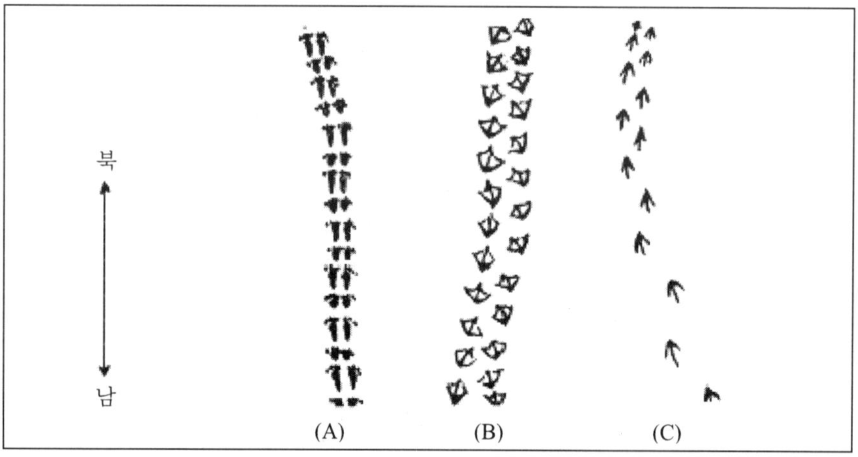

① A, B, C 모두 남쪽에서 북쪽으로 갔다.
② B는 발바닥에 물갈퀴가 없다.
③ B는 점점 더 빨리 이동했다.
④ A는 춤추며 걸어갔다.
⑤ C는 점점 보폭을 크게 하여 걸었다.

정답 ⑤

해설 발자국 모양으로 보아 B는 물갈퀴가 있는 동물이고, C는 물갈퀴가 없는 동물이다. A와 B는 남에서 북쪽으로 이동했으며, C는 북에서 남쪽으로 이동했다. A와 B는 일정한 보폭으로 걸었으며, C는 처음에는 보폭이 작았으나 점점 보폭이 커졌다.

[영재 판별을 위한 표준화 검사도구 개발] **문 항 카 드**	
평가항목	추리

[문제 65] 지완이는 유리컵과 페트병에 물을 담아 냉동실에 넣었다. 그런데 다음날 냉동실을 열어 보니 물은 얼었지만, 유리컵에 금이 가 깨져 있었다. 또한, 페트병 안의 물은 얼었고, 페트병은 빵빵하게 약간 부풀어 있었다. 유리컵이 깨진 이유를 바르게 추리한 것은?

① 유리컵은 너무 차가워지면 원래 깨진다.

② 유리가 물을 너무 많이 흡수해서 깨졌다.

③ 얼면서 물의 부피가 커져 유리컵이 깨졌다.

④ 냉동실 문을 너무 세게 닫아서 유리컵이 깨졌다.

⑤ 아마 누군가 유리컵을 집다가 떨어뜨려 깨뜨렸을 것이다.

정답 ③

[영재 판별을 위한 표준화 검사도구 개발] **문 항 카 드**	
평가항목	추리

[문제 66] 죽을 담아 밖에 내둔 A는 3일 후 구더기가 생겼다. 반면에, 똑같은 죽을 담았지만 유리통 안에 넣어서 밖에 내둔 B는 1주일이 지나도 구더기가 생기지 않았다.

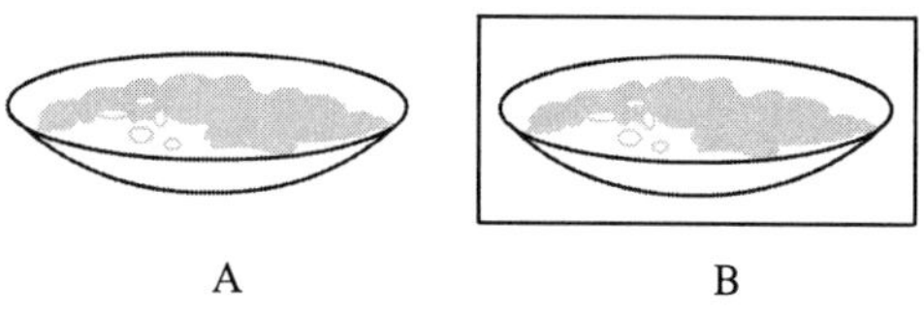

A에 구더기가 생긴 이유를 바르게 추리한 것은 어느 것인가?

① 죽 안에 원래 구더기 알이 들어 있었다.

② 파리가 A그릇에 구더기 알을 낳은 것이다.

③ A는 B보다 통풍이 잘되어 구더기가 빨리 부화한 것이다.

④ A는 B보다 산소가 풍부하여 구더기가 빨리 부화한 것이다.

⑤ 적당한 온도와 양분이 갖춰진 A에서는 구더기가 저절로 생긴 것이다.

정답 ②

[영재 판별을 위한 표준화 검사도구 개발] **문 항 카 드**	
평가항목	추리

[문제 67] 다음은 스포츠 종목별 공의 순간 최고 속력과 배드민턴 셔틀콕의 사진이다.

종목	순간 최고 속력
축구	시속 150 km
야구	시속 168 km
테니스	시속 217 km
골프	시속 273 km
배드민턴	시속 330 km

위의 표에서 배드민턴 셔틀콕의 순간 최고 속력이 제일 빠르지만 운동 경기를 보면 배드민턴 선수들이 잘 받아치는 것을 볼 수 있다. 이처럼 빠른 셔틀콕을 쉽게 받아칠 수 있는 이유로 가장 타당한 것은?

① 셔틀콕이 높게 날아오기 때문이다.

② 셔틀콕이 직선으로 날아오기 때문이다.

③ 깃털에 의한 공기저항 때문에 속력이 급격하게 감소하기 때문이다.

④ 셔틀콕의 색깔이 흰색이어서 잘 구분할 수 있기 때문이다.

⑤ 배드민턴 선수들은 다른 종목의 선수들에 비해 반응이 빠르기 때문이다.

정답 ③

[영재 판별을 위한 표준화 검사도구 개발] **문 항 카 드**	
평가항목	추리

[문제 68] 사진처럼 번개가 칠 때는 항상 번개의 불빛보다 나중에 천둥소리가 들리는 것을 경험할 수 있다. 이런 현상의 이유로 가장 옳은 것은?

① 천둥소리가 발생한 곳은 번개가 친 곳보다 멀기 때문이다.

② 우리 귀의 반응속도가 눈의 반응속도보다 느리기 때문이다.

③ 천둥소리는 번개보다 한참 뒤에 발생하기 때문이다.

④ 번개불빛의 속력이 천둥소리의 속력보다 빠르기 때문이다.

⑤ 비가 올 때만 번개와 천둥소리가 함께 발생하기 때문이다.

정답 ④

[영재 판별을 위한 표준화 검사도구 개발]

문 항 카 드

평가항목	추리

[문제 69] 운동화를 오래 신으면 밑창이 닳는데 뒤꿈치의 오른쪽이 가장 많이 닳아 있는 것을 볼 수 있다. 이런 이유를 가장 옳게 추리한 것은?

① 걸을 때 가장 먼저 땅에 닿아서 끌리는 경우가 많기 때문이다.

② 걷기보다 달리기를 많이 했기 때문이다.

③ 신발을 꺾어 신는 습관 때문이다.

④ 팔자걸음 습관 때문이다.

⑤ 오른쪽 부분의 재질이 잘 닳는 것이기 때문이다.

정답 ①

[영재 판별을 위한 표준화 검사도구 개발]

문 항 카 드

평가항목	그래프

[문제 70] 영희는 물을 가열하면서 시간에 따라서 온도가 어떻게 변하는지 알아보려고 한다. 그 결과를 그래프로 나타낸다고 할 때 바르게 표시된 좌표축은 어느 것인가?

①
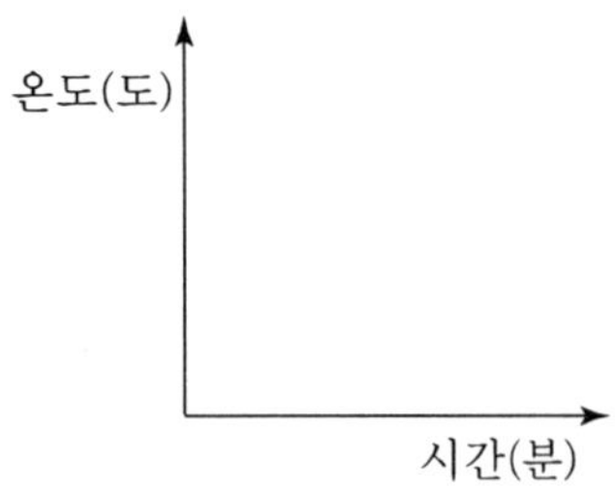

②
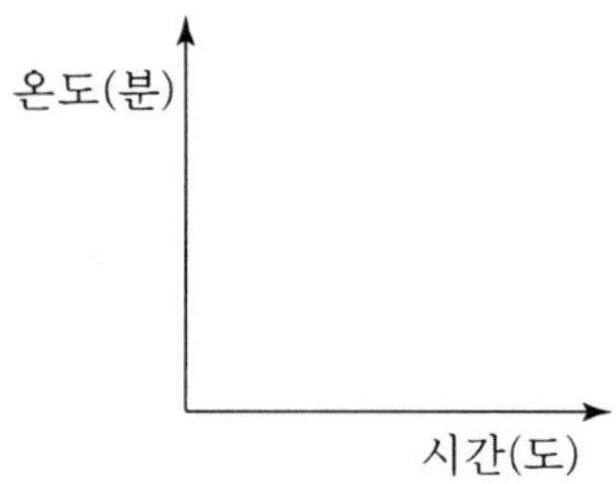

③
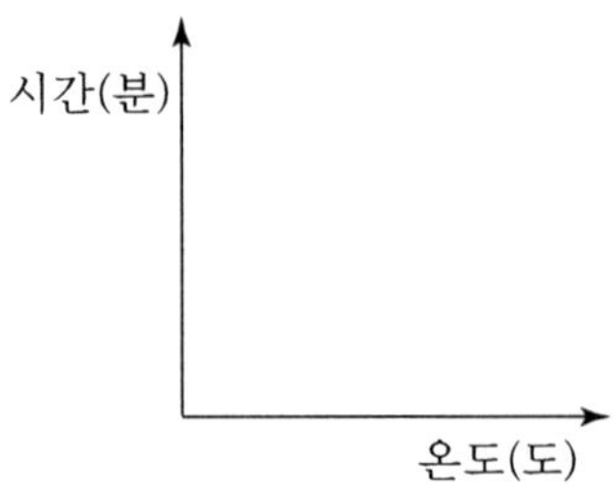

④
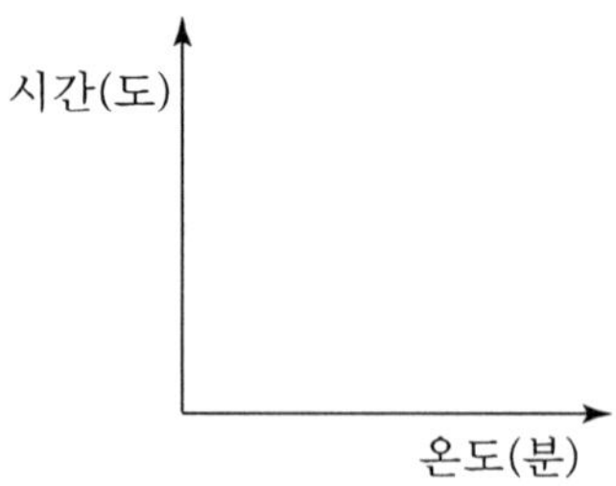

정답 ①

<table>
<tr><td colspan="2">[영재 판별을 위한 표준화 검사도구 개발]
문 항 카 드</td></tr>
<tr><td>평가항목</td><td>그래프</td></tr>
</table>

[문제 71] 물을 가열하면서 시간에 따른 온도의 변화를 측정하여 아래와 같은 데이터를 얻었다. 이를 그래프로 나타내려고 할 때, 축과 눈금을 바르게 표시한 것은 어느 것인가?

시간(분)	1.0	2.5	3.5	5.0
온도(도)	20	28	33	49

①
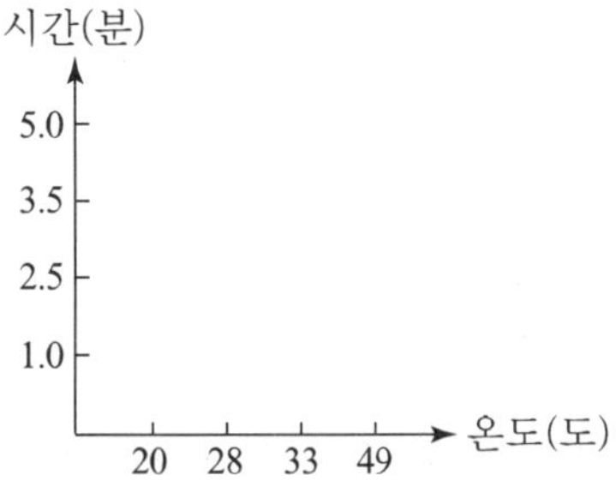

②
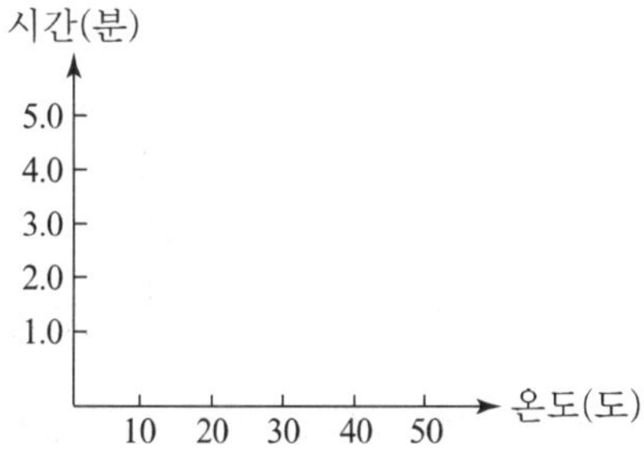

③
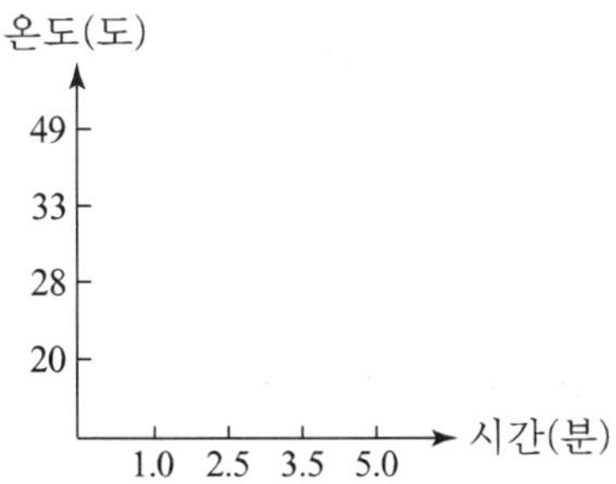

④
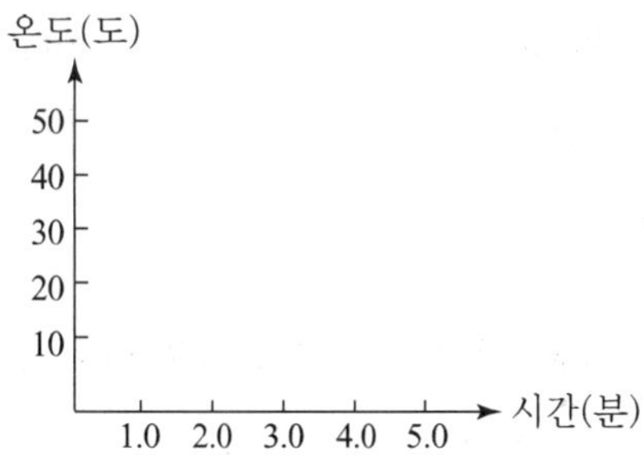

정답 ④

[영재 판별을 위한 표준화 검사도구 개발]

문 항 카 드

평가항목	그래프

[문제 72] 영희는 식물이 자라는 것과 공급하는 물의 양이 어떤 관계가 있는지 알아보려고 하였다. 한 종류의 식물을 여러 개의 화분에 나누어 심은 후 매일 다른 양의 물을 일정하게 주었다. 그 결과 식물의 키를 측정하였더니 아래의 그래프와 같았다.

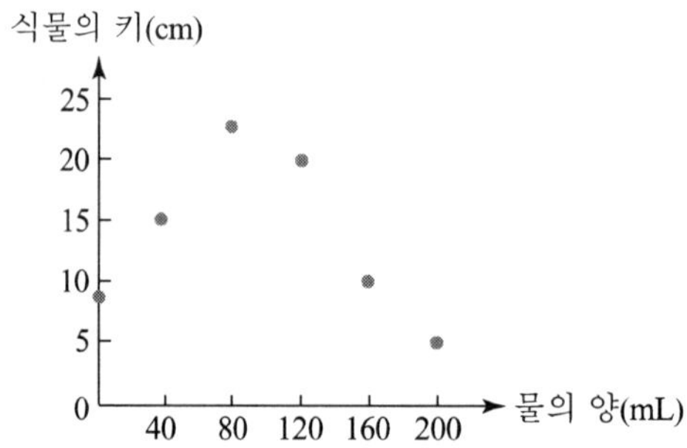

1. 식물의 키를 가장 크게 하기 위해서는 물의 양을 어느 정도로 하는 것이 좋은가?

① 40 mL ② 80 mL ③ 120 mL

④ 160 mL ⑤ 200 mL

정답 ②

2. 하루에 주는 물의 양을 250 mL로 한다면 식물의 키는 어느 정도로 자랄까?

① 20 cm보다 더 클 것이다.

② 15 cm 정도 될 것이다.

③ 12 cm 정도 될 것이다.

④ 8 cm 정도 될 것이다.

⑤ 5 cm보다 작을 것이다.

정답 ⑤

[영재 판별을 위한 표준화 검사도구 개발] **문 항 카 드**	
평가항목	그래프

[문제 73] 한 과학자가 어느 지역에 살고 있는 토끼와 여우의 수에 대하여 관심을 갖게 되었다. 이 과학자는 20년에 걸쳐서 동물들의 수를 세어서 다음과 같이 그래프로 그렸다. 이 그래프로 알 수 있는 것은?

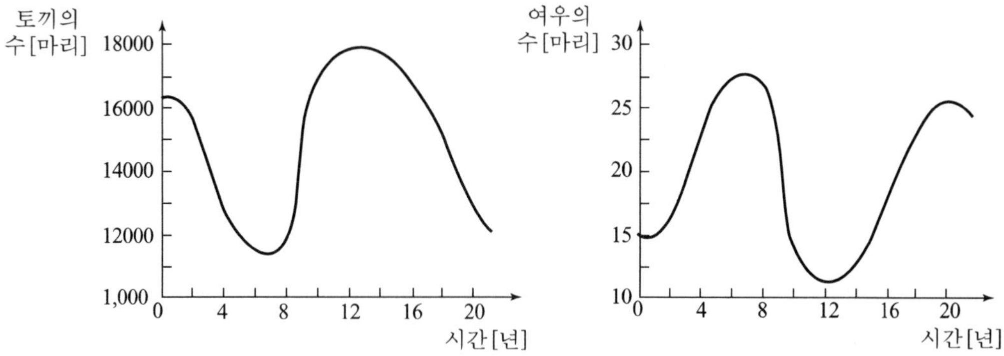

① 토끼와 여우의 수는 동시에 증가한다.

② 10년일 때 토끼의 마리 수가 가장 많았다.

③ 처음 6년 동안에는 토끼보다 여우가 더 많다.

④ 여우는 토끼의 마리 수에 관계없이 항상 마리 수가 일정하다.

⑤ 토끼 수가 증가하면 몇 년 내에 여우의 수가 따라서 증가한다.

정답 ⑤

[영재 판별을 위한 표준화 검사도구 개발]

문 항 카 드

평가항목	그래프

[문제 74] 지완이는 화분의 크기를 달리하여 재배한 해바라기의 키를 재었다. 화분의 크기가 클수록 해바라기의 키가 컸다면, 이를 그래프로 가장 잘 나타낸 것은?

①
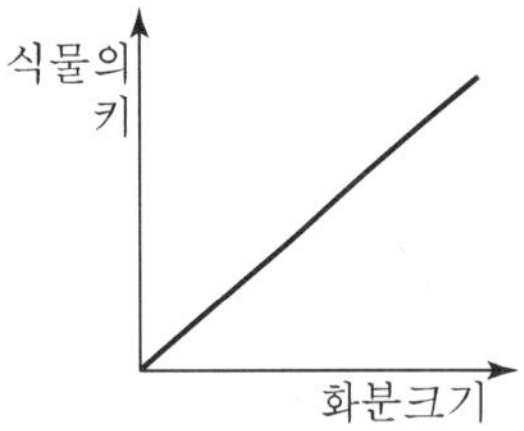

②
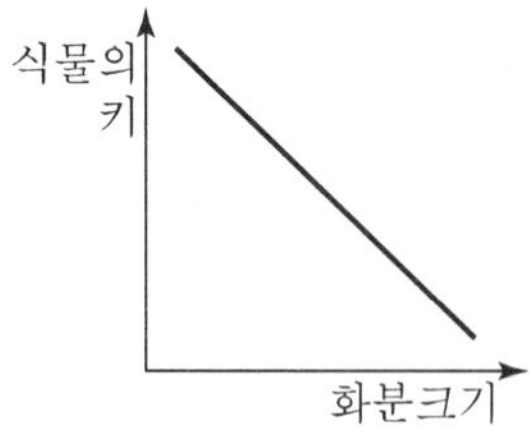

③
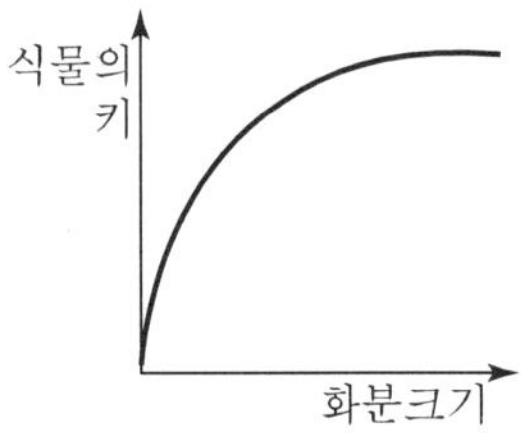

④
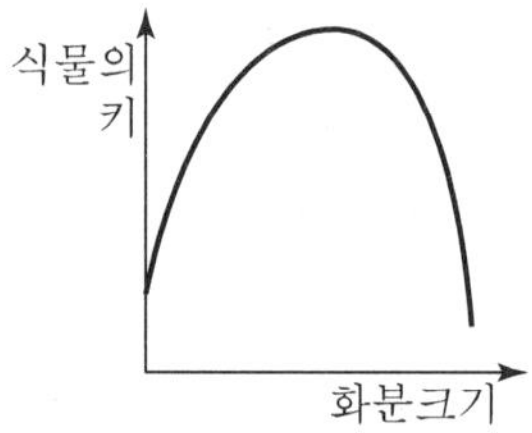

정답 ①

[영재 판별을 위한 표준화 검사도구 개발] **문 항 카 드**	
평가항목	그래프

[문제 75] 작은 과수원에서 수박을 키우는데, 익은 수박의 개수를 그래프로 나타내었다. 그래프를 보고 바른 설명을 골라라.

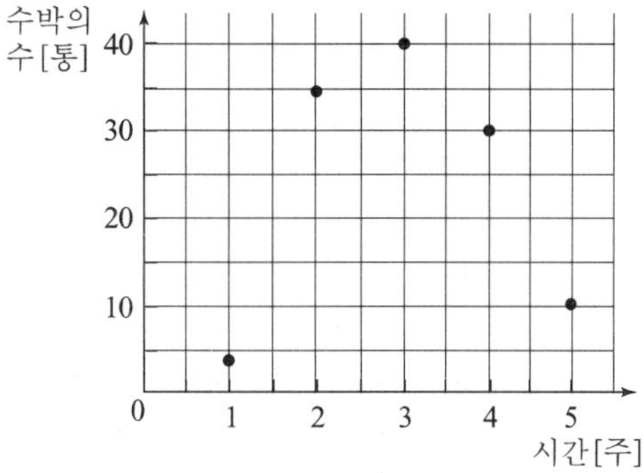

① 1주일 때 익은 수박은 5통이다.
② 4주일 때 익은 수박은 25통이다.
③ 2주일 때 익은 수박 수가 4주 때보다 많다.
④ 2주일 때 익은 수박의 개수가 가장 많았다.
⑤ 3주일 후 익은 수박 수가 줄어드는 것은 사람이 따먹었기 때문이다.

정답 ③

[영재 판별을 위한 표준화 검사도구 개발] **문 항 카 드**	
평가항목	그래프

[문제 76] 다음은 물체의 시간과 위치를 나타낸 표와 그래프이다.

시간(초)	2	4	5	8	10
거리(m)	4.8	2.5	1.9	1.3	1.0

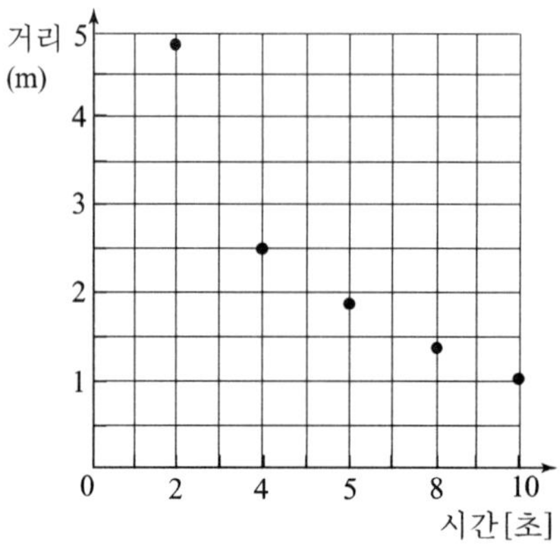

표를 그래프로 나타내는 과정에서 잘못한 것은 다음 중 어느 것인가?

① 가로축을 거리, 세로축을 시간으로 해야 한다.

② 점을 선으로 연결하지 않았다.

③ 가로축 눈금 사이의 값이 잘못되었다.

④ 그래프에 점을 잘못 찍었다.

⑤ 그래프를 너무 크게 그렸다.

정답 ③

[영재 판별을 위한 표준화 검사도구 개발] **문 항 카 드**	
평가항목	그래프

[문제 77] 철수는 물의 온도를 높여 가며 물에 최대로 녹일 수 있는 설탕의 양을 측정하여, 오른쪽과 같은 그래프를 얻었다.

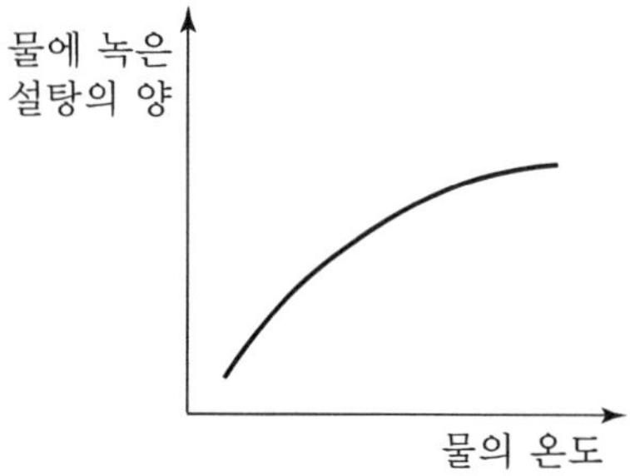

이 그래프로부터 알 수 있는 것은?

① 물의 온도는 녹일 수 있는 설탕의 양에 큰 영향을 주지 않는다.
② 물의 온도를 계속 높이면 녹일 수 있는 설탕의 양도 계속 증가할 것이다.
③ 물이 중간 정도의 온도일 때 설탕이 가장 많이 녹는다.
④ 물의 온도가 낮을 때보다는 높을 때 더 많은 설탕을 녹일 수 있다.
⑤ 설탕을 물에 넣고 세게 저어주면 더 많이 녹일 수 있다.

정답 ④

[영재 판별을 위한 표준화 검사도구 개발] **문 항 카 드**	
평가항목	그래프

[문제 78] 그래프를 보고 25 °C에서 물에 녹는 고체의 양을 찾아라.

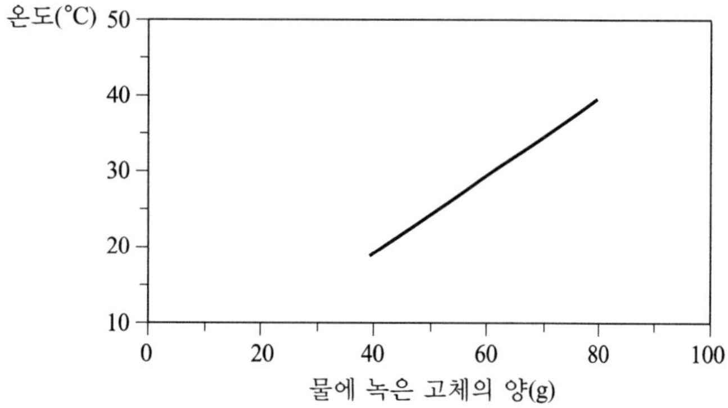

① 30 g
② 40 g
③ 50 g
④ 60 g
⑤ 70 g

정답 ③

3 과학 창의력 검사도구

현대와 미래 사회는 새롭고 독창적인 아이디어를 창출하고 창의적으로 문제를 해결해 나가는 능력을 요구하고 있다. 창의적 문제 해결력의 계발만이 각 개인이 가지고 있는 생산성을 최대화시킬 수 있고, 미래 사회를 생산적으로 이끌어 갈 수 있도록 하는 가장 효과적인 방법이다.

창의적 문제 해결력은 영재들이 새로운 아이디어를 창출하고 창의적 생산을 할 수 있도록 하는 데 중요한 역할을 한다. 렌줄리(Renzulli, 1986)는 영재성의 '세 고리 모형'에서 역사적 또는 세계적 성취를 이룬 사람들이 공통적으로 갖고 있는 특성으로 보통 이상의 능력, 창의성, 과제 집착력을 들고 있다. 혹자는 영재성의 개념과 창의성의 개념을 매우 유사한 것으로 볼 정도로 영재교육에서 창의성 교육은 크게 강조되고 있다.

창의성은 "아이디어, 사물, 기술, 접근 방법을 새로운 방식으로 결합하는 능력", "새롭고 유용한 산출물, 확산적이고 풍부한 사고 과정, 고양되고 내재적인 주관적 경험의 세 범주" 등으로 설명된다. 그리고 영재교육에서 말하는 창의성은 '창의적 문제 해결'로 설명되기도 한다. 과학 창의력 검사도구는 과학과 관련된 내용을 바탕으로 창의력을 평가하는 도구이다. 문제은행식으로 축적된 자료는 많은 영재 선발은 물론 정규 교육과정에서도 학생들의 과학 지식수준을 검사하는 데 활용될 수 있을 것이다.

본 책에서는 개발된 창의력 검사도구 중에서 초급 영역으로 초등학교 4학년부터 6학년까지 3개년 학생들에 대한 과학 창의력을 측정하는 내용으로 27문항이 제시되어 있다.

표준화 검사 문항 [창의]

초등학교 4~6학년

<table>
<tr><td colspan="2">[영재 판별을 위한 표준화 검사도구 개발]
문 항 카 드</td></tr>
<tr><td>평가항목</td><td>수렴적 사고(정합성, 통합성)</td></tr>
</table>

[문제 1] 기체는 기체 분자들로 이루어져 있으며, 기체 분자는 작은 알갱이들로 생각할 수 있고 가만히 있지 않고 계속 움직이고 있다. 풍선 속의 기체 분자는 움직이다가 풍선의 고무 벽과 만나면 튕겨 나가고 무수한 기체 분자가 고무 벽에서 튕겨 나가므로 고무 벽은 압력을 받게 된다. 풍선 안의 기체 압력과 풍선 밖의 공기 기체 압력 중 어느 것이 더 클지 논리적으로 설명하시오.

[예시답안] 고무풍선의 모양이 유지되는 것은 풍선을 크게 만드는 풍선 안 기체 압력과 풍선을 작게 만드는 힘이 평형을 유지하기 때문이다. 그런데 풍선을 작게 만들려는 힘은, 풍선 밖 기체의 압력과 늘어난 고무가 원래 모양으로 돌아가려는 힘이 합해진 값이다. 따라서 풍선 안 기체의 압력이 풍선 밖 기체의 압력보다 크다.

[채점기준] 타당한 설명이면 점수를 준다.

[영재 판별을 위한 표준화 검사도구 개발] **문 항 카 드**	
평가항목	발산적 사고(유창성, 융통성)

[문제 2] 냄비에 물을 넣고 가스레인지에 올려 물을 끓이면 아랫부분에 있는 물이나 윗부분에 있는 물이나 골고루 데워진다. 아랫부분에 따뜻해진 물이 위로 올라가고 윗부분의 차가운 물이 아래로 내려오는 대류가 일어나기 때문에 골고루 데워지는 것이다. 물에서 대류가 일어나는지 확인할 수 있는 실험을 두 가지 이상 고안하라.

[예시답안]

1. 가볍지만 아래에 가라앉는 계란껍데기 부스러기 등을 물에 넣고 끓이면, 처음에는 가라앉아 있던 부스러기가 위로 올라왔다 내려갔다 한다.
2. 시험관에 물을 넣고 물의 윗부분과 아랫부분에 온도계를 각각 장치한 후, 윗부분만 가열하면서 온도계 눈금을 살피면, 물의 윗부분의 온도만 급격히 올라갈 것이다.

[채점기준] 예시답안의 1번과 같이 관찰하여 확인할 수 있는 대답이 있으면 점수의 절반을 주며, 2번과 같이 정량적으로 확인할 수 있는 대답이 포함되어 있으면 만점을 준다.

<table>
<tr><td colspan="2">[영재 판별을 위한 표준화 검사도구 개발]
문 항 카 드</td></tr>
<tr><td>평가항목</td><td>수렴적 사고(정합성), 발산적 사고(유창성, 융통성)</td></tr>
</table>

[문제 3] 다음은 종이 위에 클립을 뿌려놓고, 물이 든 컵을 손에 들고 클립을 내려다보는 사진이다. 이 사진에서 클립의 크기가 작아 보이는 이유를 적고, 클립이 원래보다 커 보이게 하려면 어떻게 하면 좋을지 쓰시오.

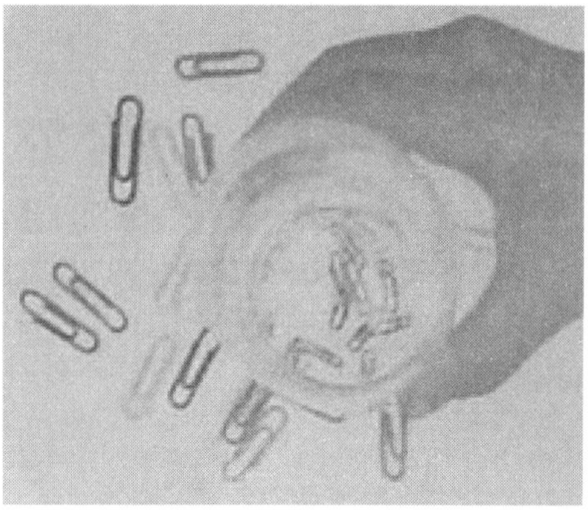

[예시답안]

- **클립이 작아 보이는 이유**: 물이 든 컵의 위아래가 오목하여 오목렌즈 역할을 하기 때문이다.
- **클립이 커 보이게 하려면**: 돋보기 등 확대경을 쓴다. 컵에 물을 가득 담아 넘치지는 않으나 물이 위로 봉긋하게 올라오도록 담으면, 볼록렌즈처럼 위아래가 볼록하여 클립이 커 보일 것이다.

[채점기준] 클립이 작아 보이는 이유를 타당하게 적었으면 해당점수의 1/2.
클립이 커 보이게 하기 위한 방법 중 확대경을 쓴다는 대답이 있으면 해당점수의 1/4, 물을 가득 부어 볼록렌즈처럼 위아래가 볼록하게 만든다는 대답이 있으면 해당점수의 1/4.

[영재 판별을 위한 표준화 검사도구 개발] **문 항 카 드**	
평가항목	수렴적 사고(정합성)

[문제 4] 다음 글을 읽고 수현이의 의문에 답을 해주어라.

> 오늘은 엄마 심부름으로 슈퍼에 갔다 왔다. 집 앞의 직선도로를 따라 쭉 가면 슈퍼가 나온다. 집 앞을 나서서 조금 걷다가 왼쪽으로 고개를 돌리니 하늘에 보름달이 있었다. 정말 동그란 달이었다. 그런데 한참을 걸어 거의 슈퍼에 다다랐을 때 왼쪽으로 고개를 돌려보니 아까와 같은 자리에 보름달이 있는 게 아닌가. 보름달이 나를 쫓아온 것 같았다. 슈퍼에서 물건을 사고 다시 집으로 돌아가다가 다시 달을 찾았는데 달은 또 나를 쫓아왔다. 이상하다. 달이 왜 나를 쫓아올까?

[예시답안] 빛은 직진하므로 달빛도 직진한다. 달빛이 수현이의 눈에 들어오는 각도에 따라 수현이는 달의 위치를 가늠한다. 그런데 달은 지구에서 아주 멀리 떨어져 있으므로, 수현이가 집 앞에서 보았을 때나 슈퍼 근처에서 보았을 때 달빛이 수현이의 눈에 들어오는 각도는 거의 같다. 따라서 달이 같은 위치에 있는 것처럼 보인다.

[채점기준] 예시답안의 내용이 있으면 정답.

[영재 판별을 위한 표준화 검사도구 개발] **문 항 카 드**	
평가항목	수렴적 사고(정합성, 통합성)

[문제 5] 아래 그림과 박스 안의 글에서 찾을 수 있는 공통된 원리를 쓰시오.

- 이슬이는 놀이동산에서 산 풍선을 실수로 놓치고 말았다. 하늘로 올라가는 풍선을 보고 있는데, 엄마 말씀이 풍선은 하늘 위로 올라갈수록 크기가 조금씩 커지다가 나중에는 터져버린다고 하셨다.
- 정은이는 텔레비전에서 하는 옛날 영화를 보다가, 주인공이 화성에 갔다가 우주복에 붙어 있는 헬멧이 벗겨져 주인공 얼굴이 부풀어 오르는 것을 보고 텔레비전을 껐다.

[예시답안] 압력이 낮은 곳에서는 물체의 부피가 원래보다 커진다.

[채점기준] 답안의 내용이 포함되면 만점

[영재 판별을 위한 표준화 검사도구 개발] **문 항 카 드**	
평가항목	수렴적 사고(정합성, 통합성)

[문제 6] 지연이가 뚝배기를 가스레인지에 올려놓고 3단으로 화력을 조절했더니 어머니는, 불꽃이 뚝배기 바닥보다 넓게 퍼지면 가스비만 아까운 거라면서 화력을 2단으로 줄이라고 하셨다. 대체 지연이 어머님은 무슨 생각으로 그런 말씀을 하신 건지 이유를 적어라.

[예시답안] 촛불을 켜고 그 주변에 손을 가져가 보면 촛불의 바로 위쪽 공기는 매우 뜨겁지만 촛불 옆쪽의 공기는 별로 뜨겁지 않다. 이는 촛불에 의해 데워진 공기는 위쪽으로 올라가기 때문에 위쪽 공기가 뜨거운 것이다. 마찬가지로, 뚝배기는 뚝배기 아랫면에 있는 불꽃에 의해 데워지며 뚝배기 아랫면보다 더 넓게 펴져 있는 부분의 불꽃에 의해서는 거의 데워지지 않는다. 따라서 가스 불의 화력을 3단으로 할 필요가 없다.

[채점기준] 채점자의 판단에 따름

[영재 판별을 위한 표준화 검사도구 개발] **문 항 카 드**	
평가항목	수렴적 사고(정합성, 통합성)

[문제 7] 꼬마전구에 불을 켤 때는 건전지의 (+)극과 (−)극에 꼬마전구를 연결하여 전기가 꼬마전구를 통해 흘러야 한다고 한다. 그런데 왜 집에서 쓰는 스탠드의 전선은 한 줄일까?

[예시답안] 스탠드의 전선은 겉에서 보면 한 줄이지만 전선의 겉 부분을 뜯어보면 안쪽에는 두 가닥으로 되어 있을 것이다. 전선의 끝에 있는 코드에 튀어나온 두 개의 원통형 금속에 그 두 가닥이 각각 연결되어 있을 것이다.

[채점기준] 예시답안의 내용과 같거나 유사하면 점수 부여

<table>
<tr><td colspan="2">[영재 판별을 위한 표준화 검사도구 개발]
문 항 카 드</td></tr>
<tr><td>평가항목</td><td>발산적 사고</td></tr>
</table>

[문제 8] 사람은 등뼈에 둥근 갈비뼈가 연결되어 있지만, 고등어 같은 물고기는 등뼈에 곧은 뼈가 연결되어 있다. 만약 사람의 갈비뼈가 물고기처럼 일자형이라면 어떤 일이 일어날지 생각하여 3가지 이상 작성하시오.

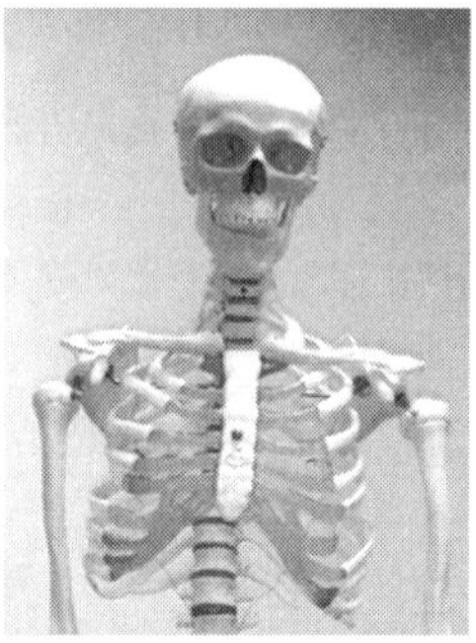

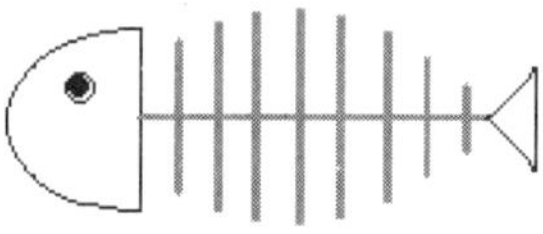

[예시답안]

1. 갈비뼈는 가슴의 장기를 보호해 주는데 그런 역할을 잃었으므로 누군가 가슴을 다치거나 충격이 가해지면 허파나 심장 등은 파손될 것이다.
2. 숨을 쉴 때 허파는 스스로 움직일 수 없어 가로막과 갈비뼈가 도와주는데, 갈비뼈가 일자형이면 숨을 쉴 때 가로막이 있지만 힘들 것이다.
3. 일단 몸 앞과 뒤가 누르면 옴폭 들어갈 것이다. 그리고 앞이나 뒤로 넘어지면 심장이나 허파의 중요기관이 손상될 것이다.

[평가기준] 예시답안 이외에 합리적이라고 생각하는 답안에 대해서는 정답으로 인정한다.

3개를 응답하면 만점을 부여하고, 1개 또는 2개 응답하였을 경우에는 해당 비율만큼 인정한다. 단, 합리적이지 않은 것을 응답하였을 경우에는 1개당 1/3씩 감점한다.

[영재 판별을 위한 표준화 검사도구 개발]
문 항 카 드

평가항목	발산적 사고

[문제 9] 과학 실험을 하다가 책상 바닥에 철가루가 많이 떨어져 있었습니다. 자석을 이용하여 이 철가루를 모으기로 하였는데, 그만 자석에 철가루가 잔뜩 묻었습니다. 손으로 떼려고 하는데, 잘 떼어지질 않아 고생을 하였습니다. 어떻게 하면 책상 위에 있는 철가루를 손쉽게 모을 수 있을지 제일 좋은 방법을 고안하여 보세요.

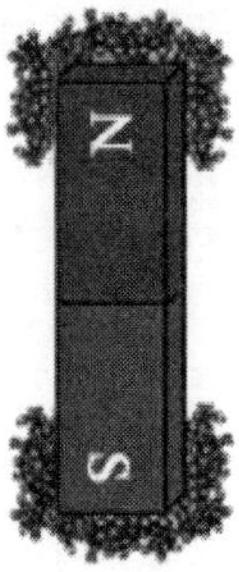

[예시답안] 자석을 이용해서 철가루를 모으는 것이 가장 좋다. 다만 철가루가 자석에 붙어 떨어지지 않는 것을 막기 위하여 자석에 비닐을 싸서 철가루를 모으고 나중에 비닐을 벗겨내면 된다.

[채점기준] 제일 좋다고 생각하는 답을 예시답안으로 제시하였지만, 예시답안 이외에 합리적이라고 생각하는 답안에 대해서는 정답으로 인정한다. 아주 좋은 방법은 아니라도 가능한 방법이면 부분점수를 부여한다.

[영재 판별을 위한 표준화 검사도구 개발]
문 항 카 드

평가항목	발산적 사고

[문제 10] 달에서는 공기가 희박하기 때문에 소리가 공기를 통하여 전달되지 않는다. 그렇다면 달에 있는 두 사람이 무선통신 방법을 사용하지 않고 의사를 전달하려고 할 때, 가장 좋은 방법은 무엇일까?

[예시답안] 공기가 없기 때문에 소리가 전달되지는 않는다. 하지만 파동의 전달은 고체를 통해서도 가능하다(더 잘된다). 따라서 우주복과 헬멧(?)을 쓴 사람은 헬멧을 서로 마주대고 이야기하면 소리가 울려 헬멧을 울리기 때문에 말을 전달할 수 있다.

[채점기준] 예시답안 이외에 합리적이라고 생각하는 답안에 대해서는 정답으로 인정한다.
다만 위 방법 이외에 수화를 사용한다든지, 메모를 이용한다는 방법과 같이 최선이 아닐 때에는 부분점수(1/2)를 부여한다.

[영재 판별을 위한 표준화 검사도구 개발] **문 항 카 드**	
평가항목	발산적 사고

[문제 11] 열차를 타고 움직일 때 이 열차가 얼마나 빠르게 움직이고 있는지 궁금할 때가 있습니다. 열차의 속력을 알 수 있는 가능한 상황을 제시하고 열차 안에서 열차의 평균 속력을 구하는 방법을 생각해 보세요.

[예시답안]

1. 철로는 레일과 레일 사이가 약간씩 틈이 벌어져 있다. 따라서 기차가 이동할 때 일정한 간격으로 진동과 소음이 일어난다. 따라서 이 진동과 소음이 일어나는 시간 간격을 측정하고 이 레일 사이의 거리를 안다면 속력을 구할 수 있다.
2. 열차나 지하철의 구간 간의 거리가 표시되어 있는 경우가 있다. 지하철의 경우 보통 거리가 비슷하기 때문에 대략적으로 알 수 있고, 열차의 경우에는 각 구간별로 거리가 표시되어 있다. 따라서 평균적인 속력은 이 구간 사이를 움직이는 시간을 이용하여 구할 수 있다.
3. 열차가 움직이고 있을 때 비가 오면 열차의 속력 때문에 빗방울이 사선으로 떨어지는 것처럼 보이는 경우가 있다. 이를 이용하여 열차의 속력을 대략적으로 유추할 수 있다.

[채점기준] 예시답안 이외에 합리적이라고 생각하는 답안에 대해서는 정답으로 인정한다.

[영재 판별을 위한 표준화 검사도구 개발] **문 항 카 드**	
평가항목	발산적 사고

[문제 12] 우리는 주위에서 모든 물체에는 질량이 있기 때문에 무게가 있다고 이야기합니다. 그렇다면 공기에는 무게가 있을까요? 공기의 무게가 있는지 없는지 알 수 있는 방법을 고안해 보세요.

[예시답안]

1. 풍선 두 개를 양팔저울의 양쪽에 매달고 평형을 잘 맞춘 후에 한쪽 풍선을 터트리면 그쪽이 위로 올라가게 된다. 즉 공기에도 무게가 있기 때문에 그 공기의 차이만큼 가벼워지는 것이다.
2. 실제로 공기의 무게를 측정해 보는 방법이 있다. 부력을 동일하게 하기 위해서 내부에 공기가 차 있는 단단한 용기의 무게를 측정하고 이후 진공펌프를 이용하여 공기를 빼내었을 때의 무게를 측정해 보는 방법이 있다.

[채점기준] 예시답안 이외에 합리적이라고 생각하는 답안에 대해서는 정답으로 인정한다.

<table>
<tr><td colspan="2">[영재 판별을 위한 표준화 검사도구 개발]
문 항 카 드</td></tr>
<tr><td>평가항목</td><td>발산적 사고</td></tr>
</table>

[문제 13] 물고기가 물속에서 자유롭게 헤엄칠 수 있는 것은 물론 지느러미의 운동을 통해서이지요. 그런데 물고기가 상승하거나 하강하기 위해서는 지느러미의 운동만으로는 상당히 어렵답니다. 또한 물 표면 근처나 바닥 근처에서 머물기 위해서는 거의 불가능하겠지요.

물고기가 상승할 때에는 머리 부분이 먼저 위쪽으로 향하여 떠오르게 되고 또 상승한 물고기가 하강할 때에도 머리 부분이 아래로 먼저 향하고 난 후에 가라앉게 됩니다. 즉, 평행한 상태에서 뜨고 가라앉는 것은 아니라는 것이지요. 이것이 가능한 것은 바로 부레 때문인데, 물고기가 상승 또는 하강을 할 때 부레는 어떻게 작용할까요? 아래 부레의 모양을 보고 예상해서 답변해 보세요.

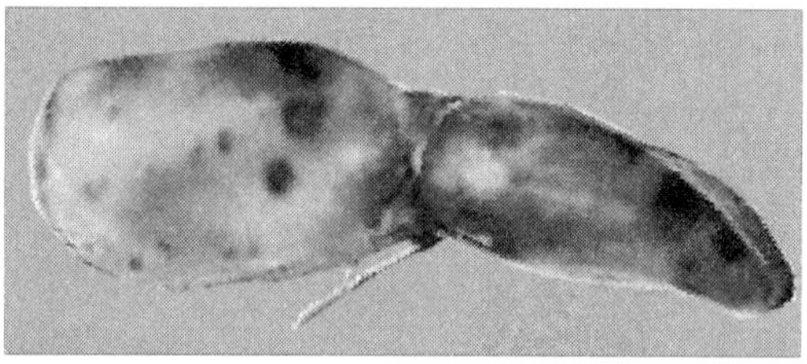

[예시답안] 물고기의 부레는 크게 나누어서 두 개의 공기주머니로 구성되어 있다. 즉 물고기를 옆에서 보았을 때 머리 쪽과 꼬리 쪽으로 양쪽으로 나뉘어져 있다.

그래서 물고기가 떠오를 때에는 우선 공기를 앞쪽으로 보내어 머리 쪽을 위쪽으로 향하게 한 후에, 전체적으로 공기가 많아지면서 물고기의 밀도가 작아져서 떠오르게 되는 것이다. 물론 물고기가 가라앉을 때에도 반대의 현상이 일어난다.

[채점기준] 이 문제에서 초점은 두 가지이다. 첫째는 부레 속의 공기의 양이 변해서 물고기의 밀도 변화가 생겨 뜨거나 가라앉을 수 있다는 점이고, 둘째는 부레 2개가 앞뒤로 구성되어 있어 머리 쪽을 위아래로 향하게 할 수 있다는 점이다. 이 두 가지를 모두 표현하였을 경우에는 만점을 부여하고 한 가지만 언급하였을 경우에는 반점을 부여한다.

[영재 판별을 위한 표준화 검사도구 개발] **문 항 카 드**	
평가항목	발산적 사고

[문제 14] 구는 우리가 알고 있는 여러 가지 도형들 중에서 가장 완벽한 아름다움을 나타내고 있습니다. 가죽으로 속이 텅 비어 있는 구를 만들어 여러 가지 운동경기를 하기도 합니다. 그렇다면 얼음으로 속이 비어 있는 구(shell)를 만들 수 있을까요? 가능한 방법이 무엇이 있을지 생각해 봅시다.

[예시답안]

1. 우선 가장 처음으로 생각하는 것이 얼음을 깎아서 공 모양으로 만들려고 하는 것이다. 이때 내부를 비우기 위하여 여러 가지 방법을 생각할 수 있는데, 가운데 구멍을 뚫어 잘 파낸 다음에 작은 조각으로 붙이는 방법도 있을 것이다.
2. 비눗방울을 만들어서 이것을 얼려 버리면 얼음공이 만들어질 것이다. 급속하게 얼리는 방법으로는 드라이아이스를 사용하면 가능하다.

[채점기준] 예시답안 2번과 같이 생각의 전환을 이용해서 가능한 방법을 제시하면 만점을 부여하고, 예시답안 1번과 같이 어느 정도 예측 가능한 방법으로 제시하였을 경우에는 반점을 부여한다.

[영재 판별을 위한 표준화 검사도구 개발] **문 항 카 드**	
평가항목	발산적 사고

[문제 15] 유빈이가 교실에 들어갔더니 천장에 두 개의 줄이 매달려 있는 것을 발견하였습니다. 줄은 어느 정도 길지만, 매달려 있는 위치가 떨어져 있기 때문에 한 줄의 끝을 잡고 있으면 다른 줄의 끝을 절대 잡을 수 없는 상황이었습니다. 어떻게 하면 유빈이는 다른 사람의 도움 없이 두 줄을 묶을 수 있을까요?

[예시답안]

1. 주위에 있는 물체를 이용하는 방법이 있다. 자신이 입고 있는 옷이나 교실에 있는 여러 가지 물건을 이어붙이는 방법을 이용해서, 줄의 길이를 늘려 이를 당겨서 두 줄을 묶을 수 있을 것이다. 주위에 있는 물건이 적을 때에는 옷이나 줄의 올을 풀어 길게 만들 수 있다.
2. 엉뚱한 발상이기는 하지만 줄은 물에 뜰 수 있다는 가정으로 교실 전체를 물로 가득 채우면 줄이 뜨게 되고 이때 떠 있는 줄을 서로 가까이 하게 옮겨서 묶을 수 있을 것이다.

[채점기준] 예시답안 이외에 합리적이라고 생각하는 답안에 대해서는 정답으로 인정한다.

[영재 판별을 위한 표준화 검사도구 개발] **문 항 카 드**	
평가항목	발산적 사고

[문제 16] 시골을 지나다 보면 가끔 벌통을 발견할 수 있습니다. 그런데 이 꿀벌에게도 위험한 존재가 여럿 있는데 그 중 하나가 말벌입니다. 말벌이 꿀벌을 습격하게 되면 꿀벌은 자신이 할 수 있는 방법을 이용하여 말벌을 공격합니다. 어떤 방법으로 말벌을 물리칠 수 있을까요? 꿀벌의 숫자가 많다는 것을 생각하여 그 방법을 생각해 보세요.

[예시답안 및 채점기준]

1. 가장 쉽게 생각할 수 있는 것은 침을 이용하는 방법이다. 그런데 실제로 이러한 방법은 사용되지 않는다고 한다. 따라서 이러한 답은 너무나 평범하기 때문에 1/3 정도 부여한다.
2. 말벌을 감싸서 질식하게 만드는 방법이다. 실제로 말벌을 감싸기는 하지만 질식될 정도로 되기는 쉽지 않다. 그러나 예시답안 1번에 비해서는 창의적인 방법이므로 1/2 정도 점수를 부여한다.
3. 말벌을 감싸고 온도를 올려서 말벌을 죽이는 방법이다. 실제로 말벌은 꿀벌보다 힘이 세기 때문에 꿀벌을 잡아먹기까지 한다. 일단 꿀벌이 모여서 말벌을 감싸게 되면 순간적으로 말벌의 체온을 47~48도까지 올릴 수 있는데, 이는 말벌에게는 치명적이라고 한다.

[영재 판별을 위한 표준화 검사도구 개발] **문 항 카 드**	
평가항목	발산적 사고

[문제 17] 바람만 있으면 빙글빙글 신나게 춤을 추며 돌아가는 바람개비! 하지만 바람이 그치면 바람개비의 춤도 금방 멈추게 됩니다. 그렇다면 바람이 불지 않을 때 바람개비를 돌릴 수 있는 방법은 무엇이 있을지 고안해 보세요.

[예시답안]

1. 바람개비 위에 모래나 물을 떨어뜨린다.
2. 바람개비 아래에 알코올램프나 촛불을 켜서, 데워진 공기가 위쪽으로 이동하면서 바람개비를 돌리는 방법이 있다.
3. 큰 북을 이용하여 공기의 진동을 만들어 바람개비를 돌릴 수 있다.

[채점기준] 예시답안 이외에 합리적이라고 생각하는 답안에 대해서는 정답으로 인정한다.

[영재 판별을 위한 표준화 검사도구 개발] **문 항 카 드**	
평가항목	발산적 사고

[문제 18] 크기, 무게, 모양이 같은 두 막대가 있다. 하나는 자석이고 하나는 일반적인 철이다. 다른 금속을 이용하지 않고 두 막대 중에서 어느 것이 자석인지 구별하는 방법에는 무엇이 있을지 생각해 보라.

[예시답안]

1. 자석은 양 끝이 힘이 세고 가운데는 힘이 약한 성질이 있다. 막대(A)의 끝을 다른 막대(B)의 가운데에 가져갔을 때 붙는다면 막대(A)가 자석이고, 붙지 않는다면 막대(A)는 자석이 아니고 막대(B)가 자석이다.
2. 자석은 쪼개져도 역시 자석이 된다는 것을 이용할 수 있다. 막대의 가운데를 쪼개서 그 쪼개진 것끼리 붙으면 자석이고 붙지 않으면 자석이 아니다.
3. 자석은 스스로 남북을 가리키는 성질이 있으므로 실에 매달거나 물 위에 띄웠을 때 남북을 가리키면 자석이고, 그렇지 않으면 자석이 아니라고 할 수 있다.

[채점기준] 예시답안 2번과 3번과 같이 가능하기는 하지만 물체에 손상을 준다거나 확실하지 않은 방법을 제시하면 반점을 부여하고, 예시답안 1번과 같이 과학적으로 의미 있는 답안을 제시하면 만점을 부여한다.

[영재 판별을 위한 표준화 검사도구 개발] **문 항 카 드**	
평가항목	발산적 사고

[문제 19] 깊은 산속 통나무집으로 여행을 왔다. 한참 동안의 산행에 목이 말라 시원한 물 한 잔을 마시려고 하는데 냉장고는 없고 가방에 있는 물은 미지근한 상태였다. 어떻게 하면 냉장고와 얼음이 없는 상태로 물을 시원하게 만들 수 있을까?

[예시답안]

1. 기화열을 이용하는 방법으로, 수건에 물을 적셔서 물병을 둘러싼 후에 부채나 선풍기를 이용하여 바람을 계속 불어주면 물이 증발하면서 그 속에 있는 물이 시원해진다.
2. 수건이 없는 경우에는 물병 주위에 젖은 모래를 둘러싸는 방법도 가능하다.

[채점기준] 예시답안 이외에 합리적이라고 생각하는 답안에 대해서는 정답으로 인정한다. 물을 적신 것을 주위에 놓는 방법과 바람을 일으키는 것을 모두 언급하지 않았을 경우에는 부분점수(반점)를 부여한다.

[참고] 나이지리아에서는 유약을 바르지 않아 미세한 구멍이 많은 항아리를 냉장고로 이용하였다. 크기가 다른 항아리 두 개를 준비하여 큰 항아리 안에 작은 항아리를 넣은 후, 두 항아리 사이를 젖은 모래로 채운다. 그리고 모래가 마르지 않도록 가끔 물을 부어주고 젖은 천으로 입구를 막으면 항아리의 젖은 모래의 수분이 증발하면서 작은 항아리의 온도를 떨어뜨리게 된다. 이는 물이 기화될 때 주변으로부터 다량의 열에너지를 빼앗는 원리를 이용한 것이다.

또한 사막을 횡단하는 여행자들은 양가죽 주머니에 물을 넣어 가지고 다니는데, 이것 역시 양가죽 표면으로 스며 나온 물이 기화하면서 주변의 열에너지를 흡수하므로 시원함을 유지할 수 있기 때문이다. 옛날 노예가 있던 시절 서방에서는 미세한 구멍이 많은 항아리에 물을 담고 그 항아리를 열심히 부채질만 하는 노예도 있었다고 한다.

[영재 판별을 위한 표준화 검사도구 개발] **문 항 카 드**	
평가항목	발산적 사고

[문제 20] 어느 겨울날 아침에 일어나 밖을 보았는데 무려 눈이 3 m나 와서 눈이 녹을 때까지 움직일 수 없는 상태가 되었다. 다음에는 눈이 많이 와도 이웃집을 오갈 수 있는 방법을 고안하려고 하는데, 어떤 방법이 가능할까?

[예시답안]

1. 이웃집과의 길을 만들기 위해서 눈이 오기 전에 집과 집 사이에 긴 줄을 매달아 놓는다. 눈이 많이 왔을 때에 이 줄을 움직이면 조금씩 구멍이 생겨서 이동할 수 있는 공간을 만들 수 있다.
2. 집과 집 사이에 전열선을 설치하여 눈이 많이 왔을 때 전기를 이용하여 눈을 녹일 수 있다.
3. 땅 밑으로 굴을 파서 이동할 수 있다.
4. 땅 위에 지붕이 있는 구조물로 미리 통로를 만들 수 있다.

[채점기준] 예시답안 이외에 합리적이라고 생각하는 답안에 대해서도 점수를 부여한다. 이때 2, 3, 4번과 같이 너무 일반적인 답안에 대해는 70 %의 점수를 부여한다.

[영재 판별을 위한 표준화 검사도구 개발] **문 항 카 드**	
평가항목	발산적 사고

[문제 21] 조선시대와 같이 예전에는 머리에 물동이를 이고 나르는 경우가 많이 있었다. 그런데 이때에는 걸을 때마다 물이 출렁거려 옷이 다 젖는 경우가 많은데, 어떻게 하면 옷이 젖지 않게 할 수 있을까?

[예시답안]

1. 옷 위에 비옷을 입는다.
2. 물동이의 위쪽으로 받침대를 만들어 출렁이는 물이 밖으로 나오지 못하도록 한다.
3. 물동이의 입구를 단단히 막는다.
4. 물동이 위에 바가지를 엎어 놓는다.

[채점기준] 예시답안 이외에 합리적이라고 생각하는 답안에 대해서도 점수를 부여한다. 이때 예시답안 1, 2, 3번과 같이 너무 일반적인 답안에 대해서는 70 %의 점수를 부여한다.

[참고] 이 문제는 조선시대의 물시계인 자격루를 완성한 과학자 장영실 선생이 처한 상황과 관련이 있다. 장영실 선생은 물동이에 바가지를 엎으면 물이 출렁거리지 않는다는 것을 알아내었다. 물동이에 물이 넘치는 것은 사람이 걸어갈 때 생기는 파동의 주기에 맞추어서 힘을 주게 되어 점점 더 물이 높이 올라가 물이 넘치게 되기 때문이다. 이때 물 위에 바가지를 엎어 놓으면 바가지가 계속 움직이기 때문에 파동의 주기가 계속 바뀌게 되어 물이 덜 넘친다.

[영재 판별을 위한 표준화 검사도구 개발] **문 항 카 드**	
평가항목	발산적 사고

[문제 22] 풍선을 페트병 속에 넣고 힘껏 풍선을 불어도 풍선은 커지지 않는다. 어떻게 하면 페트병 속에 있는 풍선을 부풀게 할 수 있을까?

[예시답안]

1. 우선 가장 간단한 방법은 페트병 속의 공기가 빠져 나갈 수 있는 길을 만들어주는 것이다. 즉 페트병에 구멍을 뚫어 놓으면 쉽게 불린다. 또는 풍선과 페트병 사이에 빨대를 끼워 넣어 공기의 이동통로를 만드는 것도 방법이다.
2. 병 속의 온도 변화를 이용하는 것으로, 병 속에 뜨거운 물을 넣고 풍선을 씌운 다음 식히면, 병 속의 공기의 압력이 떨어지면서 풍선이 부풀게 된다.

[채점기준] 예시답안 이외에 합리적이라고 생각하는 답안에 대해서는 정답으로 인정한다.

[영재 판별을 위한 표준화 검사도구 개발] **문 항 카 드**	
평가항목	발산적 사고

[문제 23] 오늘은 휴일! 어머니께서 아침부터 밖에 나가셨다. 정우는 하루 종일 컴퓨터게임을 하려는 마음에 들떠 있었다. 그런데 컴퓨터 전원을 연결할 코드가 없었다. 그래서 결국은 냉장고의 코드를 뽑아 게임을 하였다.

정우는 어머니께서 돌아오시기 1시간 전에 다시 냉장고를 켜놓고 완전범죄를 확신하였지만, 어머니께서 돌아오신 후에 크게 꾸중을 들을 수밖에 없었다. 과연 어머니께서는 냉장고의 전원이 꺼져 있었던 사실을 어떻게 알 수 있었을까? 가능한 답안을 2가지 이상 작성해 보라.

[예시답안]

1. 얼었던 고기가 녹으면 육즙이 새어나오는데 다시 얼리더라도 육즙이 언 부분을 발견할 수 있을 것이다.
2. 아이스크림류는 녹았다 얼게 되면 그 모양이 변하게 된다.

[채점기준] 예시답안 이외에 합리적이라고 생각하는 답안에 대해서는 정답으로 인정한다.

[영재 판별을 위한 표준화 검사도구 개발] **문 항 카 드**	
평가항목	발산적 사고

[문제 24] 그림과 같이 두 개의 풍선이 매달려 있는 막대가 있다. 막대를 들고 있는 상태에서 이 풍선을 서로 붙이는 방법이 있을까?

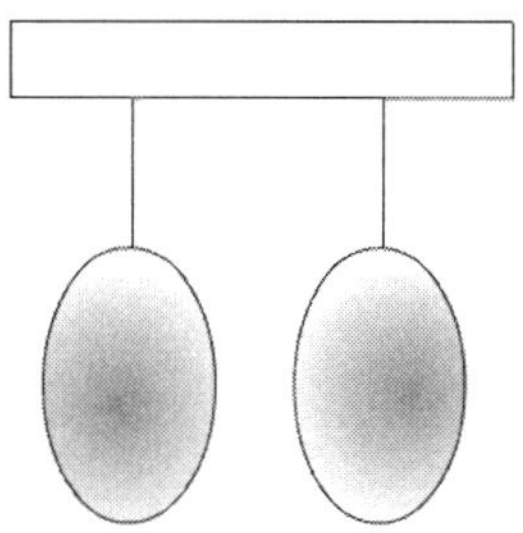

[예시답안]

1. 손을 이용하여 붙인다.
2. 양 옆에서 바람을 불어 붙인다.
3. 두 풍선이 반대의 전기를 띠게 대전시켜서 붙인다.
4. 두 풍선 사이에 바람을 불어 두 풍선이 달라붙게 한다.

[채점기준] 예시답안 이외에 합리적이라고 생각하는 답안에 대해서는 점수를 부여한다. 단, 예시답안 1, 2번과 같이 너무나 일반적인 경우에는 반점만 부여한다.

[영재 판별을 위한 표준화 검사도구 개발] **문 항 카 드**	
평가항목	발산적 사고

[문제 25] 솥 안에는 물이 펄펄 끓고 있었다. 그런데 선생님께서 그 물속에 손을 담갔지만 손은 데지 않았다. 그 이유는 무엇일까?

[예시답안] 물은 1기압에서만 100 °C에서 끓는다. 압력이 낮아지면 끓는점도 내려가기 때문에 엄청나게 낮은 압력이라면 손을 데지 않을 것이다. 예로 1 km만큼 높이 올라가면 끓는점은 약 3 °C 정도 내려가기 때문에, 만약 10 km만큼 높은 곳에서는 물이 약 70 °C에서 끓을 것이다. 화성에 떨어졌다면 물은 50 °C도 되지 않는 온도에서 끓을 것이다.

[채점기준] 예시답안 이외에 합리적이라고 생각하는 답안에 대해서는 점수를 부여한다.

[영재 판별을 위한 표준화 검사도구 개발] **문 항 카 드**	
평가항목	발산적 사고

[문제 26] 철수는 튀김을 아주 좋아한다. 바삭바삭한 튀김옷 속에 들어 있는 맛있는 야채와 해물 등은 항상 철수를 설레게 한다. 어느 날 어머니께서 특별한 튀김을 만들어주신다고 하였다. 바로 아이스크림 튀김! 아이스크림 튀김이라는 것이 과연 가능한 것일까? 만약 가능하려면 요리를 하는 데 있어서 어떠한 조건이 필요할까?

[예시답안]

- 아이스크림은 차갑게 유지해야 한다.
- 기름은 높은 온도로 해야 한다.
- 튀김옷은 빨리 부풀어야 한다.

[채점기준] 예시답안 이외에 합리적이라고 생각하는 답안에 대해서는 점수를 부여한다. 예시답안 중에서 3개 중에 2개 이상만 써도 만점을 부여한다.

[참고] 차가운 아이스크림을 뜨거운 물(기름)에 튀길 수 있으려면 아이스크림 주위에 뜨거운 열이 전달되기 전에 단열층을 만들어야 한다. 말은 쉬워도 직접 해보면 쉽지 않다. 요령은 아이스크림을 차갑게 보관할수록 좋고 기름을 높은 온도로 유지해서 빨리 튀기는 것이 좋다. 튀김옷의 성분도 대단히 영향을 많이 미친다. 튀김옷은 보통 것보다 더 잘 부풀어 오르도록 성분을 선택해야 한다. 튀김옷에 들어 있는 이산화탄소의 작은 거품들이 빨리 부풀어 올라야만 뜨거운 기름의 열이 아이스크림에 덜 전달되어 녹지 않고 튀길 수 있다. 열을 잘 전달하지 않는 물질에는 여러 가지가 있지만, 공기가 대표적이라고 생각해도 좋다. 우리가 120 °C가 넘는 사우나실에 들어갈 수 있는 것이나 겨울철 오리들이 얼어 붙을 정도의 찬물 속을 유유히 헤엄칠 수 있는 것은 다 공기라는 열부도체 덕분이다. 또 동파를 막기 위해 관 주위에 씌워 놓은 스티로폼도 그 속에 공기를 가지고 있다.

[영재 판별을 위한 표준화 검사도구 개발] **문 항 카 드**	
평가항목	발산적 사고

[문제 27] 친구 세 명이 자신의 몸무게를 재어 누가 가장 가벼운지 알아보기로 하였다. 그런데 집에 있는 저울은 불과 20 kg까지밖에 잴 수 없는 것이었다. 누가 가장 가벼운지 어떻게 알 수 있을까? 가능한 방법을 고안해 보시오.

[예시답안]

1. (저울을 이용하는 방법) 긴 널빤지를 지렛대로 생각해서 한쪽 끝을 저울 위에 걸쳐 놓고 다른 한쪽을 바닥이나 다른 받침대에 걸친 후 올라서면 올라서는 사람의 몸무게가 분산이 된다. 세 명이 각각 널빤지의 '같은 위치에 올라서서' 저울의 눈금을 보면 몸무게를 비교할 수 있다.
2. (저울을 이용하지 않는 방법) 가장 쉽게 생각할 수 있는 것은 넓은 널빤지를 구해 널빤지를 받침점 위에 놓고 균형을 맞춘 후에 양팔저울과 같이 비교하는 방법이 가능하다.

[채점기준] 예시답안 이외에 합리적이라고 생각하는 답안에 대해서는 점수를 부여한다. 예시답안 2번과 같이 너무나 일반적인 경우에 대해서는 1/3만 인정한다.

Part III

과학영재 과학캠프 검사

과제 책임자 : 손 정 우
공동연구원 : 이 봉 우·이 인 호·최 원 호

1 과학캠프 검사도구

영재의 판별은 영재교육의 목표와 영재 대상 프로그램의 목표의 성취 여부로써 판별이 가능하다. 그러므로 영재교육의 목표를 성취하기 위한 준거를 이용하여 판별도구를 개발할 수 있다. 영재집단의 경우, 지식, 지능, 과학에 대한 태도 등의 세 검사가 매우 낮은 상관을 보이고 있기 때문에, 일반적으로 영재 선발의 주요 준거로 활용되는 지능과 창의성 검사와 같은 인지 능력 검사만으로는 영재들의 다양한 측면을 판별하기 어렵다. 그래서 영재성을 구성하는 여러 가지 요인을 이용하여 영재성의 판별에 이용할 필요가 있다. 일반적으로 탐구 능력을 확인하기 위해 실시하는 보고서 형태의 평가는 지적 영역 중 창의적인 영역과 정의적인 영역의 과학에 대한 태도 등을 고려할 수 없고, 한번 사용하면 재사용하기 어려운 단점이 있다. 그래서 교육과 판별을 분리하면서 생기는 영재교육 목표의 불일치를 극복하여 교육이 진행되는 과정에 평가할 수 있는 교육과 판별의 일체화 모형으로 과학캠프가 도입되었으며, 과학영재학교에서는 신입생 선발 전형에서 과학캠프를 통한 과학적 문제 해결력과 창의성, 인성 등을 평가하고 있다. HASA 연구에서는 과학캠프에 참여하는 학생들의 활동 관찰을 통하여 영재성을 판별할 수 있는 도구 4종(페트병과 링거 줄을 이용한 사이펀 타이머 만들기, 구리관을 이용한 증기 보트 만들기, 작은 유리병과 페트병을 이용하여 갈릴레이 온도계 만들기, 기체가 발생하는 화학반응을 이용한 오르락내리락 움직이는 타이타닉 만들기)을 개발하여 제시하였다.

영재성 판별 기준은 학생들의 성취 여부를 확인하기 위한 활동 준거에 근거하여 각 실험의 특성을 고려한 활동 기준과 활동 세부 기준으로 개발되어 있다. 활동 세부 기준은 활동 기준에 근거하여 3단계로 개발하였으며, 영재학생들의 행동 특성을 관찰하여 가장 부합하는 활동 세부 기준의 단계를 정할 수 있다.

2 학생용 활동지

물 온도계

우리가 있는 이곳의 온도는 몇 도일까요? 온도계만 있다면 현재 온도를 쉽게 알 수 있는데요. 아주 간단한 재료를 이용하여 온도계를 만들어 주변의 온도를 측정해 볼까요?

이 활동을 하면

(탐구) • 물 온도계의 원리를 이해하기 위해 탐구 과정을 세우고 확인할 수 있다.
(지식) • 물 온도계에 포함된 원리를 이해할 수 있다.
(태도) • 물 온도계를 제작하여 주위의 물 온도를 측정하려고 한다.

무엇이 필요한가?

필름통(흰색), 빨대(흰색), 고무 찰흙, 송곳, 마법의 용액, 알코올 온도계, 네임펜

어떻게 할까?

1. 필름통 뚜껑에 빨대 크기만 한 구멍을 뚫는다.
2. 빨대를 꽂고, 구멍 주위에 고무 찰흙을 단단히 붙여서 틈새를 채운다.
3. 필름통 속에 마법의 용액을 적당량 넣는다.
4. 뚜껑과 필름통 합체(딸깍!)
5. 필름통 실험장치를 더운물과 찬물에 번갈아 넣어 보면서 어떤 일이 일어나는지 관찰한다.
   (과연 폭발할까?)

왜 그럴까?

1. 필름통 실험장치를 더운물과 찬물에 번갈아 넣어 보면서 수면의 높이가 어떻게 변하는지 관찰하고 관찰하면서 궁금한 점을 적어보자.
   Q) ____ ?
2. 1번의 의문에 대한 이유가 무엇인지 우리 조의 생각을 적어 보자.
   (____) 때문일 것이다.
3. 우리 조가 잠정적으로 내린 2번의 생각을 증명할 수 있는 실험 계획을 세우시오.
   (친구의 생각이 아닌 나의 생각을 적기)

※ **실험 계획을 잘 세우는 방법** : 다시 한 번 필름통 장치를 잘 살펴보고 어떤 변화가 있는지 자세히 관찰하자!

4. 실험계획대로 실험을 실시하자.
5. 결론 : 빨간 용액이 움직이는 이유는 (________________________________
   ____) 때문이다.

한 걸음 더

1. 내가 만든 필름통 온도계로 현재 온도가 몇 °C인지 알아낼 수 있을까? 어떻게 하면 될까?
   (힌트 : 더운물, 찬물, 온도계, 네임펜을 이용하세요.)
   –
   –
   –
2. 내가 만든 필름통 온도계로 주변의 온도를 재 보자.

	내가 만든 온도계	알코올 온도계
A지역(　　)	(　　　　　) °C	(　　　　　) °C
B지역(　　)	(　　　　　) °C	(　　　　　) °C

3. 내가 만든 온도계와 알코올 온도계로 측정한 온도가 같은가? 차이가 난다면 그 이유는 무엇인가? 그리고 그 차이를 줄이기 위한 방안을 실현 가능한 방법으로 고안해 보자.
4. 내가 만든 온도계로 1 °C 상승할 때의 기체의 팽창 정도를 확인할 수 있는 실험을 설계하고 실험해 보자.
5. 필름통에 물을 넣지 않고 온도계를 만들 수 있는 방법을 생각해 보자.

읽을거리

최초의 온도계

최초의 온도계는 A.D. 170년경 그리스의 의사인 갈렌이 만들었다. 그 온도계의 이름은 'thermoscopes'(온도를 눈으로 볼 수 있다는 의미겠죠!). 긴 관이 달려 있는 유리 전구 안에 색소를 탄 물을 넣은 것이었다. 한편 갈릴레오는 1610년 색소물 대신 와인을 사용하기도 했다. 관 속에 있는 공기 중의 약간은 밖으로 뽑아지는데, 이는 액체가 관으로 올라오게 하기 위해서이다. 그리고 전구 안에 남아 있는 공기는 열을 받거나 차가워지면 기체 팽창과 수축에 의해 물기둥의 높이가 변하게 된다(이 온도계가 우리가 만든 온도계와 원리가 같네요).

현재 사용하고 있는 일반적인 알코올 온도계는 로버트 후크(현미경을 발명한)가 1664년에 만든 것이다. 알코올 온도계는 1 °C 상승할 때마다 1/500씩 부피가 커진다.

1724년 가브리엘 패런하이트(Fahrenheit. 화씨온도의 단위)는 수은을 액체로 사용했다. 수은은 열팽창률이 일정하고(따라서 정확한 온도를 재는 데 이용됨), 유리관에 달라붙지 않으며, 상당한 온도 범위에서 액체로 존재(−38.9～356.5 °C)할 수 있어 넓은 범위의 온도를 측정해 낼 수 있다는 장점이 있다. 그리고 은색을 띠므로 우리 눈으로 온도의 변화를 쉽게 확인할 수 있다.

|표 III-1| 영재성 판별활동 기준과 활동 세부 기준 – 물 온도계

목표	활동 준거	3H	활동 기준		활동 세부 기준		
			발표	참가	1단계	2단계	3단계
목표 1	활동에 필요한 핵심 내용을 구조화하여 이해하고 있는가?	Head		물 온도계의 원리가 기체의 팽창 때문임을 증명할 실험을 바르게 설계하였나?		처음엔 가득 채웠으나, 실험 도중 물의 양을 조절하였다.	물의 양을 적당히 채웠다.
	핵심 내용을 구조화하여 표현하는가?	Head		온도가 1°C 상승할 때 기체가 팽창하는 정도를 확인하는 방법을 아는가?	알코올 온도계 1°C마다의 변화를 물 온도계에 표시한다.	낮은 온도와 높은 온도에서 물의 높이를 표시한 뒤, 그 사이를 눈금으로 표시하지 않고 어림값으로 읽는다.	낮은 온도와 높은 온도에서의 물의 높이를 표시한 뒤, 그 사이를 일정한 간격으로 나누어 눈금을 표시한다.
	창의적으로 문제를 발견하고, 해결 방법을 아는가?	Head		빨대 위로 액체의 수면이 넘치지 않고 적당히 올라올 수 있도록 물의 양과 빨대의 종류를 적절히 선택하였는가?	물 온도계를 거꾸로 뒤집어서 물을 쏟아낸다.	빨대를 2개 이상 붙여서 높이를 조절하여 물이 넘치지 않도록 한다.	물의 양과 빨대의 종류(용적률이 다른)만으로 넘치치 않고 적당히 올라오도록 조절한다.
	창의적으로 문제를 해결하는가?	Hand		빨대 위로 액체의 수면이 올라오도록 빨대를 필름통 속에 적당히 위치시켰는가?			필름통 속 빨대가 바닥에 닿지 않도록 물속에 적당히 위치시켰다.
목표 2	새로운 문제를 제기하고 논쟁이나 토론을 유도하는가?	Head	발표자의 역할이 실험 참가자들의 목표 성취를 위함임을 이해하여 문제 해결을 유도		실험의 목표는 이해하나 발표자의 역할을 이해하지 못하고 답을 제시하는 등 참가자에 자주 개입함	실험의 목표와 발표자의 역할을 이해하나 참가자에게 실험의 힌트를 자주 제공함	실험의 목표가 참가학생들이 탐구 체험임을 깨닫고 문제 해결을 유도만 하며, 활동에는 개입하지 않음

	조원들과 정보의 교류가 있는가?	Heart		문제 해결을 위해 토론	일방적으로 말하고 조원은 듣기만 하기	조원은 예/아니오 등의 간단한 대답만 하기	적극적인 의견 제시를 포함한 상호 작용
	협동하여 활동을 구성하는가?	Heart		협동실험	지시하고 따름	역할은 협조적이나 돌발적 상황에서 역할 변경이 안 이뤄짐	자발적 역할 변경이 수시로 발생하나 조화로움
목표 3	발표나 활동 참가에 열정을 보이는가?	Heart	참가자들의 활동을 눈여겨봄		가끔 가까이에서 함께 관찰함	가끔 멀리서 보며, 대부분 가까이에서 지켜봄	참가자들의 활동을 가까이에서 눈여겨봄
	활동의 목표를 정확히 알거나 전달하는가?	Head		목표 인식(물 온도계의 측정 범위가 실온)			뜨거운 물의 온도를 재어 본 뒤 뜨거운 물을 찬물과 섞어 실온보다 조금 높은 수준의 온도를 만들어 물 온도계의 최고 눈금을 정함
	활동의 목표를 정확히 알거나 전달하는가?	Heart	목표 제공		실험 초기에 교재의 목표를 그대로 읽었음	실험 초기에 교재의 목표를 그대로 읽고 간단한 활동 방법 소개	실험 초기에 교재의 목표를 실험 과정과 관련하여 재해석하여 소개하고, 참가자들이 주의해야 할 실험안전과 관련된 주의사항을 소개
	정해진 시간 내에 목표에 이르렀는가?	Hand		2시간 내 실험 수행 정도	2시간 안에 실험까지만 마쳤고 '한 걸음 더'는 하지 못했다.	2시간 안에 실험과 '한 걸음 더'의 실험설계까지 마쳤다.	2시간 안에 실험과 '한 걸음 더'까지 모두 마치고 활동지 작성을 끝냈다.
	활동에 자발적 참여와 집중을 하였는가?	Hand		능동적 문제 해결	답을 요구하는 질문이 2회 이하	힌트 요구	힌트와 정답을 묻지 않고 스스로 문제 해결 시도
목표 4	새로운 문제 상황의 원리를 이해하고 있는가?(실험을 해결하였는가?)	Head Hand		온도 1°C 상승할 때 기체의 부피 팽창 정도 확인			빨대의 단면적과 온도 상승에 따른 물의 높이 차이를 이용하여 계산

새로운 문제 상황의 원리를 이해하고 있는가? 새로운 문제 상황의 실험을 해결하였는가?	Head Hand		열평형 상태에서의 온도 측정	필름통에 들어있는 물 높이까지만 담근다(액체의 팽창이라고 생각할 가능성이 큼).		온도 측정 시 필름통 전체를 물속에 평형이 될 때까지 담근다.
새로운 문제 상황의 원리를 이해하고 있는가? 새로운 문제 상황의 실험을 해결하였는가?	Head Hand		물 온도계의 정확도 높이기	눈금 간격을 좀 더 세분화해야 한다고 말함(간격에 대한 언급 없이).	한 개 이상의 개선안에 대해 언급	물 온도계의 정확성과 기능을 개선할 수 있는 대안으로 빨대 폭, 길이, 더 넓은 눈금 간격 등, 두 개 이상의 개선점에 대해 언급

밀도 탐색

【물음 1】 아래 두 물체 중 어느 것의 질량이 더 클까?

 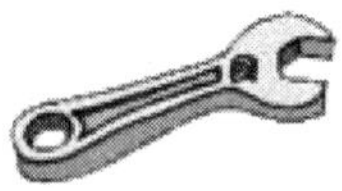

그렇게 생각한 이유는 무엇인가?

【물음 2】 위의 두 물체의 부피를 똑같이 만들어 질량을 비교하면 어느 쪽이 더 클까?

그렇게 생각한 이유는 무엇인가?

이 활동을 하면

용액의 밀도가 무엇인지 알게 되며, 간단한 밀도 측정장치를 만들 수 있게 된다.

무엇이 필요한가?

종이컵 10, 설탕, 100 mL 눈금실린더 2, 색소(빨, 노, 파), 1회용 플라스틱 스포이트(3 mL용) 10(스포이트 상자를 교사용 책상에 둘 것), 수수깡 1통, 압정 1통, 유성펜, 비닐장갑 2, 약수저, 24홈판, 각종 음료수(사이다, 요구르트, 오렌지 주스, 토마토 주스, 황도 통조림), 자, 칼, 저울

어떻게 할까?

【실험 1】 용액 만들기

1. 같은 크기의 종이컵에 0~4의 번호를 매긴다.
2. 0번 컵에는 아무것도 넣지 않고, 1번 컵에는 설탕 5스푼, 2번 컵에는 설탕 10스푼, 3번 컵에는 설탕 15스푼, 4번 컵에는 설탕 20스푼을 넣는다.
3. 눈금실린더로 모든 비커에 물 30 mL씩 넣고 잘 녹인다.
4. 또 다른 컵 5개에 물을 약간 넣고 세 가지의 색소를 조합하여 5가지의 색을 만든다.
5. 만든 5가지의 색소를 5가지 농도의 설탕 용액에 각각 몇 방울씩 떨어뜨린다.
6. 설탕 한 스푼의 질량을 측정하여 각 용액에 넣은 설탕과 물의 질량 그리고 용액의 부피를

이용해 밀도를 계산하자.

컵 번호	0	1	2	3	4
용액의 질량(g)					
용액의 부피(mL)					
밀도(g/mL)					

【실험 2】 밀도 측정기 만들기

1. 수수깡의 한 끝에 압정을 꽂고 물이 든 컵에 넣어 보자. 수수깡이 어느 정도 잠기면서 수직으로 서도록 하려면 압정을 어떻게 꽂아야 할까?
2. 수수깡이 0번 컵에서 일부 잠겼다면 잠긴 부분까지 유성펜으로 표시하자.
3. 밀도가 가장 큰 4번 컵에 과정 2에서 사용했던 압정 꽂힌 수수깡을 꽂아보자(단, 수수깡의 물기를 잘 닦고 넣어야 한다).
4. 과정 3에서 용액에 잠긴 부분을 유성펜으로 표시하자.
5. 수수깡을 꺼내 물기를 닦고 0번 컵에서의 수면의 높이를 물의 밀도인 1을 적어넣고 4번 컵에서의 수면의 높이를 [실험 1]의 과정 5에서 계산한 밀도를 적어넣자.
6. 두 눈금 사이를 5등분하여 작은 눈금을 그려 넣자.
7. 과정 6에서 만든 수수깡을 밀도 측정기로 부르자. 이 밀도 측정기로 1, 2, 3번 컵의 용액의 밀도를 측정해 보자.

컵 번호	1	2	3
밀도(g/mL)			

8. 밀도 측정기로 측정한 밀도가 [실험 1]에서 계산한 것과 일치하는가?

【실험 3】 밀도가 다른 용액 물탑 쌓기

1. 밀도가 가장 큰 용액부터 10 mL를 스포이트로 취하여 눈금실린더에 벽면을 따라 살며시 흘려 넣어 보자.
2. 다른 진하기(농도)를 가진 설탕 용액들이 섞이지 않고 나뉘어지는가?
3. 비닐장갑을 끼고 눈금실린더 입구를 손으로 막은 뒤 눈금실린더를 살며시 뒤집어 보자.
4. 어떻게 되었는가?

왜 그럴까?

1. 밀도 측정기가 용액 내에서 잘 세워지려면 무엇을 주의해야 하는가?
2. 진한 용액에서 밀도 측정기가 더 높이 떠오르는 이유가 무엇인가?
3. 측정한 밀도가 계산한 밀도와 차이가 난다면 그 이유가 무엇인가?
4. 밀도 측정기의 원리가 무엇인가?
5. 물탑 쌓기에서 같은 설탕물인데도 용액이 섞이지 않는 이유가 무엇인가?
6. 물탑 쌓기에서 눈금실린더를 뒤집어도 용액의 위치가 바뀌지 않는 이유는?

한 걸음 더

1. 우리 주변에서 흔히 볼 수 있는 음료수들의 밀도 순서를 정하고 싶다. 주어진 재료들을 이용하여 음료수들의 밀도 순서를 정할 방법을 설계해 보자.

2. 설계한 대로 실험하여 음료수들의 밀도 순서를 정해 보자.
3. 눈금실린더에 1회용 스포이트를 이용하여 밀도가 큰 음료수부터 살며시 넣자. 예상한 밀도 순서대로 음료수가 쌓이는가? 그렇지 않다면 어떤 점이 잘못되었는가?
4. 밀도 측정기로 용액의 밀도 측정 시 용액의 부피를 모두 일정하게 유지시켜야 할까? 만약 그렇다면 그것을 증명할 수 있는 실험을 설계해 보자.

● 조별로 해결한 결과를 다른 조와 토의해 봅시다.

1. 자신의 주장
2. 자신의 주장에 대한 다른 조의 비판
3. 다른 조의 비판에 대한 자신 조의 과학적인 반론

읽을거리

우리가 만든 밀도 측정기를 어디에 이용하면 좋을까요?

요즘은 집에서 만들지 않고 거의 사 먹는 간장을 만들 때, 우리가 만든 밀도 측정기와 거의 비슷한 염도계를 사용합니다.

그러면 간장을 만드는 방법을 한번 알아볼까요?

① 늦가을(음력 10월)에 쑤어 겨우내 정성들여 띄운 메주를 준비합니다.

② 잘 마른 메주를 솔로 깨끗이 씻어 햇볕에 말립니다(2일 정도).

③ 이제는 천일염 4 kg을 20 L의 물에 풀어 녹입니다. 이때 계란을 띄워 500원 동전 크기만큼 떠올랐을 때가 적당합니다. 계란 대신 우리가 만든 밀도 측정기를 사용할 수도 있고 염도계라고 하는 간단한 기계를 사용할 경우 눈금 17 정도를 맞추어 주면 됩니다.

④ 잘 씻은 메주를 항아리에 차곡차곡 쌓은 다음, 그 위에 준비한 소금물을 부어 줍니다. 항아리 위에는 베보자기를 깔고 시루나 소쿠리를 얹은 후 소금물을 부어주면 깨끗한 간장을 만들 수 있습니다.

⑤ 소금물과 메주가 담긴 항아리에 마른행주로 깨끗이 닦은 고추와 대추를 넣습니다.

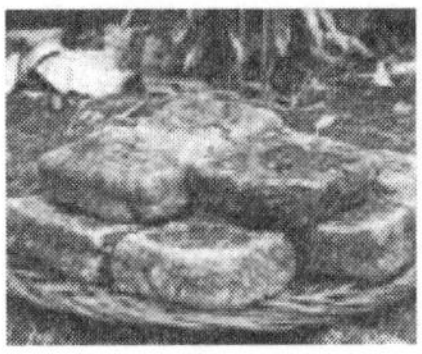

⑥ 뒤 뚜껑을 꼭 닫아 3일간 두었다가 열어 햇볕을 쪼입니다. 이때 망사로 항아리를 봉해서 40일 정도 두게 되는데, 이때에도 뚜껑을 자주 열어 볕을 잘 쪼여 주어야 합니다. 40일 정도가 지난 뒤 항아리에 넣었던 숯, 고추, 대추를 꺼낸 뒤 간장독을 준비해서 체를 올려놓고 장을 뜹니다. 체에 밭인 간장은 그대로 두기도 하고 달여서 거품을 걷어낸 다음 식혀서 다시 독에 묻기도 합니다.

여러 가지로 몸에 좋다는 이야기가 들려와도 우리에게는 이미 낯설게 느껴지는 일이 되어 버렸습니다. 우리가 어른이 되었을 때쯤 전통간장을 모두 잃어버리게 되지는 않을까요?

|표 III-2| 영재성 판별활동 기준과 활동 세부 기준 – 밀도 탐색

목표	활동 준거	3H	활동 기준		활동 세부 기준		
			발표	참가	1단계	2단계	3단계
목표 1	활동에 필요한 핵심 내용을 구조화하여 이해하고 있는가?	Head		밀도의 정의	공식(=질량/부피)	입자 간의 밀한 정도	일정한 부피당 차지하는 질량
	핵심 내용을 구조화하여 표현하는가?	Hand		밀도 측정기 눈금표시 방법	수수깡을 꺼내어 직접 눈금 표시	가라앉은 수수깡의 바닥부터 수면까지/수면부터 꼭대기까지의 거리를 자로 재어 나중에 눈금 표시	2단계에서 자 대신 눈금실린더 눈금 이용
	핵심 내용을 구조화하여 표현하는가?	Hand		질량 측정 결과의 정리	질량 측정 데이터를 외워간다.	질량 측량 데이터를 바로 보고서나 이면지에 적는다.	질량을 적는 보고서 공간을 미리 확보하여 측정한 질량을 바로 적는다.
	핵심 내용을 구조화하여 표현하는가?	Hand		설탕 측정의 일관성	설탕의 양을 일정하게 고려 안 한다.	눈대중, 수저를 흔들어 비슷한 양을 맞춘다.	수저의 설탕을 평평하게 하거나 질량을 측정한다(정량적 처리).
	창의적으로 문제를 발견하고, 해결 방법을 아는가?	Head		수수깡 길이	불편한데도 불구하고 짧은 수수깡을 그대로 사용	수수깡이 용기 면에 붙지 않고 꺼내기 쉽게 길게 사용	수수깡의 적당한 길이를 찾기 위한 시행착오 시도
	창의적으로 문제를 해결하는가?	Hand		밀도 측정기 제작 과정에서 용액의 높이나 부피 결정	종이컵을 그대로 사용	측정하기 편리한 눈금실린더로 옮겨 밀도를 측정하되 액체의 부피를 일치시킴	설탕 용액의 부피를 일정하게 유지시키지 않고 밀도 측정
목표 2	새로운 문제를 제기하고 논쟁이나 토론을 유도하는가?	Head	발표자의 역할이 실험 참가자들의 목표 성취를 이끄는 것임을 이해하여 문제 해결을 유도		실험의 목표는 이해하나 발표자의 역할을 이해하지 못하고 답을 제시하는 등 실험 과정에 자주 개입함	실험의 목표와 발표자의 역할을 이해하나 참가자에게 실험의 힌트를 자주 제공함	실험의 목표가 탐구 과정을 통해 밀도의 정의를 이해하는 것임을 알고 문제 해결을 유도할 뿐, 활동에는 직접 개입하지 않음

	조원들과 정보의 교류가 있는가?	Heart		문제 해결을 위해 의사소통	일방적으로 한 사람이 말하고 나머지 조원은 듣기만 하기	조원은 예/아니오 등의 간단한 대답만 하기	조원 서로의 의사를 적극적으로 묻거나 서로 상호 작용
	협동하여 활동을 구성하는가?	Heart		협동실험	지시하고 따름	역할은 협조적이나 돌발적 상황에서 역할 변경이 안 이뤄짐	자발적 역할 변경이 수시로 발생함
	발표나 활동 참가에 열정이 보이는가?	Heart		뒷정리	테이블, 저울 모두 뒤처리하지 않았다.	저울이나 테이블 중 한 곳만 뒤처리하였다.	테이블에 설탕을 흘리거나 저울 측량 시 설탕을 흘리더라도 뒤처리를 바로하여 다른 실험에 방해를 주지 않는다(발표자는 대신 정리해주는 행위).
	발표나 활동 참가에 열정이 보이는가?	Heart	참가자들의 활동을 눈여겨봄		가끔 가까이에서 함께 관찰함	가끔 멀리서 보며, 대부분 가까이에서 지켜봄	참가자들의 활동을 가까이에서 눈여겨봄
목표 3	활동의 목표를 정확히 알거나 전달하는가?	Head		목표 인식	밀도 측정기 만들기	밀도의 정의와 밀도 측정기의 제작	밀도의 정의와 밀도의 이해
	활동의 목표를 정확히 알거나 전달하는가?	Heart	목표 제공		실험 초기에 교재의 목표를 그대로 읽었음	실험 초기에 교재의 목표를 그대로 읽고 간단한 활동 방법 소개	실험 초기에 교재의 목표를 실험 과정과 관련지어 소개하고 주의사항 안내
	정해진 시간 내에 목표에 이르렀는가?	Hand		2시간 내에 실험 수행 정도	실험 2까지 수행	실험 3의 뒤집기까지 수행	'한 걸음 더' 실험까지 수행
	활동에 자발적 참여와 집중을 하였는가?	Hand		능동적 문제 해결	답을 요구하는 질문이 2회 이하	힌트 요구	힌트와 정답을 묻지 않고 스스로(조 내에서) 문제 해결 시도
목표 4	새로운 문제 상황의 원리를 이해하고 있는가?	Head		'한 걸음 더'에서 만든 밀도 측정기 이용 여부	다른 방법만 시도	제작한 밀도 측정기 이용	제작한 밀도 측정기 이용과 더불어 개선

새로운 문제 상황의 실험을 해결하였는가?	Hand		음료수의 밀도 순서 확인	밀도 순서만 정함	밀도 순서대로 쌓음	밀도 순서가 예상과 일치/불일치 이유 제시
새로운 문제 상황의 해결이 과학적 원리에 근거한 것인가?	Head		동일 눈금실린더를 사용하는 이유	번거로워서	물로 씻으면 음료수에 물이 섞여 묽어지므로	사용할 액체로 씻어서 사용

아이스바 만들기

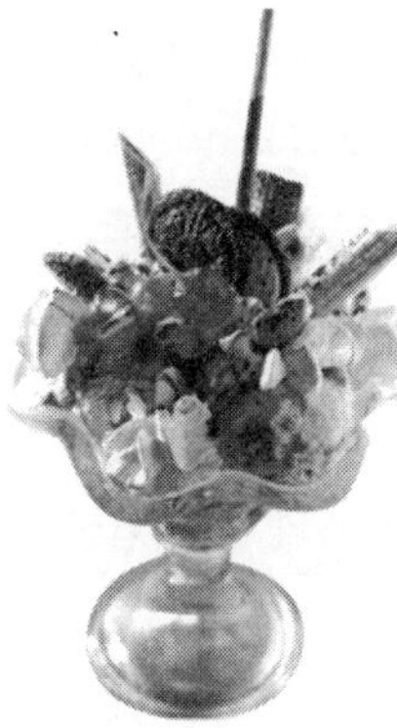

우리가 여름에 즐겨먹는 아이스바, 옛날 사람들도 먹었을까?

현재, 이 시대에 사는 우리들은 씽씽한 냉동고에 음료수만 넣으면 손쉽게 시원한 아이스바를 먹을 수 있다. 하지만 냉장고가 없던 조선시대엔 아무리 산해진미를 다 먹어본 왕일지라도 아이스바 하나 먹는다는 게 보통 어려운 일이 아니었을 것이다.

이 실험은 냉장고 대신 얼음과 소금을 이용하여 아이스바를 만든다.

조선시대에도 석빙고 같은 곳에 얼음을 보관했었다고 하니, 어쩌면 누군가는 그 얼음과 소금을 이용하여 아이스바를 만들어 왕에게 바쳤을지도 모르겠다. 우리도 그 누군가처럼 멋지게 아이스바를 만들어보는 게 어떨까?

이 활동을 하면

(지식) • 물질을 녹이면 어는점이 내려간다는 사실을 알 수 있다.

(탐구) • 음료수의 종류에 따라 어는 온도가 다르게 나타나는 이유를 알아내기 위한 실험을 설계할 수 있다.

• 음료수가 담긴 그릇이 어는 시간에 미치는 영향을 알고 빨리 얼리는 용기를 고안할 수 있다.

(태도) • 냉장고 없이 얼음과 소금을 이용하여 아이스바를 만들 수 있다.

무엇이 필요한가?

- 단열통(스티로폼 용기, 컵라면 용기)
- 온도계(알코올 온도계 또는 디지털 온도계) 6개
- 시험관 6개
- 나무젓가락 6개
- 가루얼음 1봉지
- 굵은 소금 1봉지
- 음료수(사이다, 오렌지주스, 요구르트)
- 자, 초시계, 시험관대

어떻게 할까?

1. 단열통(보온병이나 스티로폼 용기)에 잘게 부순 얼음을 담는다.
2. 얼음의 약 1/3 정도에 해당하는 소금을 골고루 뿌린 후 젓가락으로 잘 섞어 준다.
3. 소금과 얼음이 들어 있는 단열통 그릇 안에 온도계를 꽂아둔다.
4. 소금과 얼음이 들어 있는 단열통 그릇 안에 음료수를 시험관의 1/3 또는 1/2만큼 아래 표처럼 넣고 각각 온도계를 꽂아둔다.
5. 각각의 음료수가 얼기 시작하는 온도와 얼기 시작할 때까지 걸린 시간을 측정한다.

음료수 이름	사이다		오렌지주스		요구르트	
용액의 양(시험관 기준)	1/3	1/2	1/3	1/2	1/3	1/2
어는점(°C)						
얼기 시작할 때까지 걸린 시간(분)						

왜 그럴까?

1. 얼음과 소금을 섞은 단열통 안의 온도는 몇 °C까지 내려가는가?
   (약 °C) 그 이유는 무엇일까?
2. 얼음과 소금을 단열통에 담는 이유는 무엇일까?
3. 음료수의 종류에 따라 어는점이 다른가? 그렇다면 그 이유는 무엇일까?
4. 음료수의 종류가 같은 경우, 음료수의 양이 달라지면 어는점과 얼기 시작할 때까지 걸린 시간에 차이가 있는가? 그렇다면 그 이유는 무엇일까?

한 걸음 더

1. 용액의 농도에 따라 어는점이 달라지는 현상을 확인하기 위해 소금물을 이용하여 실험을 설계하고 실험해 보자.

2. 겨울에는 도로가 빙판길이 되지 않도록 눈을 녹이기 위해 제설제를 뿌린다. 제설제를 뿌리면 눈이 녹는 현상을 설명해 보자. 제설제로는 보통 염화칼슘을 쓰고 있는데, 소금을 써도 될까?

읽을거리

아이스크림에 있어서 공기의 비밀

어렸을 때 아이스크림을 만들어볼 요량으로 우유에 설탕을 넣고 냉동실에 얼려본 경험이 있을 것이다. 하지만 몇 시간 후에 확인한 것은 꽁꽁 얼은 우유덩어리일 뿐 원하는 아이스크림은 얻을 수 없었다. 그렇다면 왜 부드러운 아이스크림을 얻을 수 없었을까?

물론 다른 원인도 있었겠지만 아이스크림을 부드럽게 하는 데는 무엇보다 공기가 가장 큰 역할을 한다. 우유, 크림, 분유, 설탕 등을 섞은 후 조직을 부드럽게 얼리기 위해서는 필수적으로 공기를 주입해야 한다. 물론 공기를 많이 주입시킬수록 더욱 부드러운 아이스크림이 되는 것이다

우리나라에서 아이스크림의 역사

신라시대부터 조선시대까지 얼음 저장고(氷庫)가 사용됐다는 기록으로 보아 우리나라에서도 일찍부터 얼음 식품이 만들어졌음을 짐작해 볼 수 있다.

현대에 들어와서는 20세기 초반부터 빙과류 제품이 만들어졌다고 보고 있으며, 돈을 주고 사 먹기 시작한 것은 1950년대부터로 알려지고 있다. 그 당시는 물에 설탕과 사카린을 섞어서 만든 아이스케키(얼음과자)를 사 먹었었는데, 냉장고가 없었던 시절이라 커다란 얼음덩이를 넣은 아이스박스를 어깨에 둘러멘 행상이 "아이스 케키이~, 아이스 케에키"를 외치고 다녔던 시절이다. 그러다 60년대 들어서면서부터 제과점에 냉동고가 설치돼 점포 판매가 시작되었다. 62년에는 롯데삼강의 전신인 삼강산업(주)이 최초로 기업화되어 '삼강 하드'를 보급하면서 하드 아이스크림의 장을 열었다.

70년대는 해태제과가 국내 최초로 현대적인 아이스크림을 생산・판매를 시작하였고, 서울우유, 삼강, 대일양행(빙그레 전신) 등이 2~3년 사이에 잇달아 유지방 성분이 들어 있는 아이스크림을 시장에 내놓았다. 70년대의 빙과류에서 빼놓을 수 없는 것이 바로 '쮸쮸바'이다. '쮸쮸바'는 대표적인 펜슬타입의 아이스크림으로, 그 당시 50원의 가격으로 많은 사람들이 입술에 물리는 달콤함(?)을 맛봤다. 그 당시 가게 냉동고 옆에는 '쮸쮸바'의 꼭지를 잘라내기 위한 면도칼이 항상 까만 고무줄에 달려 있었는데, 지금은 손으로도 절단할 수 있게 제품이 고안되어 그 광경은 이제 옛날 영화 속에서나 볼 수 있는 추억이 돼 버렸다.

| 표 III-3 | 영재성 판별활동 기준과 활동 세부 기준 – 아이스바 만들기

목표	활동 준거	3H	활동 기준		활동 세부 기준		
			발표	참가	1단계	2단계	3단계
목표 1	활동에 필요한 핵심 내용을 구조화하여 이해하고 있는가?	Head		아이스바가 만들어지는 원리를 이해하고 있는가?(질문)	얼음의 낮은 온도 때문에	소금을 넣어서	소금으로 물의 어는점을 더 낮춰서
	핵심 내용을 구조화하여 표현하는가?	Head		어는점은 액체의 양과 상관없으므로 실험에서 음료수의 양이 반드시 같을 필요가 없다는 사실을 인식하고 실험하는가?	액체의 양에 따라 어는점이 다르다고 알고 있음	액체의 양과 어는점이 관계가 없음을 알고는 있으나 다른 경우 어떤 차이가 있는지 알지 못함	액체의 양을 같게 하는 것은 어는점에 도달하는 시간과 관계있음을 알고 실험에 임함
	핵심 내용을 구조화하여 표현하는가?	Head		음료수의 종류에 따라 어는점이 다른 이유를 밝히기 위한 실험을 설계할 수 있는가?	음료수의 양이 조작변인임을 알지만 어는점이 종속변인임이 표현되지 못했다.	음료수의 양이 조작변인이고 어는점이 종속변인임을 표현한다.	음료수의 양이 통제변인임이 표현되었다.
	창의적으로 문제를 발견하고, 해결 방법을 아는가?	Head		음료수의 종류에 따라 어는점이 다르다는 사실을 알아냈는가?	실험결과 음료수의 종류에 따른 어는점이 동일하게 나옴	실험결과 음료수의 종류에 따른 어는점이 다르게 나오나 오차가 너무 큼	실험결과 음료수의 종류에 따른 어는점이 다르게 나오나 어는점의 차이도 적절함
	창의적으로 문제를 해결하는가?	Hand		음료수의 종류에 따라 어는점이 다른 것이 농도에 따른 어는점 내림 현상임을 알아냈는가?	농도와 관련 있다는 생각을 하지 못함	소금을 통한 실험설계를 생각해내지 못하고 단순히 음료수의 농도가 다르기 때문일 것이라고 판단	동일한 양의 물에 각각 다른 양의 소금을 넣어 농도를 다르게 한 실험설계를 통해 어는점 차이를 확인
목표 2	새로운 문제를 제기하고 논쟁이나 토론을 유도하는가?	Head	발표자의 역할이 실험 참가자들의 목표 성취를 위함임을 이		실험의 목표는 이해하나 발표자의 역할을 이해하지 못하고 답을 제시하는 등 참가자에 자주 개입함	실험의 목표와 발표자의 역할을 이해하나 참가자에게 실험의 힌트를 자주 제공함	실험의 목표가 참가학생들이 탐구체험임을 깨닫고 문제 해결을 유도만 하며, 활동에는 개입하지 않음

			해하여 문제 해결을 유도				
	조원들과 정보의 교류가 있는가?	Heart		문제 해결을 위해 토론	일방적으로 말하고 조원은 듣기만 하기	조원은 예/아니오 등의 간단한 대답만 하기	적극적인 의견 제시를 포함한 상호작용
	협동하여 활동을 구성하는가?	Heart		협동실험	지시와 따름	역할은 협조적이나 돌발적 상황에서 역할 변경이 안 이뤄짐	자발적 역할 변경이 수시로 발생하나 조화로움
목표 3	발표나 활동 참가에 열정을 보이는가?	Heart	참가자들의 활동을 눈여겨봄		가끔 가까이에서 함께 관찰함	가끔 멀리서 보며, 대부분 가까이에서 지켜봄	참가자들의 활동을 가까이에서 눈여겨봄
	활동의 목표를 정확히 알거나 전달하는가?	Head		목표 인식	음료수의 어느점 측정	소금으로 인한 물의 어는점 내림 현상을 이용해 아이스바를 만들 수 있다.	어는점 내림 현상에 영향을 주는 요인을 안다.
	활동의 목표를 정확히 알거나 전달하는가?	Heart	목표 제공		실험 초기에 교재의 목표를 그대로 읽었음	실험 초기에 교재의 목표를 그대로 읽고 간단한 활동 방법 소개	실험 초기에 교재의 목표를 실험 과정과 관련하여 재해석하여 소개하고 참가자들이 주의해야 할 실험안전과 관련된 주의사항 소개
	정해진 시간 내에 목표에 이르렀는가?	Hand		2시간 내 실험 수행 정도	2시간 안에 실험까지만 마쳤고 '한 걸음 더'는 하지 못했다.	2시간 안에 실험과 '한 걸음 더'의 실험설계까지 마쳤다.	2시간 안에 실험과 '한 걸음 더'까지 모두 마치고 활동지 작성을 끝냈다.
	활동에 자발적 참여와 집중을 하였는가?	Hand		능동적 문제 해결	답을 요구하는 질문이 2회 이하	힌트 요구	힌트와 정답을 묻지 않고 스스로 문제 해결 시도
목표 4	새로운 문제 상황의 원리를 이해하고 있는가?	Head		어는점 이후 온도 하강 이유 해석	어는점에 도달이 안 돼서	상태 변화 후 더 온도 하강	농도가 더 진해져서 어는점 내림 심해짐

새로운 문제 상황의 실험을 해결하였는가?	Hand		표와 그래프 작성 능력	실험 데이터를 표로 작성하지 않거나 대략적인 표로 작성	실험 데이터를 표로 작성한 뒤 개략적인 그래프로 표현	실험 데이터를 표로 작성한 뒤 x, y축 스케일을 잡고 구체적인 그래프로 표현
새로운 문제 상황의 실험을 해결하였는가?	Hand		그래프 해석을 통한 어는점 확인	온도 하강이 멈춘 뒤 다시 내려가서 더 이상 내려가지 않는 부분을 어는점으로 함(외부에서 온도 하강의 한계점)	시간을 측정하지 않거나 그래프로 표현하지 않아 중간에 온도가 일정한 특정 지점을 어는점으로 정함	주기적으로 시간과 온도를 측정하여 온도가 내려가다 멈춘 뒤 다시 내려가도 앞에서 일정 시간 멈춘 부분을 어는점으로 함
새로운 문제 상황의 해결이 과학적 원리에 근거한 것인가?	Head		변인 통제 및 과학적인 설계	소금의 농도만 진하게 변화, 시험관 통제 조건을 아무것도 만족시키지 않음	소금의 농도를 진하게 변화, 시험관 통제 조건 중 한 가지 통제	소금의 농도를 진하게 변화, 시험관 동시에 넣음, 실험 중 시험관을 만지지 않음

손바닥 부메랑

-우드락을 이용한 안전 부메랑 만들기-

부메랑은 오스트레일리아 원주민들이 새나 작은 짐승을 사냥하던 30~80 cm 정도 길이의 도구이다. 부메랑은 날개 아랫면이 평평하고 윗면이 둥글어 던진 후 원래 위치로 돌아온다. 원래 위치로 돌아오는 부메랑을 만들어 날려 보자.

이 활동을 하면

우드락으로 손바닥 부메랑을 만들어 봄으로써

(탐구) • 돌아오는 부메랑의 날개 모양을 조절할 수 있다.

(지식) • 부메랑이 나는 원리를 이해할 수 있다.

(태도) • 부메랑 등 공기 속을 나는 비행물체에 관심을 갖는다.

무엇이 필요한가?

우드락(두께가 각각 2 mm, 3 mm, 5 mm) 10장씩, 투명테이프(스카치테이프), 커터칼, 자, 스티커

어떻게 할까?

기본 손바닥 부메랑 만들기

1. 우드락을 가로 3 cm, 세로 7 cm의 직사각형으로 자른다.
2. 그림과 같이 우드락을 자른다.

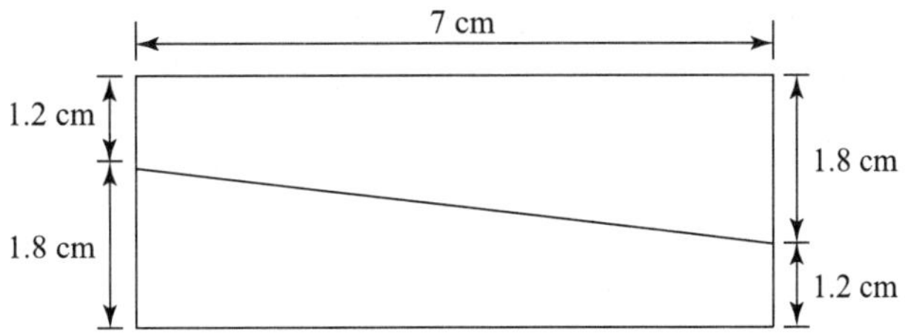

3. 두 개 중 하나의 좁은 부분을 다음과 같이 0.5~0.6 cm 정도로 자른다.

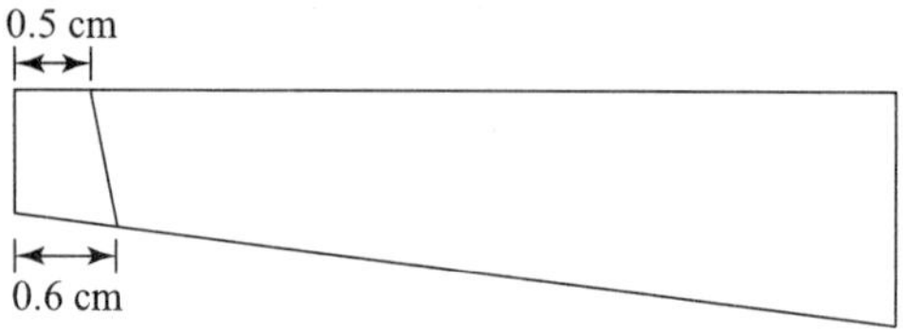

4. 직각 부분이 바깥쪽으로 가도록 배치하고 스카치테이프로 붙여 준다.
5. 색깔이 들어간 부분은 칼의 손잡이나, 자 등으로 눌러 준다.
6. 날개의 끝을 둥그스름하게 다듬어 준다.
7. 날개의 끝에 스티커를 붙여준다.
8. 위로 기울인 손바닥에 올려놓고, 손가락 끝으로 튕기듯이 날개의 끝 부분을 쳐 준다.

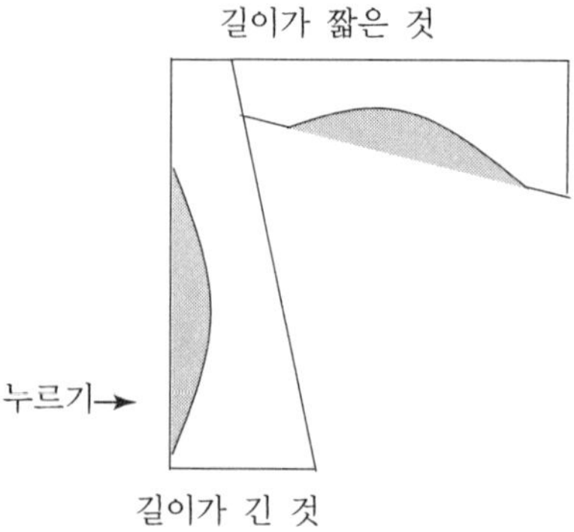

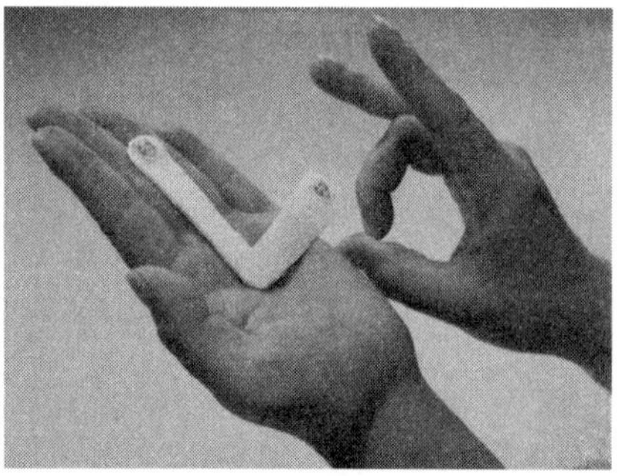

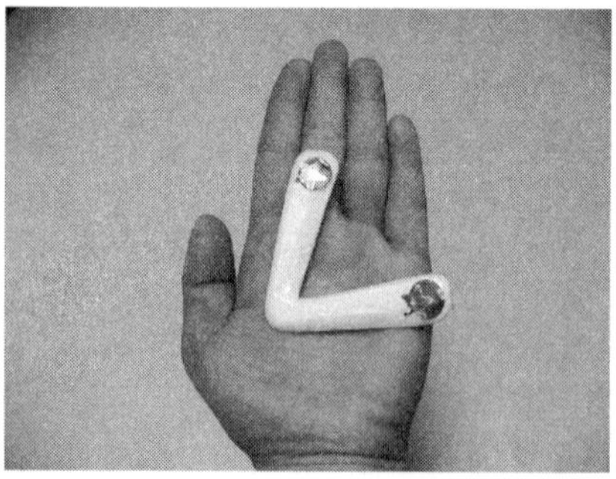

왜 그럴까?

(탐구) • 부메랑이 잘 돌아오게 어떤 변화를 더 주면 좋을까?
• 날개의 끝에 스티커를 붙이는 이유는 무엇일까?

(지식) • 부메랑이 나는 데 작용하는 힘과 그 힘이 하는 역할을 써 보자.

(태도) • 부메랑이나 비행기가 공기 속을 잘 날아가려면 어떤 모양을 가져야 할지 그려 보자.

한 걸음 더

부메랑이 제자리로 잘 돌아오게 하거나 멀리 날아가게 하려면 아래의 요인을 어떻게 변화시켜야 할까?

	날개의 길이	날개의 굴곡	날개의 두께	날개의 각도	날개의 숫자
돌아오는 정도					
멀리 나는 정도					

나만의 부메랑 만들기

1. 다음의 질문을 참고하여, 해결하고 싶은 탐구 문제를 세우고 그 문제를 해결하기 위한 탐구 방법을 세워 보자.

-날개를 길게 만들면 더 멀리 날지 않을까?
-날개를 세게 눌러 굴곡을 많이 주면 더 높이 날지 않을까?
-스티커를 많이 붙이면 빨리 돌아오지 않을까?
-날개의 숫자를 많이 하면 안정되게 돌아오지 않을까?
-두 날개의 각도를 더 넓게 하면 안정되게 돌아오지 않을까?
-두꺼운 우드락을 사용하면 더 멀리 날지 않을까?
-기타 ( )

2. 나의 탐구 문제 :

3. 탐구 문제를 해결하기 위해 조절해야 하는 방법(조절변인)은 무엇인가?

4. 탐구 문제를 해결하기 위해 일정하게 해야 하는 방법(통제변인)은 무엇인가?

5. 탐구 문제를 해결하기 위해 만들 부메랑을 설명과 함께 그려 보자.

| 표 III-4 | 영재성 판별활동 기준과 활동 세부 기준 – 손바닥 부메랑

목표	활동 준거	3H	활동 기준		활동 세부 기준		
			발표	참가	1단계	2단계	3단계
목표 1	활동에 필요한 핵심 내용을 구조화하여 이해하고 있는가?	Head		데이터 처리 → 제작 수준	만드는 것에만 관심이 있다.	새로운 형태의 부메랑을 제작하기 위한 가설을 세운다.	반복 실험을 통해 애초에 세운 가설의 수정을 시도하는가? 도출된 실험결과 중에서 한 가지 실험결과를 다양한 각도로 해석하고자 하는가? 변인이 결과에 미친 영향을 파악하는가?
	핵심 내용을 구조화하여 표현하는가?	Hand		데이터 표현	단순한 측정에 그침	실험한 내용을 글이나 그림으로 정리한다.	변인에 따라 원리를 이해하기 위해 데이터를 처리할 표나 그래프로 정리 변인 통제에 어려움이 있어 데이터의 객관화를 위한 반복실험 후 평균값을 추구하는가? 정리된 자료를 재검토를 통해 유효값을 구하는가? 자료를 재검증하는가?
	창의적으로 문제를 발견하고 해결 방법을 아는가?	Head		튕기는 힘을 일정하게 하는 방법	힘을 가하는 방법 말하기	힘의 세기가 일정해야 한다는 요인 발견	힘의 세기를 일정하게 하는 방법을 안다.
	창의적으로 문제를 해결하는가?	Hand		일정하게 힘의 세기 조절하기	손바닥에 올려놓고 손가락으로 튕겨 본다.	힘의 세기를 조절해서 날려 본다.	힘의 세기를 일정하게 하는 도구를 사용한다.
목표 2	새로운 문제를 제기하고 논쟁이나 토론을 유도하는가?	Head	발표자의 역할이 실험 참가자들의 목표 성취를 이끄는 것임		실험의 목표는 이해하나 발표자의 역할을 이해하지 못하고 답을 제시하는 등 실험 과정에 자주	실험의 목표와 발표자의 역할을 이해하나 참가자에게 실험의 힌트를 자주 제공함	실험의 목표가 참가학생들이 변인통제 과정을 거쳐 사이펀의 주기를 맞추는 것임을 깨닫고 문

			을 이해하여 문제 해결을 유도		개입함		제 해결을 유도할 뿐, 활동에는 직접 개입하지 않음
	조원들과 정보의 교류가 있는가?	Heart		문제 해결을 위해 토론	일방적으로 한 사람이 말하고 나머지 조원은 듣기만 하기	조원은 예/아니오 등의 간단한 대답만 하기	조원의 의사를 적극적으로 묻거나 서로 상호 작용
	협동하여 활동을 구성하는가?	Heart		협동실험	지시와 따름	역할은 협조적이나 돌발적 상황에서 역할 변경이 안 이뤄짐	자발적 역할 변경이 수시로 발생하나 조화로움
목표 3	발표나 활동 참가에 열정이 보이는가?	Heart	참가자들의 활동을 눈여겨봄		가끔 가까이에서 함께 관찰함	가끔 멀리서 보며, 대부분 가까이에서 지켜봄	참가자들의 활동을 가까이에서 눈여겨봄
	활동의 목표를 정확히 알거나 전달하는가?	Head		목표 인식	주어진 활동대로 부메랑 만들기	원리를 이해하며 부메랑 만들기	탐구 요인을 다양하게 조절하여 부메랑 만들기
	활동의 목표를 정확히 알거나 전달하는가?	Heart	목표 제공		실험 초기에 교재의 목표를 그대로 읽었음	실험 초기에 교재의 목표를 그대로 읽고 실험 과정 소개	실험 초기에 교재의 목표를 실험 과정과 관련지어 소개하고 주의사항 안내
	정해진 시간 내에 목표에 이르렀는가?	Hand		시간 내 원리 찾기	정해진 시간 내 부메랑을 제작했으나 활동지를 완성하지 못했다.	정해진 시간 내 부메랑을 제작하고 활동지를 작성했다.	정해진 시간 내 부메랑의 비행 원리를 이해하고 부메랑 및 활동지를 제작 작성했다.
	활동에 자발적 참여와 집중을 하였는가?	Hand		능동적 문제 해결	답을 요구하는 질문이 2회 이하	힌트 요구	힌트와 정답을 묻지 않고 스스로(조 내에서) 문제해결 시도
목표 4	새로운 문제 상황의 원리를 이해하고 있는가?	Head		공기의 저항 및 여러 가지 조건 이해	공기의 저항과 관련된 요인을 최소 한 개 정도 알고 있는가?	여러 가지 날개의 변인을 이용하여 공기의 저항을 적게 받을 수 있는 경우를 찾을 수 있는가?	여러 가지 날개의 변인을 이용하여 공기의 저항을 적게 받는 경우를 찾고 원리를 설명할 수 있는가?
				두께 변화	두께에 따라 나는 정도(모양)가 다름을 인식하	두께에 따라 다르게 반응하는 이유를 제시하는가?	두께에 따라 달라지는 이유와 부메랑 원리와의 관

					는가?		련성을 함께 제시하는가?
				요인의 변화 인식	요인을 변화시킴으로써 결과가 달라짐을 인식하는가?	요인을 변화시킴으로써 결과가 달라지는 이유를 제시하는가?	요인의 변화에 따라 결과가 달라지는 관련성의 원리를 제시하는가?
	새로운 문제 상황의 실험을 해결하였는가?	Hand		조건을 이용한 부메랑 제작	날개의 길이, 굴곡, 두께, 각도, 숫자 중 1가지로 실험을 해결함	날개의 길이, 굴곡, 두께, 각도, 숫자 중 2~3가지로 실험을 해결함	날개의 길이, 굴곡, 두께, 각도, 숫자 중 4~5가지 이상으로 실험을 해결함
				두께 변화 실험 여부	두께 변화 실험을 하지 않았다.	두께 변화 실험을 시도하였는가?	두께 변화 실험을 시도하여 예상과 비교하거나 예상대로 실행되었는가?
				요인 변화의 실험 실시 여부	측정 기준 없이 요인을 달리하여 부메랑을 날려 본다.	측정 기준을 세워 요인을 달리하여 부메랑을 날려 본다.	측정 기준을 세워 요인을 달리하여 부메랑을 날려 결과를 도출한다.
	새로운 문제 상황의 해결이 과학적 원리에 근거한 것인가?	Head		여러 가지 조건의 창의적 해결	날개의 길이, 굴곡, 두께, 각도, 숫자를 이용하여 1가지 조건만 만족한 부메랑을 만든다.	여러 가지 조건 중 2~3가지의 조건을 만족하는 실험을 하거나 변인이 혼재된 부메랑을 만든다.	여러 가지 조건에 만족하는 실험을 하고 통제변인을 수행하며 최상의 부메랑을 만든다.
				두께 선택 창의적 해결	두께와 원리에 상관없이 임의로 제작한다.	두께와 공기저항의 관계 오차 때문에 실험이 지연된다(두꺼운 날개에 회전력을 주기 어려움).	적당한 두께로 부메랑 제작(부메랑의 원리-양력, 회전력)
				부메랑이 나는 원리와 돌아오는 원리 해결	조건 통제 없이 부메랑을 날리기만 한다.	조건 통제를 통하여 부메랑을 날려 보지만 부메랑이 날고 돌아오는 원리를 잘 이해하지 못한다.	양력과 공기 저항의 원리를 통하여 부메랑이 날고 돌아오는 원리를 잘 이해한다.

참고문헌

교육부(2001). 제7차 교육과정에 따른 성취기준과 평가기준.

김주훈, 이은미, 최고운, 송상헌(1996). 과학영재 판별도구 개발연구 1. 서울: 한국교육개발원

김홍원, 정현철(2002). 영재교육의 필요성 및 국내외 영재교육의 현황. 영재교육진흥 종합계획(안) 수립을 위한 공청회 발표 자료.

남경운, 이봉우, 이성묵(2004). 과학일기쓰기가 과학영재의 과학에 관련된 정의적 특성에 미치는 영향, 한국과학교육학회지, 24(6), 1272-1282.

박종원(2004). 과학적 창의성 모델의 제안-인지적 측면을 중심으로-. 한국과학교육학회지, 24(2), pp.375-386.

양태연, 배미란, 한기순, 박인호(2003). 과학영재의 과학 관련 태도와 지능 및 과학 탐구능력과의 관계. 한국과학교육학회지, 23(5), 531-543.

서혜애, 조석희, 김홍원, 정현철(2003). 2003년 영재교육 담당교원 심화연수 결과 보고서, 한국교육개발원 기술보고 TR2003-11.

서혜애(2004). 과학영재학교 신입생 선발체제 분석 연구, 한국교육개발원 수탁연구 CR 2004-46

신지은(2002). 과학영재와 일반학생의 창의성 비교 연구: 확산적 사고와 과학 창의성을 중심으로. 서울대학교 석사학위논문.

신지은 등(2002). 과학영재학생과 일반학생은 창의성에서 어떻게 다른가?-서울대학교 과학영재교육센터 학생들을 중심으로-. 한국과학교육학회지, 22(1).

이현욱(2000). 영재성의 유전분석에 기초한 영재의 판별과 교육. 서울대학교 박사학위논문.

조석희, 시기자, 지은림(1997). 과학영재 판별도구 개발연구 2. 서울: 한국교육개발원.

조석희, 김홍원, 구자억, 서혜애, 안영신, 장영숙, 정태희, 이덕난(2001). 창의적 지식 생산자 양성을 위한 영재교육 자료집. 한국교육개발원.

조석희, 김홍원, 서혜애, 정현철(2004). 제5기 영재교육 담당교원 직무연수 결과 보고서, 한국교육개발원 기술보고 TR2004-3.

최원호(2005). 과학 동아리 대상 과학캠프 모형 개발. 서울대학교 박사학위논문.

Besemer, S. P. (1998). Creative product analysis matrix: Testing the model structure and a comparison among products-three novel chairs. Creativity Research Journal, 11(4), 333-346.

Blurton, C. (1983). Science Talent: The Elusive Gift. School Science and Mathematics, 83(8), 654-664.

Davis G. A. Rimm S. B. (1998). Education of the Gifted and Talented. Allyn and Bacon

Jenkins, R. C. (1979). The identification of gifted and talented students through peer nomination.

Dissertation Abstracts International, 40, 167A

Nicholls, J. C. (1972). Creativity in the person who will never produce anything original and useful: The concept of creativity as a normally distributed trait. American Psychologist, 27, 717-727. Renzulli(2002)에서 재인용.

Renzulli, J. (1986). Systems and models for developing programs for the gifted and talented. Conn. : Creative Learning Press.

Renzulli, J. S. (1977). The enrichment triad model : A guide for developing defensible programs for the gifted and talented. Wethersfield, CT : Creative Learning Press.

Renzulli, J. S. (1978). What makes Gigftedness? Reexamining a Definition. Phi Delta Kappan, 60(3), 180-184, 261.

Renzulli, J. S., and Reis, S. M. (1985). The schoolwide enrichment model : A comprehensive plan for educational excellence. Mansfield Center, CT : Creative Learning Press.

Renzulli J. S. (1987). The triad/revolving door model. Workshop presented in Madison

Renzulli J. S. & Reis M. S. (1997). 'The Schoolwide Enrichment Model, A How-To Guide for Educational Excellence', 2nd ed. Creative Learning Press

Renzulli J. S. (1997) 'Interest-A-Lyzer Family of Instruments, A Manual for Teachers'. Creative Learning Press

Renzulli J. S. (2002). Scales for Rating Behavioral Characteristics of Superior Students Revised Edition. Creative Learning Press

Wallach, M. A. (1976). Tests tell us little about talent. American Scientist, 64, 57-63.

■ **저자 소개**

손정우 (경상대학교)
이봉우 (단국대학교)
이인호 (한국교육과정평가원)
최원호 (한국교육과정평가원)
신영준 (경인교육대학교)
한재영 (충북대학교)
최정훈 (한양대학교)

초등과학영재 판별도구의 개발과 이해

2009년 4월 20일 1판 1쇄 인쇄
2009년 4월 25일 1판 1쇄 발행

저 자 ◎ **손정우 · 이봉우 · 이인호 · 최원호**
신영준 · 한재영 · 최정훈

발행자 ◎ **조 승 식**

발행처 ◎ (주) 도서출판 **북스힐**
서울시 강북구 수유2동 258-20

등 록 ◎ 제 22-457 호

TEL (02) 994-0071(代)

FAX (02) 994-0073

E-MAIL bookswin@unitel.co.kr
www.bookshill.com

값 14,000원

잘못된 책은 교환해 드립니다.

(세트) ISBN 978-89-5526-541-5
ISBN 978-89-5526-543-9